Iron Curtain Trail

9000 Kilometer

17 Länder

mit dem Fahrrad

© 2016 Marianne Winter, Peter Wacker

Verlag: tredition GmbH, Hamburg

ISBN Paperback: 978-3-7345-2031-0
ISBN Hardcover: 978-3-7345-2032-7
ISBN e-Book: 978-3-7345-2033-4

Das Werk, einschließlich seiner Teile, ist urheberrechtlich geschützt. Jede Verwertung ist ohne Zustimmung des Verlages und der Autoren unzulässig. Dies gilt insbesondere für die elektronische oder sonstige Vervielfältigung, Übersetzung, Verbreitung und öffentliche Zugänglichmachung.

Bibliografische Information der Deutschen Nationalbibliothek:
Die Deutsche Nationalbibliothek verzeichnet diese Publikation in der Deutschen Nationalbibliografie; detaillierte bibliografische Daten sind im Internet über http://dnb.d-nb.de abrufbar.

„Von Stettin an der Ostsee bis Triest an der Adria hat sich ein Eiserner Vorhang über den Kontinent gesenkt."

Winston Churchill (5. März 1946)

Inhaltsverzeichnis

Vorwort 6
   Über dieses Buch 6
Erster Teil 8
   Wie alles begann (oder wie kommt man bloß auf so eine Idee?) 8
   Mitternachtssonne 13
   On the road… 19
   Lappland 28
   Karelien 36
   Überraschungen 43
   Kleine Mogeleien 51
   Regen, Regen, Regen 60
   Gedanken zum ersten Teilstück auf dem Iron Curtain Trail 67
   Stürmischer Empfang 71
   Die Finnland-Etappe ist geschafft! 73
   Wir haben rüber gemacht 84
   Sankt Petersburg 90
   Dürfen wir vorstellen? 94
   Estland! 102
   Na, wie habe ich das gemacht? 111
   Lettland 124
   Wasser 131
   Russland zum zweiten 137
   Kalinka, Kalinka, Kalinka moja 144
   Polen? - Warum nicht! 150
   Ende 156
   Auf ein Neues! 159

- Adieu Ostsee..166
- Grenzerfahrungen..171
- Von Sorge, Elend und anderen Brocken........180
- Wer kam bloß auf die Idee….........................184
- Wir haben uns getrennt!................................193
- Auf und nieder - immer wieder.....................197
- Höhepunkte und Schiebereien.......................205
- Slowakei im Schnelldurchgang.....................210
- Ungarn - Puszta, Wein und Paprika?.............216
- Welcher Tag ist heute?...................................222
- Länderhopping..226
- Serbien erstaunt uns......................................232
- Donauwalzer oder so.....................................239
- Welcome to Bulgaria!....................................249
- Drum bun! Have a nice trip!.........................258
- Schwarzes Meer - wir kommen!....................266
- Die Rückreise – oder wie kommt man mit dem Zug wieder nach Hause?................................278
- 9000 Kilometer durch Europa - ein Fazit......282

Zweiter Teil..301
- Die Route..301
- Streckeninfos und Statistiken........................302
- Interview mit Michael Cramer......................303
- Ausrüstung und praktische Tipps..................309
- Interessante Webseiten..................................314

Vorwort

Über dieses Buch

Der Eiserne Vorhang. Fast ein halbes Jahrhundert lang war er zu den Zeiten des kalten Krieges die teils waffenstrotzende Grenze zwischen den Bündnisblöcken NATO und Warschauer Pakt. Er bildete die sicht- und spürbare Systemkonfrontation zwischen Ost und West, die Spaltung zwischen Kapitalismus und Kommunismus. Nicht nur Berlin und Deutschland, ganz Europa war geteilt - von der Barentssee bis zum Schwarzen Meer. Mit dem Eurovelo 13, dem Iron Curtain Trail, entsteht entlang dieser ehemaligen Grenze ein Radweg, der nicht nur an die jüngste Vergangenheit erinnert sondern auch europäische Geschichte, Politik, Natur und Kultur erlebbar werden lässt.

Der Iron Curtain Trail. Als wir im Jahr 2010 bei der Zeitungslektüre über diesen Radweg „stolperten", ließ uns die Idee nicht mehr los, diese geschichtsträchtige Route irgendwann einmal selber zu radeln. Im Internet fanden sich damals keine Berichte darüber, dass jemand diese Reise von Kirkenes bis zum Schwarzen Meer komplett durchgeführt hätte. Deshalb wollten wir unsere Erfahrungen von der Idee bis zur Realisierung zunächst in unserem Blog festhalten. Im Sommer 2012 fuhren wir die erste Etappe bis nach Kesälahti. Von dort aus sind wir im Sommer 2013 zur zweiten Etappe gestartet, die uns bis nach Kolberg in Polen führte. Dies war dann der Startpunkt im Jahr 2014. In jenem Jahr radelten wir dann bis ans Schwarze Meer.

In insgesamt viereinhalb Monaten fuhren wir so ohne Begleitfahrzeug mit reiner Muskelkraft 9000 Kilometer durch ganz Europa. Dabei kamen wir durch 17 Länder. Natürlich gab es anfangs Bedenken, ob dieses Projekt nicht eine Nummer zu groß sein könnte. Aber im Nachhinein können wir nur jeden dazu ermutigen, sich selber auf das Fahrrad zu schwingen und eine Reise zu unternehmen – es müssen ja nicht gleich tausende von Kilometern sein. Weil wir immer wieder Fragen zu unserer Reise erhalten haben wir uns dazu entschlossen, im vorliegenden Buch über unsere Erlebnisse und Erfahrungen zu berichten. Im ersten Teil beschreiben wir die Reise selbst, im zweiten Teil finden sich praktische Informationen, Wissenswertes und Tipps zu Ausrüstung und Strecke.

Am Ziel!

Erster Teil

Wie alles begann (oder wie kommt man bloß auf so eine Idee?)

„Ich hab's!" rief Peter und schwenkte eine Zeitschrift. „Wir fahren den Iron Curtain Trail!" sagte er und schaute mich begeistert an. In der Badewanne hatte er in einem Magazin der Stiftung Warentest geblättert und war auf einen Artikel über den *längsten Radweg Europas* gestoßen. Das fand er klasse und war sofort Feuer und Flamme. Bei mir hingegen hielt sich die Begeisterung zunächst sehr in Grenzen, denn unsere Radreiseerfahrungen lagen damals gerade mal bei einer zweiwöchigen Tour entlang des Rheins! Wir waren im Sommer von Konstanz aus auf dem Rhein-Radweg an die Mündung in Hoek van Holland geradelt. Dabei hatten wir in Pensionen und Hotels übernachtet, ich war sogar mit dem Pedelec unterwegs. Und nun sollten wir den Eisernen Vorhang ab radeln? 7000 Kilometer? Wir sind doch nicht mehr die Jüngsten! Unmöglich...

Doch irgendwie hat er es geschafft, langsam wurde auch ich infiziert und ließ mich von Peters Begeisterung anstecken. Bald begann ich, in die Planung mit einzusteigen. Im Internet fanden wir keine Berichte von Radreisenden, die diese Route bereits komplett bereist hätten. Überhaupt gab es wenig Informationen über diesen Trail – und das war noch mehr Ansporn für uns, den Iron Curtain Trail zu radeln und auch darüber zu berichten. Deshalb schrieben wir schon von Anfang an in unserem Blog, den wir später in *www.radweltreisen.de* umbenannten, über unsere Erlebnisse.

Aber damals, im Jahr 2011, steckten wir noch in der Planungsphase. Als Erstes kauften wir eine Karte von Finnland, denn die erste Etappe sollte ja in Kirkenes starten und dann hauptsächlich durch dieses skandinavische Land führen. Außerdem mussten Radreiseführer her, da empfehlen sich die Bikelineführer, die den ganzen Weg in drei Bänden beschreiben. Weitere Informationen suchten wir im Internet, unter anderem auch beim „Erfinder" dieses Radwegs, bei dem Europaabgeordneten Michael Cramer. Ihn haben wir im Oktober 2011 auch angemailt, weil wir im Netz unterschiedliche Angaben über die tatsächliche Länge der Route gefunden hatten. Die Antwort kam prompt:

Hallo,

wir haben vor kurzem die Gesamtstrecke des ICT noch mal neu berechnen lassen und sind auf eine Länge von ca. 9000 km gekommen.

Viel Erfolg!

Mit freundlichen Grüßen / Mes meilleures salutations
Parliamentary Assistant to Michael Cramer, MEP

Im Dezember 2011 kamen wir unserer Reise einen weiteren Schritt näher, wir buchten die Flüge. In knapp 10 Stunden würde uns die SAS im kommenden Sommer von Stuttgart über Kopenhagen und Oslo nach Kirkenes bringen. Leider konnten wir keine feste Zusicherung für den Transport unserer Fahrräder bekommen, nur die beiden letzten Teilstücke (Kopenhagen - Oslo und Oslo -

Kirkenes) wurden bestätigt, für das erste Teilstück (Stuttgart - Kopenhagen) gab es nur eine Stand-by-Reservierung. Dies gehe nicht anders bei so kleinen Maschinen, sagte uns die Dame von SAS. Blieb nur zu hoffen, dass am Reisetag wirklich noch Platz für unsere Fahrräder sein würde, denn sonst müsste man sie mit einer späteren Maschine nachschicken...

Inzwischen war auch klar, dass ich ein Reiserad bräuchte, denn mit einem Pedelec kommt man auf so einer Reise nicht weit, in der Einsamkeit Lapplands sowieso nicht, denn dort gibt es einfach zu wenig Steckdosen auf der Strecke! Deshalb habe ich mich Anfang des Jahres 2012 versucht schlau zu machen, habe mich durchs Internet gewühlt, mir Berichte in Fachzeitschriften und Foren durchgelesen und dieses und jenes Modell in Radgeschäften angeschaut. Bald hatte sich dann die Auswahl auf das Papalagi Trekking Rohloff von MTB Cycletech oder ein Rad aus der Velotraum-Schmiede fokussiert. Da Peter ein Velotraumrad in meiner Größe fährt, konnte ich damit des öfteren Probefahrten unternehmen. Mein Radhändler hatte ein Papalagi in meiner Größe vorrätig, aber in der falschen Farbe und vor allem nicht mit der obligatorischen Rohloff-Nabe. Zweimal konnte ich auch dieses Rad ausprobieren - es hat mir sehr gut gefallen, denn es ist ein sehr agiles, wendiges Rad mit einem filigran wirkenden Stahlrahmen.

Ich war mir natürlich bewusst, dass auch ein Papalagi deutlich schwerer ist als dieses Vorführrad, wenn es mit Straßenausstattung, Lichtanlage und Rohloffschaltung bestückt ist. Aber es hat großen Spaß gemacht, mit diesem Leichtgewicht zu fahren! Ich war schon nahe daran, dieses Rad zu bestellen, aber letztlich gab es ein paar Gründe, es doch nicht zu tun: der Rahmen passte nicht zu 100% (und sollte mit Vorbau etc. „passend" gemacht werden) und die gewünschte Farbe sollte es auch nicht geben (als Frameset nur in grün mit schwarzer Gabel). Man hätte mir ein fertig konfiguriertes Rad (in meiner Wunschfarbe) bestellen können, um es dann nach meinen Wünschen umzubauen - aber dafür wäre die Lieferzeit sehr lange gewesen.

Deshalb sind wir zu Velotraum nach Weil der Stadt gefahren - ist ja quasi fast in der Nachbarschaft. Mr. Velotraum höchst persönlich hat uns beraten. Und ich muss sagen, es war die beste Beratung, die ich seit Beginn meiner Fahrradsuche erlebt habe! Ganz toll war es, dass wichtige Komponenten wie Sattel und Lenker direkt an der Messmaschine ausprobiert werden konnten. Dass dann auch noch die Rahmenfarbe aus allen RAL-Farben ausgewählt werden kann, ist das i-Tüpfelchen. Kurz entschlossen habe ich sofort „mein" Velotraumrad bestellt und würde nun in ein paar Wochen ein absolut individuelles, speziell auf mich zugeschnittenes Reiserad in Empfang nehmen können. Danke Stefan Stiener für die tolle Beratung!

Nach gerade mal vier Wochen bekam ich Ende April die Nachricht, dass mein Fahrrad fertig sei - ich hatte eher mit Mitte Mai gerechnet! Die Freude war natürlich groß und in der gleichen Woche holten wir mein neues Reiserad in Weil der Stadt ab. Exakt auf meine Maße eingestellt stand es in den Verkaufsräumen von Velotraum – mein Traumvelo! Den Lowrider ließ ich vorher abmontieren, den brauche ich momentan noch nicht. Danach führte uns die Jungfernfahrt gleich vom Werk bis nach Hause (sind ja nur 25 km) - und ich muss sagen, der erste Eindruck ist erstklassig. Trotz der 16,7 kg lässt sich das Rad wunderbar leicht fahren, es ist sehr agil.

Das neue Reiserad ist abholbereit

In der Zwischenzeit haben wir einige kleinere Touren mit unseren Veloträumen absolviert und unsere übrige Ausrüstung vervollständigt – eine genaue Packliste und Details zu den Fahrrädern gibt es am Ende dieses Buchs mit weiteren praktischen Tipps. Von meinem neuen Reiserad bin ich absolut begeistert!

Der Start zur Reise kann kommen!

Mitternachtssonne

29.06.2012 bis 30.06.2012
Kirkenes
Auf dem Iron Curtain Trail 27 km

Strahlend blauer Himmel und Sonnenschein empfangen uns, als wir gegen 21 Uhr in Kirkenes landen. Damit hatten wir gar nicht gerechnet, denn bei unseren Zwischenstopps in Kopenhagen und Oslo hatte es heftig geregnet. Unser Flugzeug war in Stuttgart wegen Turbulenzen und Gewittern im Raum Kopenhagen erst mit Verspätung gestartet. Und im Flugzeug nach Oslo gab es eine Außenkamera, so dass wir ganz gut sehen konnten, wie trostlos es auch hier aussah. Doch wir hatten keine Zeit, über das schlechte Wetter nachzudenken, denn in der norwegischen Hauptstadt warteten einige Überraschungen auf uns.

Wir mussten unser gesamtes Gepäck samt den Fahrrädern im Erdgeschoss holen, um im ersten Stock erneut einzuchecken. Leider fehlten informative Hinweise am Flughafen, am Infodesk konnte man uns auch keine genauen Angaben machen. So dauerte es einige Zeit, bis wir mit Hilfe eines Bediensteten der SAS unsere Fahrräder in einem recht versteckt gelegenen Teil des internationalen Bereichs entgegen nehmen und in der oberen Etage beim Schalter für Sperrgepäck neu einchecken konnten. Im Flugzeug nach Kirkenes wird uns dann manches klarer. Bis nach Oslo waren wir auf einer internationalen Flugroute, jetzt machen wir ja nur noch einen Inlandsflug innerhalb Norwegens. Deshalb mussten wir in Oslo nach Norwegen einreisen, unser gesamtes Gepäck in Empfang nehmen und für den nationalen Weiterflug neu einchecken. Aber wenigstens ist dieser Flug okay und sogar das Wetter meint es gut mit uns. Je weiter wir nach Norden kommen um so sonniger wird es. Es hebt doch gleich die Laune, wenn man mit Sonnenschein empfangen wird!

Mitternachtssonne am Flughafen Kirkenes

Natürlich wissen wir, dass nördlich des Polarkreises zu dieser Jahreszeit die Mitternachtssonne zu sehen ist, aber dennoch sind wir erstaunt, dass die Sonne hier überhaupt nicht unter geht. Am Flughafen Kirkenes geht es gemächlich zu, Hektik scheint ein Fremdwort zu sein. Fast alle anderen Fluggäste haben das Flughafengebäude bereits verlassen, als wir endlich unsere Fahrräder bekommen. Sie haben die Flüge relativ gut überstanden, aber ein paar kleine Macken entdecken wir dann doch. Es dauert etwas, bis wir die Räder ausgepackt und unsere Taschen montiert haben. Vermutlich war unser Flugzeug das letzte am heutigen Tag, denn außer uns ist jetzt niemand mehr hier zu sehen, wir sind alleine. Aber das macht uns nichts aus, wir sind ja schließlich mobil. Ein Glücksgefühl kommt auf, als wir kurze Zeit später auf nahezu autofreien Straßen in Richtung Kirkenes radeln!

Bereits von zu Hause aus hatten wir auf dem örtlichen Campingplatz Maggadalen eine Hütte für zwei Nächte reserviert. Wir wussten ja, dass wir erst abends eintreffen würden und wollten deshalb kein Wetterrisiko eingehen. Der Campingplatz liegt ungefähr auf halber Strecke zwischen dem Flughafen und der Stadt. Anfangs empfinden wir das radeln mit den Gepäcktaschen noch als recht ungewohnt, irgendwie instabil und schwankend, als ob wir einen kleinen Schwips hätten. Vermutlich ist etwas zu wenig Luft in den Fahrradreifen, weil wir für den Flug den Reifendruck verringert hatten. Aber es sind ja nur wenige Kilometer, die wir heute zurücklegen müssen. Der Campingplatz liegt direkt an der Straße und ist daher leicht zu finden, doch es erwartet uns eine Enttäuschung. Die Rezeption ist nicht besetzt, wir stehen vor verschlossenen Türen. Auf einem Zettel steht zwar eine Telefonnummer, die man in so einem Fall anrufen soll, aber unsere Handys haben keinen Empfang. Das kann fängt ja schon mal gut an! Ein freundlicher Norweger hat uns in unserer Ratlosigkeit offensichtlich beobachtet und bietet uns nun seine Hilfe an. Er ruft beim Besitzer des Platzes an und wir erfahren, dass der Schlüssel für unsere Hütte Nr. 10 im Briefkasten deponiert sei. So können wir kurze Zeit später unser Heim für zwei Nächte beziehen. Alles was wir brauchen ist vorhanden, wir fühlen uns sofort zu Hause.

In der beheizten Gemeinschaftsküche kochen wir uns sogar noch ein rasches Abendessen: Nudeln mit einer Tomaten-Mozzarella-Sauce.

Hütte am Campingplatz Maggadalen

Am nächsten Morgen lacht die Sonne noch immer, als wir zu einem Ausflug nach Kirkenes starten. Wir wollen dort all die Dinge einkaufen, die wir nicht von zu Hause mitgebracht hatten und können unser Gepäck deshalb in der Hütte lassen. Kirkenes ist ein kleines Städtchen nahe der russischen Grenze, die Verkehrsschilder sind sogar zweisprachig. Die Mitternachtssonne scheint hier vom 15. Mai bis 28. Juli, dagegen dauert die Polarnacht vom 27. November bis zum 16. Januar. Die stellen wir uns dann weniger gemütlich vor, auch wenn man dann hin und wieder Polarlichter sehen kann. In der kleinen Stadt staunen wir nicht schlecht, als wir gleich drei Supermärkte und ein kleines Einkaufszentrum entdecken. Der Grund für diese „Marktfülle" ist schnell klar: Einkaufstouristen aus dem nahen Murmansk! Die norwegischen Geschäftsleute haben sich darauf eingestellt und bieten alles an, was hier im hohen Norden so gebraucht wird. Der Renner sollen Babywindeln sein, die von hier aus massenweise nach Russland transportiert werden. Auch wir finden alles nötige, allerdings sind manche Lebensmittel wie z.B. frisches Gemüse ziemlich teuer.

Im nahe gelegenen Hafen läuft soeben ein Postschiff der legendären Hurtigruten ein. Die Passagiere beobachten das Anlegemanöver von der Reling aus, bald werden neue Gäste zusteigen. Kurze Zeit später wird Kirkenes von den Schiffsreisenden geentert, einige von ihnen knattern in einem Pulk auf Quads an uns vorbei, andere flanieren durch die Straßen und schwärmen in die Geschäfte aus. Spätestens jetzt sind wir froh, als Individualreisende mit unseren Fahrrädern unterwegs zu sein. Dabei reisen auf so einem Postschiff lange nicht so viele Touristen wie auf einem der großen Kreuzfahrtschiffe. Wie es dann wohl zugeht, wenn einer dieser riesigen Kähne hier anlegt?

Das stellen wir uns jetzt lieber nicht vor, wir fahren die sieben Kilometer zurück zum Campingplatz, wo wir uns eine Brotzeit gönnen und danach noch die nähere Umgebung erkunden. Leider hat sich die Sonne bereits am Vormittag schon wieder verabschiedet, es ist jetzt grau und windig, aber wenigstens regnet es nicht. Zwei Schweden gesellen sich zu uns, als wir später in der warmen Küche des Campingplatzes sitzen. Sie sind mit ihren Motorrädern durch Russland gefahren und wollen nun an der norwegischen Küste entlang wieder nach

Hause fahren. „Und ihr wollt die ganze Strecke mit den Fahrrädern fahren?" staunen sie ungläubig.

Unser "offizieller" Startpunkt in Kirkenes

Was wir wohl auf unserer Reise, die ja erst morgen so richtig losgeht, alles erleben werden? Vermutlich werden wir hin und wieder den Komfort so einer Hütte vermissen. Aber andererseits ist es auch ein Luxus, sein Zelt fast überall aufstellen und dadurch die Freiheit so richtig genießen zu können. Denn hier in Skandinavien gilt das Jedermannsrecht, das dies ausdrücklich gestattet.

On the road....

01.07.2012 bis 02.07.2012
Kirkenes - Neiden - Näätämö - Sevettijärvi - Inarisee
Auf dem Iron Curtain Trail 165 km

Es ist Sonntag, als für uns der Ernst des Reiseradlerdaseins beginnt. Nach dem Frühstück verlassen wir unsere gemütliche Hütte und radeln zunächst gen Westen, später dann nach Süden, immer am Neidenfjord entlang. Leider ist uns Petrus nicht hold - in der Nacht hatte es geregnet, es ist inzwischen recht frisch und windig, aber wenigstens bleibt es jetzt tagsüber trocken. Man sollte meinen, eine Radstrecke immer am Meer entlang müsste flach sein – aber das stimmt hier in Nordnorwegen nicht. Immer wieder fordern Hügel und Wind unsere Kräfte heraus. Doch trotz dieser Mühen gefällt es uns sehr gut hier. Die Straßen sind gut und kaum befahren, die wenigen Autofahrer begegnen uns rücksichtsvoll. Das Land ist karg und rau, niedrige Bäume und Büsche ducken sich zwischen den Felsen vor dem ständigen Wind. Moose und Flechten suchen Halt auf dem Gestein. Im Winter ist das Leben hier oben sicher nicht ganz einfach!

Gegen Mittag erreichen wir die ersten Häuser von Neiden, dem letzten Ort vor der finnischen Grenze. Eigentlich wollten wir hier irgendwo essen gehen, aber die Bar im hiesigen Hotel sagt uns nicht zu. Wir könnten es noch im eigentlichen Ortszentrum versuchen, aber dafür müssten wir einen Umweg von ein paar Kilometern in Kauf nehmen, denn wir verlassen die E 6 vor dem

Hauptort, um nach Finnland zu gelangen. An der Abzweigung zur Grenze treffen wir auf den Neidenelva, einen Fluss, der sich hier über einige Stufen wild tosend in Richtung Meer stürzt. Wildwasserkanuten hätten ihre wahre Freude an diesem Gewässer! Der Fluss ist als ausgezeichnetes Lachsgewässer bekannt, wir sehen auch einige Angler am Ufer stehen.

Für uns steht nun eine längere Steigung an. Seit wir

Finnland in Sicht

das Meer verlassen haben, hat zum Glück auch der Wind nachgelassen, so dass wir relativ gemütlich hoch radeln können. Ein wunderschöner Rastplatz mit einer nagelneuen Blockhütte als Wetterschutz lädt uns ein, hier eine Pause zu machen. Eigentlich ein idealer Ort, um unsere Campingausrüstung zu testen, denken wir und wollen uns eine wärmende Suppe kochen – doch als wir den Spiritus für unseren Kocher auspacken müssen wir feststellen, dass wir stattdessen Petroleum in Kirkenes gekauft hatten! So kann es gehen, wenn man die

Landessprache nicht kennt. Schade, eine warme Suppe wäre bei diesen Temperaturen klasse gewesen. So gibt es halt nur einen kleinen Imbiss.

Bald erreichen wir die Grenze. Hoch oben an ihren Fahnenmasten wehen die Flaggen von Norwegen und Finnland einträchtig nebeneinander. Mehrere Schilder informieren uns, dass wir nun die Reichsgrenze erreicht haben, dass hier Finnland, Lappland und die Provinz Inari beginnen und dass Tagfahrlicht an Autos vorgeschrieben sei. Grenzbeamte gibt es hier nicht, niemand hält uns auf. Die Landschaft hat sich inzwischen merklich verändert. Wir radeln jetzt durch endlose Wälder mit niedrigen Birken und Kiefern, die Straße ist aber auch hier in gutem Zustand und seit wir in Finnland sind nun auch weitgehend flach. Bald erreichen wir Näätämö, den ersten finnischen Ort. Hoch erfreut steuern wir ein Restaurant an, wo uns ein schmackhaftes Mittagessen serviert wird. Die meisten Häuser des Ortes sind entlang der Straße aufgereiht, es gibt hier zwei Läden und eine Tankstelle. Näätämö wird gerne von norwegischen Einkaufstouristen besucht, denn hier sind die Preise um einiges niedriger als in Norwegen. Auch wir freuen uns, dass wir heute am Sonntag auf offene Läden treffen und versorgen uns noch einmal mit allem Notwendigen, einschließlich Spiritus! Es sind schließlich die letzten Einkaufsmöglichkeiten vor Inari, und das ist immerhin noch ca. 150 km entfernt.

Als wir am Spätnachmittag im kleinen Ort Sevettijärvi ankommen wird es Zeit, uns nach einem Nachtplatz umzuschauen. Am Straßenrand fällt uns ein Schild auf, das einen Campingplatz preist, der auch eine Sauna haben soll. Das ist ja mal ein Luxus, denken wir uns und fahren in die angegebene Richtung. Über einen holprigen Feldweg gelangen wir auf das Gelände, das wohl diesen Campingplatz darstellen soll. Ein paar Holzhütten sind zu sehen, ein Häuschen, das vielleicht Toiletten beherbergt, aber keine Menschenseele ist zu entdecken. Dagegen wimmelt es von Moskitos hier! In Scharen stürzen sie sich auf uns!

Auf nordischen Straßen

Wir verzichten deshalb auf den gastlichen Ort und radeln lieber weiter. Nach drei Kilometern treffen wir auf einen anderen Campingplatz. Er liegt direkt an einem kleinen See, verfügt über kleine Holzhütten und eine ebene grüne Wiese für die Zelte. Eine wortkarge aber freundliche Samin zeigt uns den Platz und die Einrichtungen wie beispielsweise einen gemütlichen Aufenthaltsraum mit einer Gemeinschaftsküche. Ein kühles Bier wäre jetzt klasse, aber leider gibt es keinerlei Möglichkeit, etwas einzukaufen. Nicht einmal einen Automaten für Getränke können wir entdecken. Doch der

Aufenthaltsraum erweist sich als Prachtstück, denn wir können dort relativ moskitofrei essen und unsere Packtaschen neu sortieren. Da müssen wir nämlich noch etwas üben, die nötige Routine fehlt halt noch. Und draußen vor der Tür warten Myriaden von Stechmücken auf uns...

Zum Glück können wir die Moskitos aus dem Zeltinneren fern halten, so dass wir eine ganz angenehme erste Nacht in unserem mobilen Heim verbringen. Auch wenn ich mich noch nicht daran gewöhnt habe, dass nachts um 2:30 Uhr die Sonne scheint! Der Zeltabbau am nächsten Morgen geht flott, denn die hungrigen Moskitos haben nur darauf gewartet, dass wir wieder auftauchen! Sie stürzen sich auf jede unbedeckte Hautstelle von uns! Deshalb sind wir froh, dass wir bei schönstem Sonnenschein und angenehmen Temperaturen los radeln und die Mücken hinter uns lassen können. Man muss nur ein wenig schneller fahren als sie, dann hat man seine Ruhe! Es wird nun leicht hügelig. Weil wir das tägliche radeln noch nicht so recht gewohnt sind, haben wir von gestern noch müde Beine. Als dann nach 40 Kilometern Gewitterwolken aufziehen nutzen wir die Gelegenheit gerne zu einer Rast, kochen ein schnelles Nudelgericht und hoffen, dass das Gewitter woanders hinziehen würde. Doch da haben wir uns geirrt. Bald schüttet es. Zunächst wollten wir abwarten, bis der Regen vorbei ist - aber er will einfach nicht aufhören. Es hilft nichts, wir müssen im Regen weiter fahren! Es ist kühl, nass und ungemütlich. Jeder tritt in den eigenen Gedanken versunken vor sich hin. Von der gestrigen euphorischen Stimmung ist nicht mehr viel übrig. Und als wir gar nicht damit rechnen taucht kurz nach

Partakko plötzlich ein Campingplatz auf. Was für ein Lichtblick! Inzwischen sind wir nämlich ziemlich durchgefroren und mieten uns daher liebend gerne hier in einer der Hütten ein. Jetzt fehlt nur noch ein Feierabendbier zum Abendessen. Doch leider gibt es auch an diesem Platz weder Getränke noch sonst irgendwelche Lebensmittel – der nächste Laden sei 35 Kilometer entfernt, sagt uns der Platzwart. Definitiv zu viel für einen müden Radler!

Einer von vielen idyllischen Seen

Aber unsere Hütte hat eine Heizung, so können unsere nassen Sachen trocknen. Was für ein Luxus! Wir wohnen hier direkt am Inarisee, der mit 50 Kilometern Breite und 80 Kilometern Länge der drittgrößte See Finnlands ist. Schon den ganzen Tag sind wir durch Wald- und Moorgebiete gefahren, die nordische Weite und Einsamkeit ist beeindruckend. Doch jetzt sind wir froh um unseren warmen Platz in der Hütte und wir stellen uns bei Spaghetti Bolognese zwei Fragen:

1. Was ist schlimmer, Gegenwind oder Mücken?

Die Route durch Norwegen führte uns durch wunderschöne Natur, aber vor allem bei den zahlreichen Anstiegen (wenigstens meist nicht allzu lang), machte uns der teils heftige Wind manchmal schwer zu schaffen, er kam natürlich meist von vorn! In Finnland hingegen war vom Wind nicht mehr viel zu spüren - dafür gibt es hier Millionen von aggressiven Stechmücken!

2. Warum wollen die Finnen keine zusätzlichen Geschäfte machen?

Gleich nach der Grenze Norwegen-Finnland kommt der kleine, verschlafene Ort Näätämö. Zwei Supermärkte und eine Tankstelle buhlen hier um Kundschaft. Aber das sind die letzten Läden an unserer Strecke, danach werden wir zwei Tage lang keine einzige Einkaufsmöglichkeit mehr finden. Nicht einmal auf den beiden Campingplätzen, die wir ansteuerten, gab es etwas zu kaufen!

Wir haben uns überlegt, dass wir als Betreiber mindestens einen Getränkeautomaten und eine kleine Auswahl an lange haltbaren Lebensmitteln anbieten würden... Ist das jetzt typisch deutsch?

Inzwischen hat sich das Wetter beruhigt, sogar die Sonne kommt wieder hervor, unsere Laune hebt sich gleich spürbar. Draußen sieht es sofort auch wieder freundlich und einladend aus, so dass wir sogar den idyllischen See noch genießen können. Schließlich ist es noch immer taghell. Das Wasser ist klar und beinahe spiegelglatt, nur leichte Wellen begleiten das kleine Boot, das soeben abgelegt hat und nun Kurs auf die offene Wasserfläche nimmt.

Am Ufer liegen zwei weitere kleine Boote, sie spiegeln sich im klaren Wasser. Gleich daneben steht eine typische Kote (nordsamisch: *lávvu)*, das konische Zelt der Samen mit einer runden Grundfläche und einer

Campingplatz am Inarisee

Feuerstelle in der Mitte des Raumes. Ursprünglich diente diese Form der samischen Behausung als transportable Wohnung, die bis zur Sesshaftigkeit der nomadischen Samen weithin allein gebräuchlich war. Auch heute noch nutzen rentierzüchtende Samen die Zelt-Kote im Sommer als mobile Wohnstatt. In Lappland sieht man das Lávvu noch häufig in Samensiedlungen, wo es als Mehrzweckbau zur Vorratslagerung, zum Trocknen, Räuchern, als Backstube oder einfach nur als Treffpunkt genutzt wird. So wie diese Kote hier auch, in der Mitte brennt noch ein gemütliches Feuer, dicke, glühende Holzscheite verbreiten eine wohlige Wärme. Der Rauch kann durch eine Öffnung am oberen Ende des Zelts entweichen. Leere Bierdosen neben den Bänken, die rings um das Feuer aufgereiht sind, zeugen davon, dass man hier ab und zu gerne gesellig zusammen sitzt.

Inarisee

Lappland

03.07.2012 bis 05.07.2012
**Inari - Ivalo - Saariselkä - Tankavaara - Vuotso -
Peurasuvanto - Sodankylä**
Auf dem Iron Curtain Trail 431 km

Das Wetter sieht zwar etwas freundlicher aus, als wir am nächsten Morgen den Campingplatz am Inarisee verlassen, aber es ist noch immer kalt. Wenigstens regnet es nicht. Kurz bevor wir auf die E 75 stoßen treffen wir Lieselott, eine schwedische Biologiestudentin, die mit ihrem Trike ans Nordkap fahren will. Erfreut, auf eine andere Radreisende getroffen zu sein, tauschen wir Informationen aus. Lieselott wollte eigentlich mit ihrem Reiserad fahren, aber vor ihrer Fahrt hat sie sich einen Arm gebrochen, deshalb ist sie auf das Trike ausgewichen. Bislang hatten wir nur in Näätämö andere Radreisende getroffen, danach waren wir mehr oder weniger alleine auf dieser Route unterwegs. Hin und wieder mal ein Auto oder ein paar von den umherstreifenden Rentieren, sonst hatten wir die Straße für uns alleine. Daher sind wir über das Treffen mit Lieselott und die Unterbrechung für den kleinen Schwatz mit ihr recht froh.

Doch irgendwie ist der Radeltag für uns heute recht zäh, finden wir. Es fehlt die Leichtigkeit, mal eben so einen kleinen Hügel hoch zu fahren. Stattdessen kostet jeder noch so kleine Anstieg richtig Mühe und Kraft. Dabei sind es nicht einmal „richtige" Berge, die wir hier zu erklimmen haben, denn Finnland ist hier im Norden eher flach! Vielleicht liegt es daran, dass wir zu wenig gegessen haben? Wir hatten ja gehofft, unsere Vorräte in Kaavanen, dem Ort, der 35 km vom letzten Campingplatz entfernt ist, wieder auffüllen zu können. Aber Kaavanen liegt nach der Abzweigung auf die E 75 in der anderen Richtung, und wir wollen ja nach Inari und nicht nach Norwegen! Und außerdem haben wir noch ein paar Müsliriegel…

Klar, wer hier Vorfahrt hat...

Unser Hunger ist längst noch nicht gestillt, deshalb beschließen wir, uns auf dem nächstgelegenen Parkplatz Nudeln zu kochen. Müde und ausgekühlt biegen wir kurze Zeit später auf einen Parkplatz ein – und können unser Glück kaum fassen: hier gibt es einen Samenkiosk mit einem Gastraum in Form einer typisch nordischen Kote, in dem wir uns aufwärmen können. Die überaus herzlichen Gastwirte, eine samische Familie, serviert uns ein sehr schmackhaftes Essen: warmen, frisch geräucherten Lachs und als Nachtisch Pfannkuchen mit

Moltebeeren. Köstlich! Am liebsten würden wir hier im warmen, gemütlichen Zelt auf den Rentierfellen sitzen bleiben und uns weiter verwöhnen lassen. Wir könnten ja noch einen weiteren Kaffee trinken? Doch wir müssen ja weiter. Waren wir bislang auf einer kleineren Nebenstraße unterwegs und hatten fast nur Rentiere als andere Verkehrsteilnehmer, so radeln wir nun auf einer Europastraße, der E 75, die in Norwegen auf die E 6 trifft und bis ans Nordkap führt. Doch auch hier ist der Verkehr erfreulich gering, nur wenig Autos sind hier im Norden Finnlands unterwegs.

Frisch gestärkt erreichen wir bald darauf Inari, eine geschäftige, aber dennoch gemütliche kleine Stadt, das Zentrum der Sámi-Region. Inari hat eine extrem ausgedehnte Gemarkung: Mit 17.334 km² umfasst die flächenmäßig größte Gemeinde Finnlands fünf Prozent der gesamten Landesfläche und ist damit etwas größer als etwa das deutsche Bundesland Thüringen. Ein Großteil des Gemeindegebietes besteht dabei aus unbewohnter Wildnis. Bei weniger als 7.000 Einwohnern ergibt sich so eine Bevölkerungsdichte von 0,46 Einwohnern pro Quadratkilometer. Wir finden hier einen Supermarkt und können unsere Radeltaschen wieder reichlich mit Vorräten befüllen.

20 km hinter Inari entdecken wir einen Rastplatz direkt am See. Kurz entschlossen stellen wir hier im lichten Wald unser Zelt für die Nacht auf und kochen ein leckeres Abendessen. Die Tische und Bänke des Rastplatzes sind dabei recht praktisch! Die folgende Nacht wird sehr kalt, ich friere und denke, mein Schlafsack dürfte gerne etwas wärmer sein! Auch am nächsten Morgen zeigt das Thermometer nur 10 Grad, als wir Ivalo errei-

chen. Es sieht nach Regen aus, wir müssen uns warm anziehen. Ivalo ist die größte Siedlung und das Verwaltungszentrum der Gemeinde Inari. Es scheint das Zentrum hier im hohen Norden zu sein, man kann alles kaufen, was man so braucht. Wir besorgen uns eine finnische Telefonkarte, so dass wir ab sofort (zumindest theoretisch) unseren Blog mit dem Smartphone bedienen können. In einem gemütlichen Café gönnen wir uns ein zweites Frühstück mit den für diese Region typischen Zimtschnecken. Sowohl in Inari als auch in Ivalo gibt es im Stadtgebiet schöne Radwege. Die wären zwar nicht dringend notwendig, weil sich der Autoverkehr hier im Norden doch noch sehr in Grenzen hält, aber wir nehmen sie doch gerne an. Und heute kommen wir auch gut voran. Das liegt zum einen an der Strecke, die nicht mehr ganz so hügelig ist wie in den letzten Tagen, zum anderen aber vielleicht auch daran, dass wir schon ein bisschen trainierter sind. Ich nehme einfach mal das letztere an!

Bei einer Mittagspause in Tankavaara treffen wir in einem Rasthaus auf einen Schwaben, der alleine von Helsinki zum Nordkap radeln und von dort aus, teils mit den Hurtigruten, wieder zurück fahren will. Er ist 71 Jahre alt – Respekt! Wir können also gut auch noch ein paar Jährchen Radfahren! Inzwischen klart es auf, die Sonne scheint und es wird wärmer. Endlich! Um wie viel schöner gleich alles aussieht, wenn die Sonne lacht und am Himmel kleine weiße Wolken das Bild vollenden. Niedrige Nadelbäume und Birken, so weit das Auge schaut. Weitgehend flach verläuft die Straße in Richtung Süden, nur kurz vor Saariselkä müssen wir einen kleinen Pass überwinden. Aber inzwischen sind wir das Radeln so gewohnt, dass dies keine Herausforderung mehr darstellt. Nach knapp 100 Tageskilometern erreichen wir unser heutiges Etappenziel, Vuotso. Leider finden wir hier keinen Lebensmittelladen, dafür jedoch einen ganz tollen Zeltplatz direkt an einem Fluss. Sogar die Mücken lassen uns in Ruhe, wir können gut draußen sitzen und unser Abendessen in der Sonne genießen, auch wenn es mangels Einkaufsmöglichkeit kein Bier dazu gibt. Wir belohnen uns nämlich ganz gerne am Ende eines Radeltages mit einem Bier. Aber das muss gut gekühlt sein, warmes Bier schmeckt nicht. Und deshalb kaufen wir es immer erst dann, wenn wir bald darauf am Übernachtungsplatz sein werden. Doch unsere heutige Tagesleistung und der tolle Nachtplatz entschädigen uns.

Am nächsten Morgen verlassen wir unseren schönen

Übernachtungsplatz in der ersten Reihe

Platz nach einem gemütlichen Frühstück – und entdecken nach ein paar hundert Metern einen Supermarkt! Wir hätten also gestern sogar noch Bier kaufen können! Vielleicht hätten wir auch einfach nur mal jemanden fragen oder im Bikelineführer nachlesen können, dort wird nämlich darauf hingewiesen, dass es im Ort Lebensmittel zu kaufen gibt.

Nun ja. Die weitere Fahrt verläuft auch heute wieder auf meist ebenen Straßen, aber dafür öfters mit Gegenwind. Der Verkehr nimmt hier auf der E 75 zu, je weiter wir nach Süden kommen und immer mal wieder sehen wir auch andere Reiseradler. Warum wollen die eigentlich alle zum Nordkap? Wir waren vor vielen Jahren mal mit einem Camper dort, würden jedoch nicht extra dorthin radeln wollen. Zumal es gar nicht der nördlichste Punkt des europäischen Festlandes ist (den findet man weiter östlich mit dem Kinnarodden auf der Halbinsel Nordkinn) und zwischenzeitlich zu einem Touristen-Nepp mit überhöhten Preisen verkommen ist. Die Route

Scheinbar endlose Weite...

ist hier offensichtlich ein beliebter Zubringer für Radfahrer mit dem Ziel Nordkap! Es ist ja auch weniger anstrengend, als über die bergigen Straßen Norwegens zu radeln. Die meisten der anderen Reiseradler haben leider keine Zeit anzuhalten, manche fahren sogar grußlos an uns vorüber. Warum haben sie es bloß so eilig? Nicht jedoch die fröhliche Joana, eine Lehrerin aus Polen. Auch sie will ans Nordkap, doch sie nutzt gerne die Gelegenheit, mit uns zu plaudern und Informationen auszutauschen. Ich finde es recht mutig, eine so große Strecke mit dem Fahrrad alleine zu meistern!

Es ist herrlich hier. Die endlose Weite bietet viel Wald und Wasser. Immer wieder halten wir an, weil die Seen so tolle Fotomotive bieten – oder weil ein Café mit Pfannkuchen und Moltebeeren lockt. Inzwischen haben wir bereits Sodankylä, eine Stadt mit knapp 9.000 Einwohnern, erreicht und unsere Vorräte in einem K-Market wieder aufgefüllt. Und weil seit gestern Mittag auch der Sommer in Finnland wieder präsent ist, können wir unser Nomadendasein so richtig genießen. Hier auf dem städtischen Campingplatz können wir sogar eine Waschmaschine nutzen. Wir sitzen bei Käsespätzle in der geräumigen Küche, zusammen mit Rudi, einem anderen Reiseradler. Er erzählt uns von seinem Trip durch Russland, der teilweise wohl einem Horrortrip glich. Vor allem was manche Wegbeschaffenheit angeht. Von üblem Schlamm zu gröbstem Schotter sei alles dabei gewesen, erzählt er uns. Nun sitzt er hier in Sodankylä fest, weil er auf ein Ersatzteil für sein Fahrrad wartet, das hierher geschickt werden soll. Für uns scheint Russland ein anderer Planet zu sein, wir haben bis jetzt noch nicht vor, ebenfalls jemals dort zu radeln und nach solchen Geschichten noch viel weniger. Es ist doch immer wieder interessant zu hören, was andere Radreisende zu erzählen haben. Mal sehen, wen wir unterwegs noch so treffen werden. Zunächst sind wir erst mal froh, dass wir morgen die Hauptroute E 75 verlassen können, denn der Autoverkehr nahm zu, je weiter wir in die Nähe Sodankyläs kamen.

Schöner Radweg vor Sodankylä

Karelien

06.07.2012 bis 08.07.2012
Sodankylä - Tanhua - Savukoski - Salla - Hautajärvi - Ruka
Auf dem Iron Curtain Trail 691 km

Nach den langen flachen Etappen der letzten Tage müssen wir uns plötzlich wieder mit „Bergen" auseinander setzen. Seit wir die E 75 in Sodankylä verlassen haben und auf kaum frequentierten Straßen unterwegs sind, geht es ständig rauf und runter. Es sind zwar keine langen Anstiege, aber allein das ständige Auf und Ab kann mit Gepäck recht anstrengend werden. Trotzdem ist die Gegend hier wunderschön, wir fahren durch große Waldgebiete. Die Bäume sind hier schon etwas höher als ganz hoch oben im Norden. Es ist ein sonniger Tag heute, wir radeln vergnügt dahin und freuen uns an der friedlichen Natur. Doch urplötzlich ist die Idylle dahin, wir werden verfolgt! Riesige Pferdebremsen sind hinter uns her und egal, wie schnell wir pedalieren, sie bleiben uns auf den Fersen! Anhalten wäre fatal, wir wären ein gefundenes Fressen für die Biester. So bleibt uns nur zu hoffen, dass sie aufgeben, bevor wir völlig aus der Puste sind. Uns gehen Gedanken durch den Kopf, ob wir wegen dieser Bestien wohl aufgeben müssten...

Und wie durch ein Wunder sind die Pferdebremsen genauso plötzlich verschwunden wie sie aufgetaucht waren. Uff, die waren echt lästig! Inzwischen haben wir den Kelujärvi erreicht, einen See, den die Straße geradewegs zu durchqueren scheint. Aber es sind zwei Seen, die nur durch den Damm und die Straße getrennt sind. Es gibt einen tollen Rastplatz hier. Direkt am Strand wurde eine teils überdachte Feuerstelle errichtet, wir sehen Tische und Bänke und sogar eine Schutzhütte. Hier könnte man prima übernachten, der Platz ist geradezu ideal. Aber für uns ist es noch zu früh am Tag, deshalb ziehen wir nach einer Brotzeit weiter. Leider ist die asphaltierte Strecke nun zu Ende, denn auf ca. 20 km Länge wird an der Straße gebaut und wir müssen auf einer Schotterpiste weiter. Hin und wieder sehen wir sogar einen einsamen Arbeiter, die Bauarbeiten kommen also nicht gerade flott voran. In Tahua, einem kleinen Ort im weiteren Verlauf der Strecke, gibt es eine urige Tankstelle, der ein einfacher Laden angeschlossen ist. Offensichtlich ist es auch gleichzeitig der Treffpunkt für die Menschen, die hier in der Nähe wohnen. Da werden Neuigkeiten und Nachrichten ausgetauscht, man trifft sich auf einen Kaffee oder auf ein Bier. Eine willkommene Gelegenheit für uns, eine Rast einzulegen. Den Hefezopf, den wir hier kaufen können, verzehren wir gleich an Ort und Stelle im Garten, dazu gibt es frischen Kaffee aus dem Laden.

Noch immer fahren wir durch endlose Wälder, ab und zu passieren wir auch einen idyllischen See, aber ständig geht es auf und ab. Es bleibt nie lange eben, denn der nächste Hügel wartet schon! Dies ist auf Dauer ganz schön anstrengend, vor allem auf diesen Schotterpisten. Immer öfter muss ich auch den einen oder anderen Anstieg schiebend überwinden. Am Nachmittag ziehen wieder einmal Wolken auf, es sieht nach einem Gewitter aus. Schwarze Wolken ballen sich zusammen und türmen sich zu riesigen Gebilden auf. Die Sonne taucht die Umgebung in ein warmes, mysteriöses Licht, wenn sie eine Lücke am Himmel findet.

Doch ohne einen Tropfen zu regnen löst sich alles

Schotterpiste

wieder auf und wir erreichen gegen Abend Savukoski, ein kleines Städtchen mit gerade mal 1.000 Einwohnern hier im dünn besiedelten Nordosten Finnlands. Es ist Freitagabend, offensichtlich werden noch die letzten Einkäufe für das bevorstehende Wochenende getätigt. Auch wir decken uns mit dem nötigen Proviant im örtlichen Supermarkt ein und machen uns auf die Suche nach einer Übernachtungsmöglichkeit. Außerhalb des Orts werden wir bei einem Parkplatz fündig. Hier am Ufer eines kleinen Gewässers gibt es Tische und Bänke sowie eine Aussichtsplattform aus Holz. Unter dieser Plattform bauen wir unser Zelt auf, als Küche und Esszimmer fungieren Tisch und Bänke des Rastplatzes. Anfangs war es noch ein bisschen gewöhnungsbedürftig, unser Zelt einfach so irgendwo aufzuschlagen. Doch inzwischen ist es schon fast zur Normalität geworden, außerdem können wir auf unseren Isomatten auch sehr gut schlafen. Es ist auch ein Stück weit beruhigend zu wissen, dass man gegen Abend nicht unbedingt an einem bestimmten Ort sein muss sondern dort, wo man möchte, einen Übernachtungsplatz suchen kann. Hier im Norden Finnlands sind die keine Mangelware! Und oft zelten wir an wirklich idyllischen Plätzen mitten in der Natur.

Regen weckt uns am nächsten Morgen. Leider hört es auch den ganzen Tag nicht auf, so dass wir, jeder in seine eigenen Gedanken versunken, vor uns hin radeln. Wir befinden uns in einer ziemlich verlassenen Gegend, auf der gesamten Tagesstrecke gibt es keine einzige Einkaufsmöglichkeit. An einer Wegkreuzung, irgendwo im nirgendwo, entdecken wir ein Schild, das zum *Tuntsan Pubi* weist. Wir hätten dieses legendäre Pub gerne besucht, aber bei der einfachen Entfernung von 45 km wäre das für uns ein „Umweg" von 90 Kilometern auf Schotter, denn wir müssten den gleichen Weg wieder zurück radeln. Da verzichten wir dann doch lieber auf einen Besuch! Es regnet noch immer, als wir am Nachmittag Salla erreichen. Kaffee und Kuchen im Kriegsmuseum sind uns daher sehr willkommen. Im Winterkrieg wurde Salla am 30. November 1939 von sowjetischen Truppen überrannt, die von dort über Rovaniemi bis nach Tornio an der Ostsee vorstoßen sollten. In der bis zum 28. Februar dauernden Schlacht von Salla gelang es den finnischen Verteidigern unter hohen Verlusten, die Angreifer aufzuhalten. Dennoch musste Finnland nach dem Frieden von Moskau und erneut nach dem Fortsetzungskrieg 1944 die Osthälfte der Gemeinde Salla an die Sowjetunion abtreten. Dieses Gebiet ist heute Teil der russischen Oblast Murmansk. Im hiesigen Museum wird an diesen Krieg erinnert.

Salla hat knapp 4.000 Einwohner und liegt nahe an der russischen Grenze. Auch das Hotel Sirma, es ist das einzige, das wir hier entdecken konnten, hat einen unübersehbaren russischen Charme. Dennoch mieten wir uns hier ein, denn unser Zelt ist noch nass. Auf Wäscheleinen einer überdachten Veranda kann es bis morgen trocknen. Im Städtchen genehmigen wir uns eine Pizza zum Abendessen und bei freiem WLAN können wir auch unseren Blog mal wieder auf Vordermann bringen. Das Frühstück im Hotel ist besser als wir es befürchtet hatten, die Wirtsleute sind sogar sehr freundlich, als wir bezahlen. Gestern bei unserer Ankunft hatten sie nämlich sehr reserviert, ja fast abweisend, gewirkt. Vielleicht liegt es daran, dass es hier in der Gegend viele russische Touristen gibt – oder kommen die nur zum Einkaufen hierher? Auf jeden Fall sehen wir relativ viele russische Kennzeichen auf den Autos.

Lieder nieselt es, als wir losfahren. Nach 10 km erreichen wir Sallatunturi, das Touristenzentrum am Berg Salla. Hier gibt es ein Fremdenverkehrszentrum sowie Hotels und Holzhütten, die man mieten kann. Momentan sieht das Zentrum jedoch eher verwaist aus, Schilder mit Schneemobilen lassen ahnen, dass hier im Winter mehr los ist, denn wir befinden uns offensichtlich in einem Skigebiet. Vielleicht hätten wir hier eine bessere Unterkunft gefunden? Egal. Letztlich war die Unterkunft ja doch noch einigermaßen okay. Endlich hört das nieseln auf, wir kommen nun recht zügig voran. Meist radeln wir durch den typisch finnischen Wald, ab und zu liegt auch heute wieder ein See am Weg und normalerweise sind wir die einzigen Verkehrsteilnehmer auf der Straße – wenn man mal von den vielen Rentieren absieht, die wir in ganz Lappland immer wieder antreffen. Auch im Hautajärvi-Informationszentrum, das über den Oulanka-Nationlpark informiert, sind wir die einzigen Gäste in der Cafeteria. Das Zentrum liegt genau auf dem Polarkreis, das müssen wir auf einem Foto festhalten!

Herrlicher Übernachtungsplatz vor Ruka

In Käylä, das an einem Gewässer mit vielen Stromschnellen liegt, wird Riverrafting angeboten. Ein paar Männer machen sich an Baumstämmen zu schaffen, die in Ufernähe im Wasser treiben. Beim örtlichen Supermarkt entdecken wir ein Plakat und erfahren, dass am kommenden Wochenende hier eine Meisterschaft ausgetragen wird. Vermutlich geht es um balancieren auf

Baumstämmen oder so etwas ähnliches, sicher so eine Art Flößergaudi und die Männer am Fluss sind schon mitten in den Vorbereitungen dazu. Wir radeln jedoch weiter. Mit Überschreiten des Polarkreises haben wir Lappland verlassen und befinden uns nun auf der Via Karelia. Auch wenn sich landschaftlich nicht viel geändert hat, so hat der Name „Karelia" doch einen ganz geheimnisvollen Klang nach Unbekanntem und nach vergangenen Zeiten. Bald entdecken wir ganz unverhofft kurz vor Ruka einen Campingplatz, der nirgends vorher angekündigt war und auch auf unserer Karte nicht eingezeichnet ist. Hier mieten wir eine einfache Blockhütte, die äußerst idyllisch direkt an einem See liegt. Die Wohnwagen, Zelte oder die komfortableren Hütten sind alle in der Nähe der Rezeption, so dass wir die abgelegene einfache Hütte samt näherem Areal quasi für uns alleine haben. Unser Domizil für eine Nacht taufen wir *Blogger-Hütte,* weil wir hier unseren Blog aktualisieren können. Bei den letzten Sonnenstrahlen des Tages und zwei Dosen Karjala-Bier machen wir es uns auf der Terrasse unserer „Villa" bequem. Es gefällt uns ausnehmend gut an diesem malerischen See – ach, das Radlerleben kann wirklich schön sein!

Überraschungen

09.07.2012 bis 11.07.2012
Ruka - Kuusamo - Poussu - Hossa - Suomussalmi
Auf dem Iron Curtain Trail 905 km

Die letzten paar Tage boten uns einige Überraschungen. Nicht nur angenehme... Es zeichnete sich eigentlich schon vor ein paar Tagen ab, dass Peters Fahrradkette in Kürze Probleme machen würde. Eine notdürftige Reparatur bei „unserer" *Blogger-Hütte* war leider nicht von Erfolg gekrönt, die Kette rasselt noch immer, als wir uns auf den Weg machen. Ruka ist ein Wintersportzentrum und Austragungsort mehrerer internationaler Wintersportwettkämpfe am 493 Meter hohen Fjell Rukatunturi im Gebiet von Kuusamo. Auf den 28 Pisten ist Wintersport bis Anfang Mai möglich. Es gibt ein Skisportstadion mit Skisprungschanzen sowie beleuchteten Loipen und einer Biathlon-Anlage. Seit 2002 finden der Weltcup-Auftakt im Skilanglauf und in der Nordischen Kombination und ein Weltcup im Skispringen hier statt. Jetzt im Sommer wirkt es etwas merkwürdig hier, wir sehen nur wenig Touristen. Die meisten Hotels und Unterkünfte stehen leer.

Doch der Verkehr auf der Straße nimmt zu, man merkt, dass wir uns einer größeren Stadt nähern: Kuusamo. Die Stadt mit fast 16.000 Einwohnern bedeckt eine Fläche von 5.809 Quadratkilometern, von der 831 Quadratkilometer Wasser sind. Damit ist Kuusamo mehr als doppelt so groß wie der Staat Luxemburg. Das Gemeindezentrum von Kuusamo, in dem fast zwei Drittel der

Einwohner leben, nimmt nur einen kleinen Teil dieser Fläche ein. Der Rest des Gebiets besteht aus dem dünn besiedelten, größtenteils bewaldeten Umland.

In einem Sportgeschäft fragen wir nach, ob es in der Stadt auch einen Fahrradladen gäbe. Ja, heißt es, gleich am Ende der Straße sei eine Fahrradwerkstatt. Aber wir finden nur ein verlassenes Ladenlokal vor, an der Fassade kann man noch ein blasses Fahrrad erkennen, vermutlich hat der Betreiber aufgegeben. Wir überlegen gerade, wie wir denn nun weiter vorgehen sollten, da fragt uns ein Passant, ob wir ein Problem mit dem Fahrrad hätten? Der Fahrradladen sei nämlich umgezogen und jetzt nur ein paar Häuser weiter zu finden! Und tatsächlich, versteckt hinter Motorrädern und Gartengeräten entdecken wir die genannte Werkstatt, die wir ohne diesen freundlichen Mann nicht gefunden hätten und Peter müsste sich weiter mit seiner lauten Kette herum ärgern. Wir nehmen uns vor, künftig zu Hause auch aufmerksamer zu sein und zu versuchen, Fremden zu helfen, wenn

Speichenbruch

sie möglicherweise nicht weiter wissen. Eine halbe Stunde später verlassen wir Kuusamo mit einer neuen Kette an Peters Rad.

Die nächste Überraschung folgt nur ein paar Kilometer weiter: pingggg, eine Speiche an Peters Rad ist gebrochen! Da fährt er nun mit einer neuen Kette, alles scheint paletti, und dann das! Aber es hilft nichts, eine neue Speiche muss ans Rad. Wie gut, dass wir passenden Ersatz mit dabei haben! Direkt neben der stark befahrenen E 63 ist die Reparatur wahrlich kein Spaß und wir sind froh, dass es heute wenigstens trocken ist und wir diese Hauptstraße nach ein paar Kilometern auch schon wieder verlassen können. Die kleine Straße bei Poussu ist zwar geschottert, aber das stört uns nicht und als wir einen tollen Rastplatz entdecken fackeln wir nicht lange. Am Iijoki, dem viertlängsten Fluss Finnlands, wurde hier ein großer überdachter Picknickplatz mit Grillstelle und mit Tischen und Bänken errichtet. Schöne Holzplanken lassen uns bequem an das Ufer des Flusses kommen, dessen glasklares Wasser uns sehr willkommen ist. Auf dem Areal gibt es auch trockenes Brennholz und als i-Tüpfelchen eine prima Komposttoilette. Ein idealer Platz für eine Übernachtung!

Wir richten uns gemütlich ein und sind gerade beim essen, als Elena kommt, um mit ihren Kindern Makkara (finnische Würste) zu grillen. Sie freut sich, dass wir bereits „vorgeglüht" haben und bald brutzeln viele Würste auf dem Grill. Auch wir werden zu Makkara eingeladen und am Ende übernachten wir nicht im Zelt, sondern bei Elena im stillgelegten Schulhaus. Sie stammt aus Kuusamo, lebt jetzt aber in Westfinnland und hat sich hier über die Ferien einquartiert und deshalb jede Menge

Platz. Wir haben viel Spaß mit ihr und den Kindern und kommen darüber hinaus auch noch in den Genuss einer echten finnischen Sauna! Wie in jedem finnischen Haus gibt es auch in der ehemaligen Schule im Keller eine Sauna, die mit Holz befeuert wird. Und nur eine Holzsauna sei eine richtige finnische Sauna, meint Elena. Was für ein Luxus für unsere müden Radlerbeine! So sehen gelungene Überraschungen aus!

Am nächsten Morgen verlassen wir die gastliche Familie nach einem guten Frühstück und radeln gut erholt auf einer festgefahrenen Schotterpiste weiter. Dies bleibt so bis zur nächsten etwas größeren Straße in 20 Kilometer Entfernung und dabei geht es immer auf und ab – einmal zeigt mein Tacho eine Steigung von 17%! Aber wenigstens können wir ab Murtovaara wieder auf Asphalt radeln. Es ist jedoch weiterhin hügelig. Hin und wieder sehen wir Schilder, die uns daran erinnern, dass wir uns ganz in der Nähe zu Russland befinden. So gibt

Es ist hügelig

es beispielsweise Schilder mit Kamerasymbolen, die uns klar machen, dass die Gegend videoüberwacht wird. Oder große Tafeln, auf denen die unterschiedlichen Kennzeichnungen der Landesgrenze erklärt werden. Einfache gelbe Markierungen an Bäumen weisen auf den Beginn der Zone hin, die nicht betreten werden darf. Grenzpfosten mit unterschiedlicher Bemalung stehen auf der finnischen und auf der russischen Seite der Grenze. Außerdem sehen wir immer wieder auch Schilder, auf denen eindeutig steht, dass hier die Grenzzone beginnt und man nicht weiter gehen darf. Natürlich halten wir uns daran!

Hossa ist ein beliebter Ferienort ganz im Osten Finnlands. Im Naturreservat gibt es einige Unterkunftsmöglichkeiten. Wir besuchen den Campingplatz, der direkt an einem ruhigen See liegt und frischen unseren Wasservorrat im kleinen Minimarkt auf, da wir nicht wissen, wann die nächste Einkaufsmöglichkeit kommen wird. Es ist nicht viel los in dieser Region, oftmals treffen wir unterwegs stundenlang auf keine anderen Menschen. Auch als wir jetzt weiter fahren, radeln wir fast ausschließlich durch endlose Wälder. Ab und zu taucht auch mal ein Gewässer auf, aber sonst sieht es immer recht ähnlich aus. Das ständige Auf und Ab zehrt an unserer Kondition. Es ist inzwischen ziemlich kühl geworden, wir werden schlapp. Bereits seit Stunden sitzen wir im Sattel. Die Beine mögen nicht mehr so recht, unsere Essensvorräte sollten auch mal wieder aufgefrischt werden (seit einer gefühlten Ewigkeit gab es keinen Laden mehr an der Strecke) – da taucht nach einer Kurve urplötzlich ein K-Markt wie aus dem Nichts auf! Mitten im Wald – so kommt es uns vor, denn vom dazu gehörenden kleinen Ort ist hier an der Straße nichts zu sehen. Das ist mal eine wirklich angenehme Überraschung!

Mit der Aussicht auf ein Feierabendbier halten wir natürlich sofort an und entern den kleinen Laden. Wir fragen, ob es in der Nähe vielleicht eine Hütte zu mieten gibt? Die Betreiberin und ein netter Taxifahrer telefonieren für uns in der Gegend herum, aber niemand hat eine freie Herberge für die Nacht. Die nächste freie Unterkunft ist zu weit entfernt, zumindest für uns Radfahrer. Schließlich schickt man uns zum ebenfalls geschlossenen Schulhaus, das ganz idyllisch an einem See liegt. Dort dürfen wir unser Zelt aufstellen. Praktisch für uns ist eine große, von drei Seiten geschlossene Blockhütte, unter deren Dach unser Zelt ein trockenes Plätzchen findet! Vermutlich wurde diese Hütte als Theaterbühne genutzt, denn im Halbkreis vor ihr sind Baumstämme als Sitzmöglichkeiten aufgestellt. Heute gibt es kein Publikum. Und weil unser Zelt auch ohne Heringe stehen kann, nutzen wir die Gelegenheit, uns vor dem einsetzenden Regen zu schützen.

Dieser Hügel ist geschafft...

Trotz des Nieselwetters können wir unser Zelt am nächsten Morgen trocken einpacken. So ein Dach über dem Kopf ist schon klasse! Auch heute geht es im ständigen Auf und Ab weiter. Unsere Beine werden schwer wie Blei. Da kommen schon hin und wieder Gedanken auf, die am Radreisen zweifeln lassen. Warum tun wir uns das an? Schon wieder ist so ein fieser Anstieg in Sicht, wie oft schon musste ich heute schieben? Irgendwie ist heute nicht so recht unser Tag. Doch die Laune bessert sich auch wieder, denn zum ersten Mal seit wir die Hauptroute Richtung Nordkap verlassen haben, treffen wir hier in dieser Abgeschiedenheit auf andere Radreisende. Es sind Margrit und Christian aus der Schweiz. Sie radeln von Helsinki nach Kirkenes. Lustig ist, dass wir uns ziemlich genau zum Halbzeitpunkt sowohl ihrer als auch unserer Route treffen. Sie erzählen uns von einem Abschnitt, der wegen Bauarbeiten fast nicht zu befahren sei, weil richtig grober Schotter normales radeln unmöglich macht. Und zwar auf mehr als 20 Kilometer und auf unserer Route! Das müssen wir uns merken, damit wir diese Strecke umfahren können.

Doch zunächst geht es auf asphaltierten Straßen weiter, allerdings noch immer in diesem elenden Auf und Ab. Wie die Wellen eines riesigen Ozeans, die im Orkan erstarrt sind, erscheint mir die Gegend hier. Und die Straßenbauer haben nichts begradigt oder nivelliert, die Straßen folgen den „Wellen" auf ihre Kämme und in die Täler. Ich verfluche jeden neuen Anstieg, muss immer öfter schieben, weil meine Beine einfach nicht mehr wollen. Und was sagt der Bikelineführer zu diesem Abschnitt? Der Weg von Kuusamo nach Suomussalmi (170 km) sei eine „angenehm zu fahrende, kaum hügelige" Strecke. Falls der Autor hier selber gefahren sein sollte, dann vielleicht mit einem Auto oder höchstens mit einem Rennrad – aber niemals mit einem vollgepackten Reiserad!

Heute bin ich wirklich froh, dass wir den Campingplatz in Suomussalmi erreicht haben. Dort beziehen wir eine Holzhütte. Es ist nicht die schönste, die wir hier in Finnland mieten, aber sie liegt wunderbar direkt am Seeufer und wir können draußen sitzen und die Ruhe genießen. Doch zuvor raffen wir uns noch einmal auf und radeln in die Stadt. Während wir im Supermarkt einkaufen geht draußen ein heftiger Gewitterschauer nieder – wie gut, dass wir da gerade im Trockenen sind! Hoffentlich machen unsere Muskeln morgen wieder besser mit, denke ich, als wir wieder zurück zum Campingplatz radeln. Aber wenigstens ist unser Küchensack wieder bestens gefüllt! Und mit einem Feierabendbier an einem idyllischen See zu sitzen hat auch was!

Kleine Mogeleien
12.07.2012 bis 15.07.2012
Suomussalmi - Vartius - Kuhmo - Nurmes - Lieksa - Hattuvaara
Auf dem Iron Curtain Trail 1.241 km

Die Tausendermarke haben wir inzwischen also geschafft. Was sind dann die Mogeleien, fragt man sich vielleicht bei dieser Überschrift? Wir werden darauf zurückkommen.

Doch zuerst reden wir über das Wetter. Man kann nie genau sagen, wie es die nächsten Stunden oder gar Tage werden wird! Ein junges Paar aus der Schweiz, das wie wir mit dem Rad von Kirkenes nach Helsinki unterwegs ist, meint sogar, das Wetter ändere sich nach jeder Kurve! Erst heute wurden wir wieder richtig nass.

Aber zunächst kommen wir trocken und ohne nennenswerte Hügel bis zum Raatteen-Portti-Museum, das mit einem Glockenturm und vielen Gedenksteinen sowie einer Dauerausstellung an den Winterkrieg und dessen Opfer erinnert. Eine 17 Kilometer lange Schotterstraße führt von hier aus an die russische Grenze bei Raate, wo sich das einzige erhaltene Grenzschutzgebäude Finnlands aus der Zeit vor dem Zweiten Weltkrieg befindet. Es wurde durch eine Restaurierung in seinen ursprünglichen Zustand von 1939 zurück versetzt. Und hier mogeln wir das erste Mal: wir verzichten auf diese Museumsstraße (später haben wir erfahren, dass eben diese Museumsstrecke sehr anstrengend zu fahren sei, eine schlechte Piste mit vielen Anstiegen!), die Tage zuvor haben mit ihren vielen Steigungen bereits ihren Tribut gezollt, so dass wir gerne verzichten.

Raatteen-Portti-Museum

Stattdessen rollen wir auf bequemem Asphalt in recht gutem Tempo nach Ala-Vuokki, durch das wir bei der Fahrt über Raate nicht gekommen wären. Hier gibt es eine Besonderheit: einen richtigen Universalladen! Unter einem Dach sind eine Tankstelle, eine Poststation, ein Lebensmittelladen, ein Hifi-Geschäft sowie eine Cafeteria vereint. Das lassen wir uns natürlich nicht entgehen und stärken uns mit Kaffee und Kuchen. Der Inhaber und Barbetreiber freut sich über unseren Besuch, er hat wohl nicht so oft Reiseradler als Gäste. Mit frischen Kräften gelangen wir danach auf einer videoüberwachten Straße nach Vartius, das zur Stadt Kuhmo gehört. Dieser Grenzort hat außer einer Fernfahrerkneipe und einem Bahnhof nicht viel zu bieten. Obwohl es ein internationaler Grenzübergang ist, existiert nur ein relativ kleiner Grenzverkehr vor allem in der Form von Tageseinkaufsfahrten. Immerhin werden wir am Bahnhof vom Bahnhofsvorsteher mit Handschlag begrüßt. Vermutlich kommen nicht allzu viele Touristen hierher. Eifrig erzählt er uns, dass hier nur Güterzüge verkehren: Aluminiumsand aus Irland geht nach Russland, von dort rollt Eisenerz nach Finnland. Heute soll noch ein Zug abgefertigt werden, morgen werden es drei sein. Hektik findet offensichtlich an anderen Orten statt.

Moskitoschutz

Ganz in der Nähe finden wir einen Rastplatz mit Feuerstelle und Tischen mit Bänken direkt an einem See. Ein toller Übernachtungsplatz, denken wir – Hunderte von Mücken dachten das wohl auch! Trotzdem bauen wir hier unser Zelt auf, aber wir sind auch froh, dass wir unsere Mückennetze aus Australien dabei haben. Sie leisten uns hier gute Dienste! Vermutlich sehen wir wie Imker aus, als wir unser Abendessen zubereiten, aber es sieht ja niemand, denn in Finnland ist man in so einem freien Camp meist ganz allein. Wider Erwarten gelingt es uns auch, unser Nudelgericht einigermaßen stressfrei einzunehmen. Am nächsten Morgen ist es windig, dafür aber wenigstens mückenfrei und unsere Wäsche wurde durch den Wind bestens getrocknet. Nachdem Peter kleinere Wartungsarbeiten an unseren Fahrrädern erledigt hat, schwingen wir uns in die Sättel. Die Route hält auch heute wieder einige Steigungen parat, jedoch sind sie nicht mehr ganz so heftig wie in den letzten Tagen. Außerdem zaubert uns ein Blick auf den Tacho ein Lächeln ins Gesicht: wir haben die 1000-Kilometer-Marke geknackt!

Idylle pur!

Ohne nennenswerten Verkehr radeln wir auf abgelegenen Straßen, meist durch den obligatorischen finnischen Wald und manchmal auch an einem See entlang. Allerdings auch ohne Möglichkeit, etwas essbares kaufen zu können. Eigentlich halten wir gerne immer mal wieder an, um eine kleine Rast zu machen. Doch heute fahren wir halt ohne Kaffeepause weiter und erreichen am Nachmittag Kuhmo. Gerade rechtzeitig vor einem heftigen Regenguss erreichen wir das Kultur- und Informationszentrum *Juminkeko*, das sich mit der Kalevalatradition (Kalevala ist ein finnisches Nationalepos) befasst und den Kulturaustausch mit dem jenseits der Grenze liegenden Weißkarelien auf die Fahnen geschrieben hat. In dem ansprechenden Holzgebäude gibt es eine Cafeteria – bei ein paar Cappuccinos warten wir, bis der Regen nachlässt, wir haben nämlich keine Lust, in der Nässe da draußen weiter zu radeln. Kuhmo hat um die 9.000 Einwohner und entsprechend viele Einkaufsmöglichkeiten. In einer Regenpause decken wir unseren Bedarf in einem der Supermärkte und radeln guten Mutes weiter. Doch kaum außerhalb der Stadtgrenze angekommen fängt es schon wieder an zu regnen, deshalb sind wir froh, dass wir die *Tulijärven Tuvat,* eine Privatunterkunft in einem Feriengebiet, entdecken. Gerade noch rechtzeitig vor einem plötzlich einsetzenden Starkregen können wir eine tolle, fast schon luxuriöse Hütte beziehen, die aber auch einen entsprechenden Preis hat. Es gibt eine kleine Küchenzeile, ein warmes Badezimmer und ganz herzliche Vermieter, die uns Mehl, Eier und Milch spendieren, so dass wir Pfannkuchen backen können. Wenn man so schön im trockenen und warmen Zimmer sitzt, ist es fast egal, dass es draußen so stürmt und regnet!

Am nächsten Morgen gibt es noch einmal Pfannkuchen zum Frühstück – herrlich! Obwohl es in der Früh noch einmal geregnet hat ist es trocken, als wir diesen gastlichen Ort verlassen. Es reißt sogar auf und hin und wieder blinzelt die Sonne durch die Wolken. Trotzdem mogeln wir heute ein zweites Mal: wir fahren nicht auf der Route des Bikelineführers weiter. Die Schotterstrecke wird dort zwar als „anstrengend" bezeichnet, doch der Grund für unser Abweichen ist die Baustelle, von der uns Margrit und Christian erzählt hatten. Innerhalb dieses 27 km langen Abschnitts soll es sehr grobe Schottersteine geben, die sogar das Schieben des Fahrrads zur Qual werden lassen. Das wollen wir weder uns noch unseren Rädern zumuten. Zumal auch noch nicht klar ist, ob das Wetter hält und wir in dieser Abgeschiedenheit dann eine Hütte finden würden. Wenn wir hingegen auf der asphaltierten Straße weiter fahren erreichen wir auf jeden Fall Nurmes, auch falls es unterwegs regnen sollte. Und dort gibt es sicher Unterkünfte.

Nurmes liegt fast auf gleicher Höhe wie Lieksa, unserem eigentlichen Etappenziel. Auf der Strecke dorthin gibt es recht viele Anstiege, aber richtig fies ist an diesem Tag der Wind. Als ständiger Gegenwind macht er unsere Bemühungen um ein rasches Vorwärtskommen zunichte. Ziemlich groggy erreichen wir am Nachmittag Nurmes, eine hübsche kleine Stadt. Ich schlage vor, dass wir mit dem Zug ins 55 km entfernte Lieksa fahren, um wieder Anschluss an unsere Route zu bekommen. Ist das nun eine dritte Mogelei? Na ja, ein bisschen schon, wir haben sicher ein paar Kilometer abgekürzt. Doch heute ist uns das egal. Wir steuern den örtlichen Campingplatz in Lieksa an, es ist mit 21 Euro der teuerste, den wir bisher hier in Finnland aufgesucht haben. Man merkt, dass wir langsam in touristischere Regionen kommen. Lieksa liegt am fünftgrößten See Finnlands, am Pielinen und der Campingplatz liegt direkt an dessen

Ufer. Kein Wunder also, dass die Preise steigen. Wir sind nicht die einzigen Besucher hier, der Platz ist gut besucht. Viele Wohnmobile, Wohnwagen und Zelte treffen wir hier an. Aber auf dem weitläufigen Gelände hat man nicht den Eindruck, dass zu viele Personen hier wären. Auch die sanitären Anlagen und die Aufenthaltsräume mit Kochgelegenheiten sind nur mäßig frequentiert, so dass wir unser Abendessen ungestört dort zubereiten und essen können.

Schützengraben als Erinnerung

Von Lieksa aus geht es am Folgetag ins Hinterland. Ein acht Kilometer langer Radweg bringt uns aus der Stadt, danach fahren wir auf kaum befahrenen Straßen weiter. Die Strecke hat zwar auch heute wieder einige Steigungen, aber sie sind nicht mehr ganz so fies, wir kommen ganz gut klar mit ihnen, zumal es hier auch kaum Autoverkehr gibt. Ein gemütliches Café, das in einem ehemaligen Schulhaus eingerichtet wurde, bietet uns eine willkommene Rastmöglichkeit. Die Betreiber sind hoch erfreut, uns als Gäste begrüßen zu können. Sie erzählen uns von den Jahreszeiten in dieser Gegend, dass es im Sommer normalerweise warm und trocken sei und davon, dass man im Winter tolle Hundeschlittentouren unternehmen kann. Eine große Husky-Farm wird von Freunden des Hauses betrieben, die Gastwirte selbst bieten ihren Gästen geführte Wander- und Kanutouren im Sommer an. Hier im Hinterland treffen wir auch immer wieder auf Kriegsdenkmale wie z.B. Schützengräben, Panzersperren oder alte Panzer, die an den Winterkrieg erinnern. So auch kurz nach unserer Kaffeepause, als wir zu einer dieser Erinnerungsstätte kommen. Hinter einer Palisadenwand könnten wir in Deckung gehen und in den bestens restaurierten Schützengräben können wir uns richtig vorstellen, wie die Soldaten im Winter 1939/40 hier gekämpft haben! Wir radeln weiter, die Asphaltstraße geht in eine Schotterstrecke über. Es fängt erneut an zu regnen. Und wie! Eine Grillstelle mit einem kleinen Unterschlupf ist unsere Rettung. Ein Feuer brennt davor, zwei Paare sitzen unter dem Dach. Sie haben hier Rast gemacht, laden uns jedoch gleich ein, Platz zu nehmen. Sie seien sowieso gerade fertig und außerdem mit dem Auto da, für uns sei ein trockenes, warmes Plätzchen doch viel wichtiger. Hinter der Schutzhütte gibt es einen Schopf mit trockenem Feuerholz, so dass wir bequem Kaffeewasser kochen und uns aufwärmen können. Wenn Regen aufkommt, wird es, zumindest in diesem Sommer, immer auch gleich ungemütlich kalt. Am liebsten würden wir hier unter dem Dach im Trockenen bleiben anstatt in Regen und Kälte weiter zu radeln.

Doch übernachten wollen wir hier nicht. Wir haben keine Lust, unser Zelt hier in der Nässe aufzubauen und hoffen insgeheim auf eine wohnlichere Unterkunft. Das junge Schweizer Paar ist inzwischen auch hier eingetroffen. Die Beiden bauen gerade im strömenden Regen ihr Zelt auf, als ein Auto hält und eine ganze Familie auf die Hütte zu hält – die wollen hier grillen! Bei diesem Wetter! Das wird uns alles zu viel, deshalb radeln wir weiter und gelangen bald darauf nach Hattuvaara. Der kleine Laden am Ortseingang hat bereits geschlossen, es ist nirgends ein Hotel oder sonst eine Unterkunft zu sehen. Vor einem Haus steht ein junger Mann und raucht eine Zigarette. Ihn fragen wir, ob er vielleicht ein Mökki oder ein Hotel hier in der Nähe kennt. Er versteht uns nicht richtig, aber er gibt uns zu verstehen, wir sollen hier warten. Kurz darauf kommt er mit seinem Chef wieder, der uns für wenig Geld eine komplette Wohnung für eine Nacht anbietet. Als Krönung besorgt er uns sogar noch Bier zum Abendessen! Wir können unter mehreren Schlafzimmern eines auswählen, haben einen heimeligen Holzofen im Wohnzimmer und überdies sogar noch eine Sauna, die wir natürlich benutzen dürfen. Anstatt in nasser Natur in unserem Zelt übernachten zu müssen, können wir den Abend in einem behaglichen finnischen Haus ausklingen lassen. So etwas nennt man wohl Radlerglück!

Regen, Regen, Regen...

16.07.2012 bis 18.07.2012
Hattuvaara - Ilomantsi - Mutalahti - Hoilola - Nirala - Kitee - Kesälahti
Auf dem Iron Curtain Trail 1.456 km

Der Himmel hat seine Schleusen geöffnet, ungeheure Wassermengen prasseln auf die Erde. Wir beobachten dieses Schauspiel staunend aus der trockenen Hütte, die wir noch rechtzeitig mieten konnten. Das war bereits vor ein paar Tagen in Kuhmo und wir hatten gehofft, das Wetter würde sich bessern. Doch schon am übernächsten Tag mussten wir wieder zwei Stunden durch den Regen fahren... Es ist eigentlich nicht schlimm, wenn man mit dem Rad mal in einen Schauer kommt, vor allem dann nicht, wenn am Ende der Tour die Aussicht auf eine trockene Unterkunft und auf ein warmes Bad besteht. Doch seit wir gestern in Hattuvaara losgeradelt sind regnet es fast ständig. Und weil wir alles wasserdicht verpackt haben, also auch die Straßenkarte, verpassen wir unterwegs auch noch die Abzweigung nach Möhkö. Erst als wir schon ein paar Kilometer daran vorbei sind schaut Peter auf sein Navi und bemerkt den Irrtum. Bei diesem Wetter macht Radeln nicht wirklich Spaß und so bleiben wir auf dem eingeschlagenen Kurs, verzichten auf den Umweg über Möhkö und fahren direkt nach Ilomantsi weiter.

Wenn man bei schlechtem Wetter so vor sich hin radelt, versucht man, sich trotzdem irgendwie bei Laune zu halten. Zu leicht wird man sonst miesepetrig, wenn alles nass und klamm ist. Bei mir hat sich das Assoziationsspiel eingeschlichen. Dazu muss man wissen, dass finnische Autokennzeichen aus drei Buchstaben und drei Ziffern bestehen, wobei die Buchstaben willkürlich zu sein scheinen, also offensichtlich keinen Bezug zu einem Ort haben. Entsprechend unterschiedlich fallen die Kennzeichen aus. Anfangs habe ich aus den Buchstaben Assoziationen hergeleitet, z.B. bei NIC musste ich gleich an "Nickli" denken. Doch dann wurde langsam ein kleines Spiel daraus, als ich nach "sinnvollen" Worten oder Abkürzungen suchte: Heute früh wurde ich mit TAG begrüßt - das müsste hier doch eher HEI heißen? Kurz darauf begegneten mir OMI und ULF, bevor ein YAK und ein BOB an uns vorbei zogen. Ganz so kalt ist es dann aber doch nicht...

Zwischenzeitlich überholt uns ein TGV und auch die KLM fliegt an uns vorbei. Jetzt kommt gar ein FAX, ob das wohl fried Chicken bei KFC geordert hat? Nun wird es lustig, das ORF und die FAZ wollen uns wohl interviewen, unsere Reise sei eine BIG Story. Doch was ist das?!? Wir werden von der CDU überholt! NEE, das wollen wir NIE! Womöglich taucht dann auch noch MER, KEL oder gar die FDP auf! Und das im Urlaub!!! Wie gut, dass stattdessen CHE aufkreuzt. Ich sehe mich gleich an einem kubanischen Strand in der Sonne sitzen, eine Piña Colada schlürfen, ab und zu an einer Cohiba ziehen - doch jäh werde ich in die Realität zurück geholt: ich sitze auf meinem Rad, es ist kalt und es schüttet wie aus Kübeln - es ist Weltuntergangsstimmung!

Wenigstens macht der Regen eine kleine Pause, als wir in der Nähe von Mutalahti eine Übernachtungsmöglichkeit suchen. Mit der netten Finnin, die wir in ihrem

Garten antreffen, können wir uns leider nicht verständigen, sie spricht kein Wort englisch – und unser finnisch ist auch nicht gerade besser. Eigentlich wollten wir sie fragen, ob es in der Nähe eine Hütte zu mieten gäbe. Ich meinte mich zu erinnern, davon im Reiseführer gelesen zu haben. Aber nirgends fand sich ein Hinweis auf eine Unterkunft. Wir suchen also einen geeigneten Platz für unser Zelt und biegen deshalb von der Straße in einen Waldweg ab.

Russland in Sichtweite

Ganz abgelegen im Wald erreichen wir ein Anwesen, das irgendwie „amtlich" wirkt, aber es liegt sehr idyllisch an einem See. Es hat ein Schild an der Tür, das wir als eine Art Grenzschutzamt interpretieren. Doch das Haus scheint verwaist zu sein. Feierabend. Ein Wohnwagen parkt hinter dem Haus und am See steht eine runde Hütte, eine Art Gartenlaube. Davor gibt es einen Tisch und Bänke. Eine andere Hütte scheint eine Sauna zu beherbergen und im Schopf daneben lagert jede Menge Feuerholz. Ein Blick auf die Karte zeigt, wir müssen hier ganz in der Nähe zu Russland sein, vermutlich können wir es über das Wasser sogar schon sehen. Ganz am Rand dieses Anwesens bauen wir unser Zelt direkt am See auf. Etwas mulmig ist uns schon, denn ohne jemanden gefragt zu haben ist es sicher nicht erlaubt, hier einfach zu zelten und normalerweise machen wir so etwas auch nicht. Andererseits werden wir den Platz aber morgen früh auch wieder so verlassen, wie wir ihn vorgefunden haben. Das ist ja logisch.

Niemand stört unsere Nachtruhe, auch beim Frühstück bleiben wir alleine. Nass packen wir unser Zelt ein und verlassen diesen merkwürdigen, aber malerischen Platz. Tiefschwarze Wolken hängen tief, aber momentan regnet es zur Abwechslung mal nicht. Die Landschaft ändert sich nun schlagartig. Waren es seither Wälder mit Kiefern und Birken und ab und zu Seen, die das Bild bestimmten, so sind hier auf einmal viele landwirtschaftlich genutzte Flächen zu sehen. Getreide- und Rapsfelder lassen den Blick weit schweifen und immer wieder kommen wir auch durch kleinere Ansiedlungen. Dies gibt uns dann oft die Gelegenheit, uns mit Kaffee und Kuchen über so manchen Regenschauer hinweg zu trösten. Je näher wir nach Kitee kommen, unserem heutigen Etappenziel, umso mehr ähnelt die Landschaft dem Allgäu. Grüne, sanfte Hügel und weidende Kühe, dazwischen immer wieder Höfe und Häuser. Wenn nur das Wetter noch mitmachen würde! Denn immer wieder regnet es und deshalb mieten wir uns in Kitee im einzigen Hotel der Stadt für die Nacht ein. Es gibt hier zwar auch eine evangelische Bildungsstätte, die günstige Zimmer vermietet, aber dort ist leider nichts mehr frei.

Schade. Nun denn, die Aussicht auf ein trockenes Nachtquartier und eine warme Dusche lassen uns nicht mehr lange überlegen. Kitee ist mit mehr als 11.000 Einwohnern eine relativ große Stadt, zumindest für die Regionen Finnlands, durch die wir bislang geradelt sind. Aber die Stadt gefällt uns nicht besonders, was vielleicht aber auch am Regen liegen mag. Da sieht vermutlich auch die freundlichste Stadt eher trist aus!

Regenwolken...

Regen begleitet uns auch am nächsten Tag. Und zwar ziemlich heftiger Regen. Er kommt nicht nur von oben sondern auch von der Seite, denn wir müssen einige Kilometer auf der stark frequentierten E 6 radeln. Jedes Auto, das uns überholt, beschert uns eine kleine oder sogar große zusätzliche Wasserfontäne. Und es ist kalt. Saukalt. Leute, das macht keinen Spaß mehr. Wir fahren bereits den dritten Tag mehr oder weniger ständig im Regen, die Füße werden gar nicht mehr trocken, ebenso wenig das Zelt. Wasser tropft vom Helm, die Brille könnte Scheibenwischer vertragen. Wenn das so weiter geht bekommen wir noch Schwimmhäute! Unsere Laune befindet sich auf dem Nullpunkt. Und die Wetteraussicht für die kommenden Tage: keine wesentliche Änderung...

Deshalb haben wir uns heute Nachmittag dazu durchgerungen, unsere Tour auf dem Iron Curtain Trail für dieses Jahr hier abzubrechen. Wir haben Kesälahti in strömendem Regen erreicht und versuchen uns dort in einem Café aufzuwärmen. Eigentlich wollten wir noch nicht aufgeben und sind sogar bei einer kleinen Regenpause weiter gefahren, aber kurz nach der Stadtgrenze fing es wieder an zu schütten. Nun sitzen wir also wieder hier im Café im Trockenen, schauen nach draußen auf die Pfützen, die der Regen auf dem Parkplatz bildet und überlegen, wie es weiter gehen soll. Wir haben in diesem Jahr nur vier Wochen Urlaub, den wollten wir eigentlich nicht unbedingt im Regen verbringen. Da Kesälahti einen Bahnhof hat werden wir unsere Tour also nach drei Finnlandwochen hier abbrechen. In einem modernen IC gelangen wir nach Imatra, wo wir uns in einem gemütlichen Hostel einquartieren. Die Wettervorhersage lässt weiterhin auf keine Besserung hoffen, so dass wir den Reiseabbruch nicht bereuen und am folgenden Tag den Zug nach Helsinki nehmen, um von dort aus mit der Fähre nach Deutschland zurück zu kehren. Im nächsten Jahr werden wir dann wieder in Kesälahti anschließen und die nächsten Etappen bei hoffentlich besserem Wetter angehen!

Schade, wir hätten Finnland gerne in diesem Jahr „abgeschlossen", das war unser ursprünglicher Plan, aber erzwingen wollen wir es auch nicht. Und soviel sei schon verraten, im Nachhinein ist es sogar gut so, denn wenn Finnland schon „fertig" gewesen wäre, wären wir im nächsten Jahr sicher nicht über Russland geradelt sondern hätten gleich in Estland begonnen, so wie es auch im Bikelineführer empfohlen wird, weil es noch keine offizielle Route über Sankt Petersburg gibt!

Endstation Kesälahti

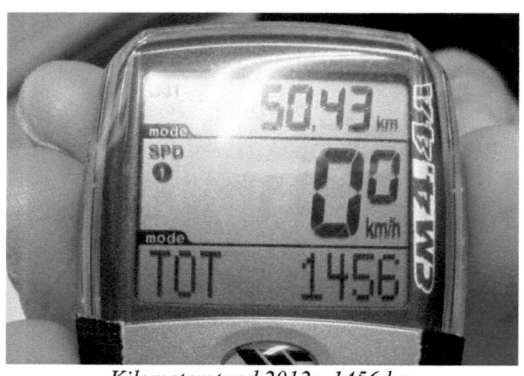

Kilometerstand 2012: 1456 km

Gedanken zum ersten Teilstück auf dem Iron Curtain Trail

Finnland = Regenland?

(Peter:) Marianne meint, es sei an der Zeit, dass ich mich auch mal mitteile. Recht hat sie :-)

Unterwegs beim stundenlangen Pedalieren in freier herrlicher Natur wandert das Auge zwischen Wäldern, Seen, Fahrbahn und Tacho hin und her. Dabei gehen mir immer so viele Gedanken durch den Kopf. Wenn abends dann das Quartier oder Zelt bezogen und ein kalorienreiches Mahl vertilgt ist, bin ich meist zu k.o. um noch zu schreiben. Gestern hat es gerade noch gereicht, den neuen Radio-Tatort anzuhören...

Finnland läuft bei mir langsam Gefahr, als Regenland abgespeichert zu werden. Die letzten Tage jedenfalls waren manchmal nonstop mit mehrstündigen oder sogar ganztägigen Fahrten im Regen verbunden. Klar, dass man dann in kurzer Zeit ziemlich durchgefeuchtet ist, das zerrt am Gemüt des begeistertsten Radlers, finde ich. So plötzlich der Regen kommt, so rasch kann er gottlob auch sein Ende finden. Und wenn dann nach einer langgezogenen Kurve plötzlich eine trockene Straße auftaucht und die Sonne einem gefühlte 28 Grad vorgaukelt, ist die Welt gleich wieder in Ordnung. Actionhaft wird es, wenn man sich gerade regendicht verpackt hat und sich die Sonne denkt, denen heize ich ein wenig ein. Dann wird ein kleiner Hügel zur Saunatour. Aber im Lande deren Erfinder radelten wir ja schließlich gerade.

Radeltechnisch sind Finnlands Straßen - sei es im hohen Norden oder entlegenen Osten - immer vom Feinsten. Glatter, sehr gut mit dem Zweirad zu befahrender Asphalt. Auch die wenigen von uns unter die Rä-

Guter Asphalt - und gute Steigung...

der genommenen Schotterpisten (die ganz schlechten haben wir ja ausgelassen) waren meist auf der festeren Fahrbahnmitte bei entsprechend aufmerksamer Fahrweise ganz gut zu bewältigen. Mit dem bepackten Reiserad sind freilich die vielen Hügel und die entsprechenden Anstiege nicht jedes Mal locker zu erklimmen. Trotz der fein abgestuften Rohloffschaltung müssen wir Endfünfziger doch manchmal absteigen oder im Einzelfall auch mal schieben. Das Verkehrsaufkommen ist - jedenfalls außerhalb der Städte - bislang als phantastisch gering zu bezeichnen und hebt somit eines Radlers Stimmung ungemein. Nur so sind übrigens auch die Fahrten im Regen überhaupt durchzustehen.

Die Rücksichtnahme der Autofahrer auf uns bepackte Reiseradler möchte ich als sehr entgegenkommend bezeichnen - solange jedenfalls kein gleichzeitiger Gegenverkehr naht. Denn von dem bzw. uns Radlern möchte der Autopilot nicht zum Betätigen des Bremspedals veranlasst werden, da wird dann doch lieber der Sicherheitsabstand in den Grenzbereich verlagert. Dieses auffällige Fehlverhalten zeigen besonders jene Pkw mit dem Nationalitätskennzeichen RUS. Und nein, das sind überhaupt keine Vorurteile ;-)

Eigentlich....

(Marianne:) Finnland ist eigentlich ein ziemlich flaches, ebenes Land. Eigentlich. Es mag ja sein, dass der Auto- oder Motorradfahrer dies auch so empfindet, aber der Reiseradler mit viel Gepäck sieht das differenzierter. Man kann sich das Land im Osten wie ein in schwerer See erstarrtes Meer vorstellen. Wellenberge und -täler überziehen das ganze Land – und wenn der Radfahrer Glück hat, dann fährt er gerade durch eine Region, bei deren "Erstarrung" Flaute geherrscht hat – sonst war es ein ausgewachsener Orkan...

Es gibt nur wenig Verkehr in Finnland und die Autofahrer sind sehr rücksichtsvoll gegenüber uns Radlern. Eigentlich. Denn immer wieder kommt es vor, dass uns ein rücksichtsloser oder ein einfach nur gedankenloser Fahrer beim überholen fast von der Straße fegt, weil er viel zu dicht vorbei fährt...

Wir lieben Tiere. Eigentlich. Wir freuen uns über die Rentiere, die sich die Straße mit uns teilen. Sie schauen uns Radfahrer ganz entgeistert an und laufen oft einige Zeit mit ihrem kamelartigen Gang mit uns mit, bis sie uns dann doch ziehen lassen. Oder die Vögel. Vom heimisch anmutenden Kuckucksruf bis zum exotisch wirkenden Gezwitscher begleitet uns ein vielstimmiger Vogelchor den ganzen Tag über. Aber die Mücken!!! Sie sind gnadenlos in der Überzahl und stürzen sich vielerorts sofort auf den arglosen Touristen, sobald der sich ins Freie wagt! Wir haben den Kampf gegen sie längst aufgegeben und uns auf die Defensiven "Autan" und "Off" verlegt...

Die Finnen scheinen recht zurückhaltend zu sein. Eigentlich. So erstaunt es uns, wie hilfsbereit manche von ihnen zu uns Fremden sind (als wir beispielsweise eine Übernachtungsmöglichkeit suchten) oder dass wir gar nach Hause und zur Sauna eingeladen werden.

Während wir in Finnland also mit einigen Widrigkeiten zu kämpfen haben, lassen es sich unsere Kolleginnen und Kollegen im Büro gut gehen, trinken gemütlich eine Tasse Kaffee oder besuchen ein Meeting und schauen im Internet, wo wir uns gerade herum treiben. Eigentlich haben sie es doch richtig gut! Ob wir mit ihnen tauschen wollen? Ehrlich? Auf gar keinen Fall...

Stürmischer Empfang

Mit einem solch stürmischen Empfang hatten wir im Folgejahr gar nicht gerechnet, als wir vom hochsommerlichen Deutschland aus hier mit der Fähre in Helsinki angekommen waren. Die Überfahrt selbst war nämlich sehr ruhig, so dass niemand unter Seekrankheit leiden musste. Mit dem Zug waren wir von Stuttgart über Hamburg nach Travemünde gelangt. Den Weg zum Fährhafen kannten wir ja noch vom Vorjahr und wir erinnerten uns schmunzelnd an die Worte des Jungen, der uns damals erklärte, wie wir vom Skandinavienkai zum Bahnhof kämen: „Diesen Weg hoch, dann nach rechts abbiegen und einfach geradeaus. Dann, nach zwei Bergen, kommt ihr genau zum Bahnhof!". Wir radelten damals also los und dachten schon, wir wären falsch, denn die ganze Strecke war flach, als wir plötzlich vor dem Bahnsteig standen. Zwei leichte Wellen im Asphalt sind hier also „Berge"...

Heftiger Wind ist nun also unser Begleiter vom Fährhafen, der weit draußen im Stadtteil Vuosaari liegt, bis in die City von Helsinki, knapp 20 Kilometer. Von dort aus wollen wir per Zug weiter nach Kesälahti fahren, unserem Anschlussbahnhof, wo wir wieder auf unsere Route treffen möchten. Die vollgepackten Räder schwanken manchmal ganz plötzlich, obwohl wir keinen Alkohol getrunken haben – der Wind ist einfach noch ungewohnt, vor allem wenn der Radweg auf einer Brücke über Wasserarme führt und uns voll von der Seite erwischt. Doch zunächst müssen wir den richtigen

Weg in die Stadt finden. Das ist schwieriger, als wir es von der Rückfahrt im letzten Jahr in Erinnerung haben. Zum Glück haben wir ein Navi, so dass wir nicht total falsch fahren. Vorsichtshalber fragen wir hin und wieder Passanten, ob wir noch auf der richtigen Route sind. Ein älterer Herr ist ebenfalls mit dem Fahrrad unterwegs und als wir auch ihn nach dem richtigen Weg fragen meint er, wir sollen doch einfach mit ihm mit radeln, er wolle auch ins Zentrum. So gelangen wir letztlich wohlbehütet zum Hauptbahnhof.

Wir kaufen ein Zugticket und als der freundliche Beamte von uns erfährt, dass wir schon im letzten Jahr hier im Land bei Regen mit dem Rad unterwegs waren, sichert er uns zu, dass dieses Jahr das Wetter besser sei als im Vorjahr und dass am Wochenende sogar 26 Grad erwartet werden! Wir behalten diese Zusage im Auge! Skeptisch schauen wir später aus dem Zugfenster, denn inzwischen regnet es in Helsinki. Doch je weiter wir nach Norden kommen, umso mehr bessert sich das Wetter. Der Bahnsteig in Kesälahti sieht noch genauso aus wie im letzten Jahr, nur das Bäumchen vor dem Bahnhofsgebäude ist ein Stück gewachsen. Ein Mann, der seine Tochter hier am Zug abgeholt hat beobachtet uns, wie wir das Ensemble fotografieren und spricht uns dann an, denn er kann ein paar Brocken deutsch. Er freut sich sehr und kann kaum glauben, dass es Menschen gibt, die mit der Bahn ausgerechnet hierher fahren, um Urlaub zu machen!

Die Finnland-Etappe ist geschafft!
22.07.2013 bis 26.07.2013
Kesälahti - Laikko - Nuijamaa - Väkevä - Vaalimaa
Auf dem Iron Curtain Trail 1.769 km

Um vier Uhr ist es bereits taghell, als wir nach unserer ersten Nacht im Zelt nahe Kesälahti aufwachen. In der Nacht hatte es zwar leicht geregnet, aber nun ist es trocken und wir stehen bereits um 5 Uhr auf. Irgendjemand hat hier am Waldrand einen Stapel Holzpaletten aufgeschichtet, jetzt dient uns dieser Stapel als Frühstückstisch. Ach, es ist schön, wieder auf Tour zu sein und den ersten Kaffee im Freien zu genießen. Ein kräftiger Wind begleitet uns, als wir gegen 7 Uhr losfahren. Es ist jedoch nicht kalt und im Lauf des Tages klart der Himmel immer mehr auf, es wird immer sonniger und wärmer. Der Mann am Zugschalter hat vielleicht doch recht gehabt?

Hier, ziemlich nahe an der russischen Grenze, fahren wir häufig auf geschotterten Pisten. Meist sind sie recht gut zu befahren, aber immer wieder gibt es kleinere Anstiege oder Abschnitte mit festgefahrenem „Wellblech", so dass wir bald ziemlich geschafft sind. Für den Anfang hätte ich mir eine ebene Asphaltstrecke gewünscht – aber man kann halt nicht alles haben. Wir treffen nur auf wenig Ortschaften, allesamt ohne Einkaufsmöglichkeiten. Und dann passiert es! Kurz vor Parikkala. Wir radeln auf einer schönen Asphaltstraße, ich bin unaufmerksam – und stürze. Mein Vorderrad war in den Graben neben der Straße geraten und ich konnte nicht mehr ausgleichen. Jetzt habe ich aufgeschürfte Knie und Ellbogen, aber sonst ist glücklicherweise nichts schlimmeres geschehen. Trotzdem bin ich froh, dass wir in Parikkala eine kleine Pause machen, Eis essen und die hübsche Kirche von Uukuniemi besichtigen, ein imposantes Gebäude aus Holz. Eine junge Frau führt uns in das Innere, das überraschend hell und freundlich wirkt. Gegen Abend haben wir keine Mühe, ein geeignetes ruhiges Plätzchen für unser Zelt zu finden. Sogar ein kleiner See ist in der Nähe, so dass wir genügend Wasser zur Verfügung haben.

Grenzmuseumsstraße

Auch am folgenden Tag radeln wir durch recht einsame Gegenden, oft wieder auf unbefestigten Straßen. Es ist wieder etwas bewölkt heute, aber trocken. Auf vielen Wiesen wird Gras gemäht und Heu gemacht, die Bauern glauben also auch, dass es trocken bleiben wird. Bei Miettilä ist ein 20 Kilometer langer Abschnitt seit 1989 eine *Grenzmuseumsstraße*. Sie verläuft entlang eines Grenzstreifens, der zeitweise zu Russland und sogar auch schon einmal zu Schweden gehörte. Natürlich diente diese Straße früher militärischen Zwecken, sie ist seit ungefähr 200 Jahren in fast unverändertem Zustand. Uns gefallen die alten Grenzsteine gut und immer wieder halten wir an, um Fotos zu machen. Ein Auto mit drei Grenzpolizisten stoppt neben uns. Neugierig fragen sie, was wir hier machen und natürlich auch das obligatorische „woher" und „wohin". Ziemlich bald sind sie offensichtlich von unserer Harmlosigkeit überzeugt und wir plaudern noch eine Zeitlang mit ihnen. Vor allem möchte ich von den Dreien gerne wissen, ob man wohl über Sankt Petersburg radeln könne? Ja klar, meinen sie, das sei überhaupt kein Problem, die Straßen seien in Russland so wie hier auch. Ja, wenn das so ist...

Bald erreichen wir Imatra, das in der südostfinnischen Landschaft Südkarelien an der Grenze zu Russland liegt. Hier durchbricht der Fluss Vuoksi den Salpausselkä-Höhenzug, der die Finnische Seenplatte im Süden und Osten begrenzt. Im Westen hat Imatra Anteil am Saimaa-See, im Norden des Stadtgebiets liegt der See Immalanjärvi. Imatra ist quasi von Wasser umringt und dabei nur 12 km von Russland entfernt. Die reißenden Stromschnellen des Vuoksi sind schon seit dem 19. Jahrhundert ein beliebtes Touristenziel. Der Strom wird hier auf einer Länge von rund 500 Metern in eine enge Granitschlucht gezwängt. Seit 1929 werden die Wasserfälle jedoch zur Stromerzeugung genutzt und das Wasser deshalb umgeleitet. Nur in der Touristensaison von Mitte Juni bis Mitte August werden täglich um 19 Uhr für zwanzig Minuten die Schleusen geöffnet und das alte Flussbett geflutet. Zur Öffnung der Schleusen wird traditionell über Lautsprecher das Stück *Es kocht der Strom* von Jean Sibelius gespielt.

Doch für uns geht es jetzt ohne Sibelius direkt zur russischen Grenze. Aus Imatra radeln wir noch auf Asphalt, aber das ändert sich bald und nun pedalieren wir die meiste Zeit über Schotter und natürlich auch über etliche Hügel. Meine Beine sind heute müde, bereits nach 25 km waren sie der Meinung, sie hätten ihr Tagespensum bereits erfüllt – doch der Kopf befiehlt, dass es weiter geht! Erst nach 95 km dürfen sie ausruhen. In Nuijamaa schlagen wir unser Zelt am städtischen Strand des Saimaakanals auf, der hier durch einen stattlichen See führt. Der 1856 eingeweihte Kanal führt vom Saimaasee durch finnisches und russisches Territorium zum Finnischen Meerbusen. Er war stets für die Transporte der holzverarbeitenden Industrie bedeutsam. Oberhalb unseres Nachtplatzes sind noch die Überreste einer ehemaligen Grenzstation zu sehen, heute liegt der Grenzübergang jedoch außerhalb des kleinen Städtchens an einer neu gebauten Straße. Am Strand gibt es Bänke, wir können es uns gemütlich machen und die Schiffe beobachten, die hin und wieder aus Russland kommen oder dorthin fahren. Und das beste ist, es hat keine Mücken! Solche Übernachtungsplätze sind ein echter Glücksfall für einen Reiseradler, denn eine Runde schwimmen ersetzt gut und gerne eine Dusche. Und wenn dann auch noch Ruhe und Aussicht stimmen und ein köstliches Abendessen vor uns steht ist das Glück perfekt!

Der nächste Morgen beginnt ebenfalls grau, aber bald schon reißen die Wolken auf, die Sonne übernimmt das Regiment. Die Strecke ist anspruchsvoll, denn entweder fahren wir auf hügeligen Schotterstraßen (einmal zeigte mein Tacho 19% Steigung), oft mit vielen Schlaglöchern oder „Wellblechbelag" oder wir müssen uns die Asphaltstraße, eine Art Bundesstraße ohne Standspur, mit relativ vielen Autos teilen. Aber die Landschaft ist wunderschön. Immer wieder radeln wir an Seen vorbei und auf den Wiesen wird auch heute wieder Heu gemacht. Die letzten Wolken sind nun auch verschwunden, es wird richtig warm. Was für ein Unterschied zum letzten Jahr!

Hier in der Nähe liegt ein Goldschatz...

In Vainikkala, einem kleinen 400-Seelen-Dorf an der russischen Grenze wäre nicht viel los, wenn hier nicht auch ein großer und wichtiger Bahnhof wäre. Züge nach Russland halten hier an, damit Grenz- und Zollkontrollen durchgeführt werden können. Im Bahnhofsgebäude gibt es eine Cafeteria und als wir dort eine Rast einlegen fährt gerade der Allegro ein, ein Hochgeschwindigkeitszug, der täglich mehrmals zwischen

Helsinki und Sankt Petersburg verkehrt. Bereits im Bahnhof von Helsinki hatten wir einen dieser Allegro gesehen. Zwischen den Grenzbahnhöfen Vainikkala (Finnland) und Wyborg (Russland) ist das Zugrestaurant geschlossen. Es wird per Lautsprecherdurchsage darauf hingewiesen, dass ein Aussteigen aus dem in unmittelbarer Grenznähe teilweise nur mit Schrittgeschwindigkeit fahrenden Zug unter allen Umständen zu unterlassen ist, da die russische Seite der Grenze scharf bewacht wird und Sperrgebiet ist. Bei Zuwiderhandlung drohen mehrjährige Freiheitsstrafen.

Für uns geht es jedoch auf den schon gewohnten Schotterstrecken weiter. Ein malerischer See lädt uns bald darauf zu einem Fotostopp ein. Seerosen blühen im klaren Wasser, Schilf säumt die Ufer, aber von der Straße aus können wir über Felsen und Steine zum See gelangen. Ein paar Kilometer weiter ruft Peter: „So ein Mist! Ich habe eine Plombe verloren!" Er hatte bei der kurzen Pause am kleinen See Lakritz gekaut und dabei offensichtlich ein Inlay ausgespuckt, als er auf ein vermeintlich hartes Stück der süßen Bonbons gebissen hatte. Das Inlay war aus Gold. Nun liegt also ein Goldschatz dort irgendwo im Schotter...

Immer wieder kommen wir durch kleine Ortschaften, oft ist es auch nur ein Hof, der in der Nähe des Wegs liegt. So auch jetzt, als wir über eine Art Lichtung radeln. Links sehen wir die Gebäude, die Schotterstraße führt in weitem Bogen daran vorbei. Unvermittelt rast ein großer schwarzer Hund vom Typ Rottweiler aus dem Hof und jagt auf mich zu. Peter fährt hinter mir und kann nur machtlos zuschauen, was dann passiert. Komischerweise habe ich in diesem Moment keine Angst, ich radle etwas langsamer und möchte dem Hund dadurch signalisieren, dass ich nichts böses im Schilde führe (ob der das wohl kapiert?). Zum Glück hat der Herr des Hundes die Situation gesehen und pfeift das Tier zurück – und kurz bevor er mich erreicht dreht er dann auch wirklich ab und lässt uns weiter ziehen.

Schotterpiste, aber gut zu befahren

Unseren Nachtplatz finden wir an einem weiteren tollen See in der Nähe von Väkevä. Ganz alleine steht unser Zelt direkt am Ufer. Absolute Ruhe ringsum. Nur weit draußen auf dem See sehen wir ein kleines Ruderboot. Wir genießen die Sonne, das Wasser und überhaupt alles! Ach, das Leben kann so schön sein! Solche Übernachtungsplätze sollten wir an jedem Abend finden! Auch am nächsten Tag bleibt es sonnig und warm, als wir auf der Schotterpiste weiter radeln. Langsam geht unser Wasservorrat zur Neige, wir sollten bald einen Laden finden. Da wir inzwischen wieder auf der

Hauptverkehrsstraße unterwegs sind, dürfte das ja nicht so schwer werden. Denken wir. Doch als wir Muurikkala, den nächsten Ort, erreichen, hat der einzige Laden am 31.12.2012 für immer geschlossen. Deshalb entscheiden wir, auf den Umweg über Miehikkälä zu verzichten, denn ohne ausreichende Wasserversorgung wäre uns der Abstecher in die abgelegene Region zu riskant. Außerdem wollen wir rechtzeitig vor dem Wochenende Virolahti erreichen. Heute ist Freitag und wir hoffen, dort einen Zahnarzt für Peter zu finden. Es ist schade, dass wir so auf den Besuch des Museums über die Salpa-Linie verzichten müssen, der Schotterstrecke hingegen weinen wir keine Träne nach.

Mit unserem letzten Schluck Wasser erreichen wir Vaalimaa, den Grenzort zu Russland. Im relativ modernen Einkaufszentrum gönnen wir uns ein zweites Frühstück und kaufen Wasser, bevor wir uns auf den Weg nach Virolahti machen. In dem 3.500 Einwohner zählenden Städtchen gibt es ein Gesundheitszentrum, in dem sogar noch ein Zahnarzt anwesend ist. Peter braucht nicht lange zu warten, er wird sofort behandelt und bekommt ein Provisorium, das mindestens 8 Wochen lang halten soll – lang genug, bis wir wieder zu Hause sind. Und zu unserer Überraschung will der Arzt nicht einmal Geld von Peter. Er meint, die Deutschen hätten Finnland im Winterkrieg unterstützt, deshalb sei diese Behandlung kostenlos!

Bei bestem Wetter genehmigen wir uns nun einen halben Ruhetag an einer schönen Badestelle direkt an der russischen Grenze, denn wir wollen erst am kommenden Morgen ins Nachbarland einreisen. Von Virolahti aus sind wir wieder in Richtung Grenze geradelt und haben dann diesen perfekten Übernachtungsplatz entdeckt. Nahezu wolkenloser Himmel, ein Plätzchen für unser Zelt und dazu eine Hütte mit Tisch und Bank machen das Glück perfekt. Auch die Einheimischen nutzen das Naturschwimmbad hier, immer wieder kommen Leute vorbei, um ein paar Runden zu schwimmen. Niemand stört sich daran, dass wir unser Zelt hier aufgebaut haben.

Achtung Grenze!

Das diesjährige Wetter hier in Finnland hat uns mit dem Abbruch im letzten Jahr versöhnt. Beim radeln war es immer trocken und inzwischen ist auch hier der Sommer da und morgen werden wir prüfen, ob wir über Russland radeln können! Wir hatten immer wieder nachgedacht und darüber diskutiert, ob es machbar wäre und was uns wohl dort erwarten würde. Jetzt überlegen wir, was wir seit der letztjährigen Finnlandetappe vermisst hatten:

Was wir ein Jahr lang vermisst haben...

Die Mücken. Aber bereits am ersten Abend kamen sie zu Hunderten, um uns zu begrüßen und willkommen zu heißen. Ein bisschen enttäuscht waren sie aber schon, dass wir unser Zelt zur moskitofreien Zone erklärt hatten und sie draußen bleiben müssen...

Den Regen. Wir mussten nicht lange warten – gleich in der ersten Nacht gab er ein Stelldichein. Doch es war nur ein kurzes Intermezzo, am nächsten Morgen war es trocken. Aber es hatte auch etwas Gutes, die Schotterstraßen staubten nicht – und es waren die einzigen Tropfen seither...

Den Wind. Schon in Helsinki war es stürmisch, anfangs blies es auch auf der Strecke ganz ordentlich. Aber wollen nicht meckern, immerhin war der Regen weg und der Wind kam fast nie von vorn – dafür manchmal sogar von hinten....

Die Hügel. Eigentlich sollte man ja meinen, Finnlands Süden sei flach und eben. Aber auch hier gibt es diese typischen kurzen, aber oft heftigen Anstiege, die das Radlerleben so „würzen". Unseren Beinen wären vermutlich ein paar Flachetappen zu Beginn ganz recht gewesen...

Die Ruhe und Einsamkeit. Man braucht nur ein wenig abseits der größeren Städte zu reisen, so ist man sofort mitten in der Natur. Mit allen Vor- und Nachteilen. Niemand stört einen, aber es verkauft einem auch niemand was – man merkt es am Gewicht der Essensvorräte...

Die Landschaft. Jeden Tag fanden wir ein schönes Plätzchen für unser Zelt. Wie heute auch. Direkt an einem See mit Badesteg und Blick nach Russland. Und sogar mückenfrei!

Die Menschen. Immer wieder haben wir nette Begegnungen. Sei es der ältere Herr, der mit uns mit radelte, um uns den kürzesten Weg zum Bahnhof zu zeigen. Oder die junge Frau und ihr Papa, die sich freuten, dass wir ausgerechnet nach Kesälahti gekommen sind. Oder die drei Grenzbeamten, die uns sahen, als wir Grenzmarkierungen fotografierten und dies nutzen, um sich mit uns unterhalten zu können. Oder den Zahnarzt, der Peter kostenlos behandelte...

Ach ja – es gibt schon so einiges, was wir vermisst haben…

Übernachtungsplatz mit Badestelle

Wir haben rüber gemacht...

27.07.2013 bis 29.07.2013
Vaalimaa - Wyborg - Pesocnoe - Sankt Petersburg
Auf dem Iron Curtain Trail 2.027 km

Man hatte uns gewarnt. Russland sei gefährlich, hieß es. Der Verkehr sei viel zu schlimm für Radfahrer, meinten nicht wenige. Und überhaupt Sankt Petersburg – unmöglich, sich dort mit dem Rad fortzubewegen! Mit diesen Vorurteilen im Hinterkopf radeln wir nun zur Grenze. Schon von weitem sehen wir die Grenzanlagen, viele Schilder und Straßenleuchten weisen den Weg. Die vielen Lampen machen sicher jede Nacht zum Tag. Der Grenzübergang Vaalimaa ist der meistfrequentierte der finnischen Ostgrenze sowie zwischen der EU und Russland. Im Jahr 2007 wurden 2,7 Millionen Grenzüberschreitungen registriert. Im selben Jahr musste in Vaalimaa ein Grenzparkplatz für 1000 Lastkraftwagen erbaut werden, weil es wegen des steigenden Verkehrsaufkommens und der schleppenden Abwicklung auf russischer Seite zu Lkw-Staus von bis zu 50 km Länge gekommen war. Und nun wollen wir auch noch rüber!

Die finnische Abfertigung geht zügig, wir werden ins Niemandsland entlassen. Vor uns ist auf einem großen Schild zu lesen, dass hier *RUSSIA* beginnt. Von den eigentlichen Abfertigungsgebäuden ist noch nichts zu sehen, nur ein kleines Wachhäuschen hinter dem Zaun, davor eine russische Grenzbeamtin, die uns argwöhnisch beobachtet, als wir am Schild für ein paar Fotos posieren. Aber sie lässt uns gewähren und auch weiter radeln. Die russischen Grenzformalitäten sind umfänglicher als sie es in Finnland waren, wir wissen zunächst nicht genau, was wir machen müssen. Die Grenzbeamten sprechen kein englisch und einige spielen ihre Macht über die Reisenden auch gerne noch aus. Doch eine junge Russin, Reisende wie wir auch, hat uns spontan in gutem Englisch angesprochen und ist uns als Übersetzerin eine große Hilfe. Bald haben wir alle Formalitäten erledigt und nun sind wir also „drüben"!

Wyborg

Russland sieht zunächst nicht anders aus als das Nachbarland. Die E 18 erweist sich als normale Autostraße, allerdings ohne den breiten Seitenstreifen, den ich zu Hause auf Google entdeckt hatte. Ich hatte mir Fotos angeschaut und es sah so aus, als ob eine üppige Standspur ein angenehmes Radfahren erlauben würde. Dieser üppige Streifen ist zwar vorhanden, aber er besteht aus Schotter und Schlaglöchern und ist meist auch nur über eine tiefe Kante vom Asphalt aus zu erreichen.

Also müssen auch wir auf der Straße radeln. Zum Glück hält sich der Verkehr meist in Grenzen, nur in der Nähe von Baustellen staut es sich und wir müssen uns beeilen, mit den Autos während der Grünphasen der Ampeln mit durch zu kommen. Bis Wyborg müssen wir auf der E 18 bleiben, erst danach können wir auf weniger frequentierten Straßen an der Küste entlang weiter fahren. Wir haben keinen Bikelineführer und auch kein Kartenmaterial für Russland, aber unsere Finnlandkarte reicht bis Sankt Petersburg, so dass wir nicht völlig orientierungslos sind.

Dank dem Tipp unserer „Dolmetscherin" haben wir beim ersten Laden nach der Grenze Geld gewechselt, denn dort ist der Wechselkurs wesentlich günstiger als bei der Bank im Grenzgebäude. So können wir jetzt unterwegs immer mal wieder anhalten und die einheimischen Biersorten testen oder auch Lebensmittel einkaufen. Wir freuen uns riesig, dass wir jetzt in Russland, diesem so „gefährlichen" Land, unterwegs sind und dass bis jetzt alles so einfach erscheint. Am Nachmittag erreichen wir Wyborg. Die im Mittelalter von den Schweden gegründete Stadt wechselte im Laufe ihrer Geschichte mehrmals den Besitzer. Von 1710 bis 1812 war Wyborg Teil des Russischen Reichs. Ab 1812 gehörte es zum innerhalb des Kaiserreichs autonomen Großfürstentum Finnland und ab 1917 zum dann unabhängigen Finnland. Dort war Wyborg die zweitgrößte Stadt des Landes. Nach dem Winterkrieg 1939–1940 kam sie zur Sowjetunion und die einheimische finnische Bevölkerung wurde ins verbleibende Finnland evakuiert. Auch in Wyborg treffen wir wieder auf freundliche Menschen, als wir nicht genau wissen, wie wir weiter fahren müssen. Es ist eine russische Familie, deren Tochter gutes Englisch spricht und gemeinsam beraten sie, welches für uns die günstigste Route durch die Stadt wäre. Die Tochter dolmetscht dann.

Seit wir die Hauptroute nach Sankt Petersburg in Wyborg verlassen haben gibt es nur noch kyrillische Zeichen auf den Verkehrsschildern und die Straßen sind teilweise mit Schlaglöchern übersät. Aber wenigstens ist der Autoverkehr sehr moderat. Plötzlich sehen wir vor uns einen Reiseradler. Es ist Lars, *„the mad Swede"*, wie er sich selber nennt. Er ist auf Weltreise und möchte in 10 Jahren alle Küsten der Erde abradeln. Weit ist er noch nicht gekommen, wenn man die ganzen Küstenlinien weltweit betrachtet. Bislang hat er nur die schwedische und die finnische Ostseeküste beradelt und ist nun wie wir in Richtung Baltikum unterwegs. Außerdem scheint uns, dass er mit viel zu viel Gepäck unterwegs ist. Sein Rad ist voll bepackt, dazu zieht er noch einen gut beladenen Hänger. Vermutlich wird er das selber auch noch merken. Spannend wird es für uns, als wir das erste Mal in einem russischen Supermarkt einkaufen. Zum Glück sind viele Artikel auch mit lateinischen Buchstaben beschriftet, so dass wir uns ganz gut zurecht finden. Und für Dinge wie Brot oder Eis muss man nicht einmal lesen können. Nach unserem Einkauf im Supermarkt sehen wir in der Nähe einen Marktstand, der offensichtlich von Bauersfrauen betrieben wird. Sie bieten Gemüse von ihren Feldern an, dazu auch Heidelbeeren und Pfifferlinge. Schade, dass wir das nicht vorher gesehen haben. Dennoch möchten wir wenigstens ein paar Gurken von ihnen kaufen, doch die Damen wollen auf keinen Fall Geld dafür! Sehen wir so arm aus?

Zelenogorsk

Auch Zelenogorsk, nur 50 km von Sankt Petersburg entfernt, gehörte früher zu Finnland. Bedeutung hatte es vor allem als Seebad für die wohlhabenden Petersburger, namentlich seit Eröffnung der Eisenbahn von der Hauptstadt nach Wyborg. Im finnisch-sowjetischen Winterkrieg 1939/40 wurde es von der Roten Armee erobert und fiel 1944 endgültig an die Sowjetunion. Uns gefällt die große orthodoxe Theotokos Kirche mit ihren vielen weißen Türmen und ihren Zwiebeldächern. Von hier aus ist es nicht mehr weit, bis wir die Stadtgrenze von Sankt Petersburg erreichen. Allerdings sind es noch immer 40 km vom Ortsschild bis ins Zentrum der zweitgrößten Stadt Russlands. Anfangs können wir sogar noch ab und zu auf Radwegen fahren, eine Seltenheit in

Russland. Doch so plötzlich wie er da gewesen ist, so plötzlich ist der Radweg auch wieder verschwunden und wir müssen uns zwischen den Autolawinen ein Plätzchen suchen. Trotzdem gelangen wir unbeschadet in die historische Altstadt und versuchen nun, eine Bleibe für zwei Nächte zu organisieren.

Paul, ein freundlicher Student mit etwas Deutschkenntnissen hilft uns weiter. Er ist ebenfalls mit dem Rad in der Stadt unterwegs und lotst uns nun zu einer Touristeninformation. Dort finden wir zwar niemanden, der uns ein Hotel vermitteln könnte, aber es gibt freies WLAN und wir können so ein bezahlbares Hotel in guter Lage finden. Es liegt direkt an der Petersburger Prachtmeile Newski-Prospekt und hat ein schönes Zimmer für uns auf der 6. Etage. Leider gibt es im Gebäude weder einen Fahrradkeller noch einen Fahrstuhl. So bleibt uns nichts anderes übrig, als unser ganzes Gepäck und die Fahrräder die Treppen hoch zu tragen. Wie gut, dass wir hier zwei Tage bleiben werden! Und jetzt ziehen wir los, um Sankt Petersburg unsicher zu machen...

Sankt Petersburg

Sankt Petersburg, laut Wikipedia die „nördlichste Millionenstadt der Welt", präsentiert sich uns bei bestem Wetter.

Die Fahrt hierher war anstrengend, aber wir sind stolz, dass wir nicht auf die Bahn umgestiegen sind, sondern den ganzen Weg über teils schwierige, teils aber auch sehr gute Straßen komplett geradelt sind. Wir hätten sonst nicht so nette Menschen getroffen und auch von der Landschaft viel weniger gesehen. Auch in unseren beiden „wilden" Camps in den russischen Wäldern haben wir uns in keiner Minute unwohl gefühlt oder haben die Situation als gefährlich empfunden. Und jetzt werden wir Sankt Petersburg erobern!

Die Stadt liegt im Nordwesten Russlands an der Mündung der Newa in die Newabucht am Ostende des Finnischen Meerbusens. Sie wurde 1703 von Peter dem Großen auf Sumpfgelände nahe dem Meer gegründet, um den Anspruch Russlands auf Zugang zur Ostsee durchzusetzen. Über 200 Jahre lang trug sie den heutigen Namen, von 1914 bis 1924 hieß sie Petrograd und von 1924 bis 1991 wurde sie zu Ehren von Lenin, dem Gründer der Sowjetunion, Leningrad genannt. Die historische Innenstadt mit 2.300 Palästen, Prunkbauten und Schlössern ist Weltkulturerbe der UNESCO und wird in dieser Hinsicht weltweit nur noch von Venedig übertroffen. Wir machen uns zu Fuß auf, um uns einen Überblick zu verschaffen. Es ist nicht möglich, all die vielen Sehenswürdigkeiten an einem Tag anzusehen, deshalb begnügen wir uns mit einem Rundgang durch die historische Altstadt.

Gribojedow-Kanal

Auf dem Newski-Prospekt pulsiert das Leben. Touristen aus aller Welt flanieren zwischen den Einheimischen, die Kamera ständig griffbereit. An jeder Ecke warten neue Fotomotive. Da sind die vielen Kanäle, die uns an eine Mischung aus Venedig, Amsterdam und Paris erinnern. Dann die Auferstehungskirche, die der Basilius-Kathedrale am Roten Platz in Moskau äußerlich sehr ähnelt. Und natürlich die Eremitage, eines der größten und bedeutendsten Kunstmuseen der Welt mit dem berühmten Winterpalast und dem imposanten Palastplatz mit der Alexandersäule. Wir sind es gar nicht mehr gewohnt, so viel zu Fuß zu gehen. Trotzdem können wir uns nicht sattsehen an dieser eindrucksvollen Stadt und wandern über die Newa zur Peter-und-Paul-Festung aus dem frühen 18. Jahrhundert, die den Ursprung und das historische Zentrum der Stadt Sankt Petersburg bildet. Die auf der Haseninsel in der Newa gelegene Anlage beherbergt heute vor allem Ausstellungen und Museen und ist sowohl Touristenmagnet als auch Erholungsort für die St.-Petersburger.

Auferstehungskirche

In einem Park treffen wir auf eine Hochzeitsgesellschaft. Das Brautpaar ist gerade dabei, weiße Tauben fliegen zu lassen, anschließend muss es für die Hochzeitsfotos posieren. Es ist eine kunterbunte Gesellschaft, die dort auf dem Rasen feiert. Auch auf der Haseninsel hatten wir schon ein Brautpaar gesehen, gefolgt von elegant gekleideten Freunden. Auch sie waren sicher auf dem Weg zu einem tollen Platz für Hochzeitsfotos – und davon gibt es in dieser Stadt viele! Vor der Auferstehungskirche lauscht eine Gruppe den Worten ihrer

Reiseleiterin, Tablets und Smartphones sind gezückt. Heutzutage fotografiert der gewöhnliche Reisende offensichtlich nicht mehr mit Kameras. Uns ist natürlich klar, dass wir in Sankt Petersburg nur eine kleine Stippvisite machen können. Doch wir denken, dass wir sicher irgendwann noch einmal hierher kommen werden, dann mit mehr Zeit, um viel mehr der vielen Sehenswürdigkeiten dieser tollen Stadt besichtigen zu können.

Winterpalast

Ach übrigens – kurz vor Sankt Petersburg haben wir die 2000-Kilometer-Marke (auf dem Iron Curtain Trail) geknackt…

Dürfen wir vorstellen?

31.07.2013 bis 01.08.2013
Sankt Petersburg - Gomontovo - Sillamäe
Auf dem Iron Curtain Trail 2.229 km

Zwei Tage ist für Sankt Petersburg viel zu kurz, das ist klar. Dennoch wollen wir weiter, denn wir sind ja auf einer Tour entlang des ehemaligen Eisernen Vorhangs, einen Städtetrip machen wir ein anderes Mal. Doch wie kommt man raus aus einer Millionenstadt, wenn man weder einen vernünftigen Stadtplan noch eine Route auf dem Navi hat? Die nette Dame an der Hotelrezeption versucht, uns in etwa aufzumalen, wie wir am besten fahren sollten. Und mit diesem Zettel machen wir uns auf den Weg. Die ersten paar Straßen sind ja noch einfach zu finden, doch bald fangen wir an zu zweifeln. Wir haben keine Ahnung, ob wir überhaupt noch in die richtige Richtung radeln! Ein Passant versucht uns zu helfen, aber wir sprechen kein russisch und er kein deutsch oder englisch. Trotzdem fahren wir in die von ihm angegebene Richtung weiter. Doch schon nach ein paar weiteren Ecken sind wir total hilflos, weil wir keinerlei Orientierung haben und nicht wissen, wo wir momentan sind. Es ist gar nicht so leicht, sich in einem fremden Häusermeer zurecht zu finden! Hier ist vom Charme Sankt Petersburgs, den die Touristen so schätzen, nicht mehr viel zu ahnen. Sozialistische Zweckbauten und ein paar alte Industrieanlagen bestimmen das Bild, der Verkehr hält sich jedoch in Grenzen. Offensichtlich befinden wir uns nicht gerade auf einer Hauptroute. Aber in welche Richtung sollen wir bloß weiter fahren? Und wieder einmal haben wir Glück, ein freundlicher einheimischer Radfahrer hilft uns. Ivan spricht prima englisch. Er ist Musiker und kramt aus seinem Rucksack einen Stapel Notenblätter hervor. Auf deren Rückseite zeichnet er uns ganz genau auf, wie wir am besten aus der Stadt finden würden. Drei DIN-A-4-Seiten sollen uns Navi und Straßenkarte ersetzen.

Lenin zeigt uns den richtigen Weg!

Als wir einige Zeit später die riesige Leninstatue entdecken und gleich darauf auch den Leninksy Prospekt wissen wir, dass wir auf dem richtigen Weg sind, denn genau so steht es auch auf der Rückseite der Notenblätter. Danke, Ivan! Bis jetzt konnten wir auf Nebenstraßen radeln, doch nun müssen wir auf immer größere und verkehrsreichere Straßen wechseln. Je weiter wir an die Peripherie der großen Stadt kommen umso heftiger wird das Verkehrsaufkommen. Bis zur Stadtgrenze sind wir nun gezwungen, auf einer sechsspurigen autobahnartigen Schnellstraße zu fahren. Das ist wahrlich kein Vergnügen. Wenigstens sind wir auf der richtigen Straße, denn wir werden bis nach Estland auf der E 20 bleiben müssen und hier in der Großstadt sind die meisten Verkehrsschilder auch in lateinischen Buchstaben beschriftet. So langsam nähern wir uns dem Stadtrand, die Straße wird wieder zweispurig. Neben dem Asphalt verläuft eine breite, geschotterte Standspur. Sie dient als Parkplatz und auch als Gehweg, je nachdem. Vor allem die Busfahrer sind der Meinung, dass dieser Seitenstreifen auch der richtige Platz für Radfahrer ist. Völlig rücksichtslos drängt mich der Fahrer eines Linienbusses von der Straße ab. Zum Glück stürze ich nicht, denn auch hier ist ein richtig hoher Absatz zwischen Fahrbahn und Seitenstreifen. Geschockt und wütend halte ich an, mir zittern die Knie nach dieser rüden Aktion, die auch anders hätte ausgehen können.

Etwas mulmig ist mir dann schon, als wir weiter fahren, denn es gibt keine Alternative zu dieser Strecke. Eigentlich würden wir gerne entlang der Küstenlinie radeln, doch der gesamte Küstenstreifen ist militärisches Sperrgebiet, das dürfen selbst Einheimische nur mit spezieller Erlaubnis betreten. Doch der Verkehr lässt zusehends nach je mehr wir uns von der Stadt entfernen. Es bleibt zwar immer noch nervig, wenn sich große LKW von hinten nähern, aber sie überholen uns meist ziemlich rücksichtsvoll. Auf dem Parkplatz vor einem Laden, der sowohl Fernfahrerkneipe als auch Lebensmittelgeschäft ist, treffen wir Simon und Vincent, zwei französische Studenten, die mit dem Rad in die Mongolei und dann weiter nach China wollen. Momentan sind sie auf dem Weg nach Sankt Petersburg, von wo aus sie über Moskau mit der Transsibirischen Eisenbahn nach Irkutsk reisen werden. Mit im Gepäck haben sie Jonglierkeulen, mit denen sie uns eine Privatvorführung auf dem Parkplatz geben. Lustig, was man auf solchen Reisen alles erleben kann!

Vincent und Simon mit ihren Keulen

Ansonsten ist die Strecke eher langweilig und eintönig. Die E 20 führt hier meist durch weite Felder und Weiden, ab und zu kommen wir in der Nähe kleinerer Ortschaften vorbei. Gegen Abend brauchen wir deshalb auch länger, um einen geeigneten Übernachtungsplatz zu finden. Denn die offene Landschaft ohne viel Büsche oder Bäume und oft genug auch mit sumpfigem Untergrund eignet sich nicht gerade für eine Nacht im Zelt. Zwischen Finnland und Sankt Petersburg war das gar kein Problem, immer gab es dort genügend Wald, so dass wir unser Zelt ungestört aufstellen konnten. Hotels fanden wir nämlich auch dort keine, die gibt es hierzulande wohl nur in größeren Städten. Jetzt wollen wir jedoch eine Bleibe für eine Nacht finden und endlich gelangen wir auch in ein Waldstück. Doch erst ein paar Kilometer abseits der Hauptstraße werden wir fündig, denn der Wald ist von der Straße aus völlig unzugänglich. Kein Weg führt hinein, dichtes Unterholz lässt niemanden durch, schon gar keine Radfahrer! An einer Lichtung heben wir unsere Räder einfach über die Baumstämme, die wohl als Sperre gegen Autos dort platziert wurden und gelangen so zu einem Platz, der von der Straße aus nicht eingesehen werden kann. So haben wir dort eine ungestörte Nachtruhe.

Am nächsten Morgen sind wir bald wieder auf der Straße Richtung Estland. Genau zum richtigen Zeitpunkt taucht eine „Raststätte" auf. Es ist eigentlich nur eine Hütte, etwa wie ein großer Baucontainer, gleich nebenan gibt es eine überdachte Terrasse mit Plastiktischen und -stühlen. Ein Klohäuschen ist auch vorhanden, allerdings ohne fließendes Wasser. Zum Händewaschen muss ein kleiner Kanister genügen. Aber egal, wir möchten hier trotzdem frühstücken. Schnell sind zwei Kaffee und zwei Gebäckstücke geordert und wir setzen uns draußen an einen der Tische. Doch zu unserer Überraschung beißen wir nicht in ein süßes Gebäck, sondern in eines, das mit einer Krautmischung pikant gefüllt ist. Es schmeckt erstaunlich gut, trotzdem wäre uns etwas süßes momentan lieber gewesen. Also starte ich noch einen Versuch. Die Verkäuferin spricht nur russisch. Deshalb zücke ich mein Tablet und gebe in den Übersetzer „süß" ein und zeige auf die Gebäckstücke in der Theke. Jetzt muss die Frau lachen, sie dreht sich um und holt aus dem Kühlschrank hinter sich zwei Teile, die sie mir auf Tellern mitgibt. Und tatsächlich, jetzt haben wir Kuchenstücke zum Kaffee, die Welt ist wieder in Ordnung.

Bald sind wir wieder in der EU

So radeln wir frisch gestärkt in Richtung Grenze, die wir gegen Mittag erreichen. In diversen Foren hatten wir gelesen, dass die Straße zwischen Kingisepp und der Grenze zu Estland in einem erbärmlichen Zustand sei, so dass wegen der unzähligen Schlaglöcher und des heftigen Verkehrs das Radfahren dort äußerst schwierig sei. Zu unserer großen Überraschung ist davon nichts mehr zu sehen. Die E 20 muss kürzlich neu ausgebaut worden sein, sie umfährt Kingisepp weiträumig. Und so kommen wir auf bestem Asphalt bei nur moderatem Verkehrsaufkommen nach Iwangorod, der russischen Grenzstadt.

Bereits seit Finnland haben wir übrigens ein Maskottchen, das uns seither begleitet. Wir nennen es Möki, in Anlehnung an die finnischen Hütten (die heißen Mökki). In unserem Blog haben wir Möki damals so präsentiert:

Wir möchten euch unseren Reisebegleiter vorstellen, der sich als blinder Passagier in unsere Lenkertasche geschlichen hat und seither „mit radelt":

Mary und Pit (MuP): Was heißt hier mit radeln? Du sitzt doch bequem in der Lenkertasche und lässt dich spazieren fahren.

Möki (Mö): Bequem nennt ihr das? Erinnert ihr euch an die Wellblechpisten in Finnland? Da wurde ich ja böse umher geschüttelt!

MuP: Na ja, die Straßen in Russland sind auch nicht immer besser gewesen. Da gibt es auch noch einige Schlaglochstrecken, die auch für uns Radfahrer nicht ganz ohne waren... Aber viele Straßen sind inzwischen ja auch in einem wirklich guten Zustand. Und meist sind die Seitenstreifen gut mit dem Rad zu befahren, man muss halt auf den Verkehr aufpassen. Manche russische Autofahrer sind ganz schön schnell unterwegs...

Was gefällt dir denn am besten?

Mö: Mir gefällt es immer am besten, wenn ich an der frischen Luft bin. Vor allem, wenn die Landschaft so toll ist wie in Finnland an den Seen oder in Russland am Meer. Die Ostseeküste ist klasse!

MuP: Und was ist mit den Städten? Sankt Petersburg zum Beispiel? Da ist doch einiges los, das müsste dir doch auch gut gefallen!

Mö: Ich glaube, das hat Pit aber noch mehr gefallen - vor allem die langbeinigen Mädels...

MuP: Dann sind wir ja mal gespannt, was du zu Estland sagst. Immerhin sind wir demnächst wieder in der EU...

Maskottchen Möki

Estland!

02.08.2013 bis 05.08.2013
Kalvi - Käsmu - Kuusalu- Tallinn
Auf dem Iron Curtain Trail 2.543 km

Estland – nun erreichen wir also das Baltikum. Wir kommen in ein Land, das uns bislang nicht viel sagte. Klar, wir wissen natürlich, dass Estland das östlichste der drei baltischen Länder ist, dass die Hauptstadt Tallinn heißt und dass Helsinki nur 2,5 Fährstunden davon entfernt ist. Und dass die Esten als erster Baltenstaat den Euro eingeführt haben. Aber sonst? Wie sieht es dort aus? Wie leben die Menschen dort? Irgendwie ist Estland quasi ein weißer Fleck auf unserer Landkarte. Wir sind sehr gespannt!

Am Morgen hatte es noch leicht genieselt, aber das dauerte nicht lange. Auf weitgehend ebener Straße radelten wir zur russisch-estnischen Grenze. Die berüchtigte Schlaglochpiste von Kingisepp bis nach Narva gehört ja glücklicherweise der Vergangenheit an. Nun stehen wir vor dem Schild „Warning! International Border ahead!" und passieren eine erste Kontrolle, noch weit vor dem eigentlichen Grenzübergang. Vermutlich dürfen nur auserwählte Personen (so wie wir *hüstel*) in die Grenzstadt Iwangorod rein. Der Fluss Narva trennt nicht nur die EU von Russland sondern auch die Zwillingsstädte Iwangorod und Narva. Wir sehen die Festung Iwangorod im Osten und drüben die Hermannsfeste am Westufer des Grenzflusses.

Die Ausreiseprozedur ist leicht nervig, denn wir dürfen nicht zusammen mit den Autos über die Narvabrücke fahren, wir müssen mit den Fußgängern den langen Weg runter ins Tal und auf der anderen Seite wieder hoch schieben. Dort zwängen wir uns durch die engen Gänge der Passkontrollen. Die russische Beamtin arbeitet ohne eine Miene zu verziehen, scannt unsere Pässe ein und hackt etwas im 1-Finger-Suchsystem in ihren Computer. Dagegen ist der estnische Kollege mit unseren Papieren schnell fertig, willkommen in der EU! Denken wir. Denn seine Kollegin am Ausgang ist übereifrig. Sie will, dass wir unsere Taschen ausräumen! Entsetzt und ungläubig schaue ich sie an – das kann doch nicht ihr Ernst sein? Wo sollen wir Radtouristen

Ostseeküste

denn etwas schmuggeln? Das merkt sie dann wohl selber auch, denn sie lässt uns schließlich doch weiter ziehen – ohne Taschenkontrolle.

Die Route führt uns nun am Grenzfluss entlang wieder vor zur Ostseeküste. Zwischen Sankt Petersburg und

Estland mussten wir ja weiter im Landesinneren radeln. Schon von Narva an ist die Route ausgeschildert, denn wir fahren ab jetzt auf dem Ostseeküstenradweg, dem Eurovelo 10. Bis nach Travemünde sind die Eurovelorouten 10 und 13 identisch. Durch lichte Kiefernwälder gelangen wir nach Narva-Jõesuu, eine Art Touristenstadt. Es erinnert uns mit seinen vielen Ferienhäusern, Hotels und Campingplätzen an einen Ferienort am Mittelmeer. Doch es ist nicht viel los hier, obwohl ja eigentlich Hochsaison sein müsste. Viele Häuser sehen etwas herunter gekommen aus oder stehen leer. Aber der Supermarkt hat geöffnet, wir können mit Euro einkaufen und auch die Schrift auf den Packungen wieder lesen – wenn auch nicht immer verstehen. Aber man ist hier offensichtlich westlich orientiert. Es tut gut, nach den vielen Kilometern auf russischen Fernstraßen nun auf kleinen, wenig befahrenen Landstraßen unterwegs zu sein. Die Landschaft ist abwechslungsreich und wenn wir direkt an der Küste fahren haben wir oft tolle Ausblicke auf die Ostsee.

In Sinimäe gibt es ein kleines Kriegsmuseum. Der Nachbar scheint die Aufsicht zu haben. Mit einem riesigen eisernen Schlüssel sperrt sein Sohn das Museum auf, so dass wir uns umschauen können. Während wir die Exponate betrachten tobt draußen ein heftiges Gewitter und wir beschließen deshalb, heute ein festes Quartier aufzusuchen. Hier in der Gemeinde gibt es allerdings keine Pensionen oder gar Hotels und auch in Sillamäe, der nächst größeren Stadt, ist kein freies Zimmer verfügbar. Vermutlich gibt es nur in Ferienorten Hotels. Doch schließlich empfiehlt uns der Sohn des Museumsbetreibers ein einfaches „Hotel" außerhalb des

Dorfs. Wir finden dieses Haus auch auf Anhieb, sind jedoch nicht sicher, ob es auch wirklich ein Hotel ist. Denn nirgends gibt es einen Schriftzug oder einen Hinweis darauf. Aber wir finden einen jungen Mann, der uns bestätigt, dass man hier wohnen könne. Als der Chef wenig später auch auftaucht schauen wir uns die Zimmer an. Es sind sehr einfache Unterkünfte mit einem Badezimmer auf der Etage. Die meisten Zimmer sind von Monteuren bewohnt, wir bekommen einen Raum im obersten Stock und haben so das Bad für uns alleine. Für eine Nacht ist die Unterkunft okay, aber das Leitungswasser ist extrem eisenhaltig hier. Beim Wäschewaschen bleiben braune Rückstände auf unserer Funktionskleidung, vermutlich haben sich Schweiß und Eisen zu einer unansehnlichen Ablagerung vereint. Jetzt sehen die gewaschenen Trikots schmutzig aus!

Dennoch ist es gut, dass wir in einem Haus übernachteten, denn in der Nacht hat es erneut geregnet und auch am Morgen nieselt es noch hin und wieder. Die Route führt uns nun auf abgelegenen Wegen, die jedoch teilweise sehr grob geschottert sind. Wir radeln durch unterschiedliche, nur dünn besiedelte Landschaften. Es geht über Feldwege vorbei an Getreidefeldern und Wiesen, dann wieder direkt am Meer entlang oder auch durch Wald. Eine alte Allee führt uns zum Park von Oru, der heute unter Naturschutz steht. 1934 kauften estnische Industrielle das 144 ha große Anwesen mit dem Schloss und schenkten es dem estnischen Staatsoberhaupt Konstantin Päts als offizielle Sommerresidenz. Hervorragend renoviert war es ein Schmuckstück der Ostseeküste, bis es im Laufe des Zweiten Weltkrieges zerstört wurde. Nur ein Teil der Stützmauern an der Terrasse ist heute noch erhalten. Von hier aus hat man einen tollen Blick auf die Ostsee. Am Abend erreichen wir einen Strand bei Kalvi, wo wir unser Zelt im lichten Kiefernwald mit Blick zum Meer aufstellen können. Ab und zu kommt zwar jemand vorbei, um noch eine Runde im Meer zu schwimmen, aber im Grunde sind wir alleine hier.

Ein wunderschöner Sonnenaufgang weckt uns am

Sonnenaufgang am Übernachtungsplatz

nächsten Morgen. Die Luft ist klar, Vögel zwitschern. Nach einem Frühstück am Strand geht es für uns weiter. Bald erreichen wir den Lahemaa Nationalpark. Er erstreckt sich auf einer Fläche von 72.500 Hektar (einschließlich 25.090 Hektar auf dem Meer). Der Park wurde 1971 als erster Nationalpark der Sowjetunion gegründet, um die nordestnische Landschaft, das dortige Ökosystem und die Artenvielfalt als „estnisches Erbe" zu erhalten. Hier haben einige vom Aussterben bedrohte Tierarten wie Fischadler, Steinadler, Seeadler, Moorschneehuhn, Schwarzstorch und Nerz eine Zuflucht gefunden. Es soll auch eine Population von ca. 150 Elchen geben, aber wir sehen keines dieser Tiere. Auf 110 km führt unsere Route durch diesen Park, fast ausschließlich auf asphaltierten Straßen und oft direkt am Meer entlang. Denn wörtlich übersetzt bedeutet der Name „Buchtenland". Wie Finger ragt das Festland hier ins Meer und bildet dadurch schöne, schützenswerte Buchten.

Lahemaa Nationalpark

Am Ende des „Mittelfingers" liegt Käsmu, ein kleines Dorf mit nicht mehr als 150 Einwohnern. Ursprünglich war der Ort ein nur in der warmen Jahreszeit genutzter Fischerhafen, worauf sein Name (kesä = Sommer) schließen lässt. Im 19. Jahrhundert war Käsmu bekannt für den schwunghaften Alkoholschmuggel über die Ostsee. Seit der Mitte des 19. Jahrhunderts wurde Käsmu Ziel von deutschbaltischen und russischen Sommerurlaubern, Malern, Schriftstellern und Intellektuellen. In der Zeit der sowjetischen Besetzung Estlands wurden ein Pionierlager und ein Freizeitheim errichtet. Heute ist Käsmu wieder ein adrettes Dorf, das im Sommer zahlreiche in- und ausländische Touristen anzieht. Auch wir suchen hier nach einer Übernachtungsgelegenheit, doch der Campingplatz ist voll belegt. Es soll wohl eine Veranstaltung hier stattfinden, deshalb gäbe es nicht einmal mehr Platz für ein kleines Zelt, so sagt man uns. Enttäuscht ziehen wir ab, doch schon ein paar Minuten später entdecken wir zufällig ganz in der Nähe ein Camping-Schild an einem Privathaus und wenig später steht unser Zelt in der ersten Reihe eines gepflegten Gartens direkt am Meer mit Blick auf eine der malerischen Buchten.

Auf wunderschönen kleinen Straßen fahren wir am nächsten Tag weiter durch den Lahemaa Nationalpark. Als ob es auf uns gewartet hat sehen wir in Viinistu ein schickes Restaurant direkt am Meer. Eigentlich gäbe es bis zur Mittagszeit hier kein Essen, aber wenn wir frühstücken möchten könnten wir uns am Frühstücksbuffet bedienen, sagt eine freundliche Bedienung. Das lassen wir uns nicht zweimal sagen, denn Radfahrer haben immer Hunger! Das Lokal gehört zu einem Hotel, das hier inmitten eines neu angelegten Freizeitareals direkt am Jachthafen steht. Dutzende von steinernen Koffern am Zugang zu diesem Gelände deuten an, dass hier auch Kunst zu Hause ist. So entdecken wir auf einem Hinweisschild, dass es nicht nur ein Museum, ein Theater und eine Ausstellung gibt, sondern auch noch einen Konzertsaal. Einen Campingplatz gibt es auch. Und im Ort kann man Lebensmittel kaufen – was will man mehr? Doch für uns gibt es keinen Ruhetag, wir radeln weiter. Das Wetter ist herrlich heute, die Sonne scheint schon den ganzen Tag und es ist richtig warm. Da trifft es sich gut, dass die Ostsee immer wieder zu einem erfrischenden Bad einlädt. Obwohl wir heute nur 77 km auf flachen Straßen absolviert haben, sind wir ziemlich groggy, als wir mitten in den ausgedehnten Wäldern des Parks einen schönen Campingplatz finden. Er gehört zu einem Verein von Fischerfreunden, die hier einen Forellenteich mit einer rustikalen Waldwirtschaft betreiben. Wer gerne Fisch isst, wird hier vorzüglich bedient.

Tallinn

Am Folgetag erreichen wir Tallinn, die estnische Hauptstadt. Schon von weitem sehen wir den Fernsehturm, der weit über die Baumgipfel hinausragt. Mit seinen 314 m Höhe ist er nach dem Fernsehturm Riga (368,5 m) das höchste freistehende Bauwerk in Nordeuropa. Er wurde anlässlich der Olympischen Sommerspiele in Moskau errichtet. Im Hafen liegen ein paar

Kreuzfahrtschiffe vor Anker, darunter auch eine „Aida", ein riesiger Pott! Die Tallinner Altstadt wurde 1997 zur Liste des UNESCO-Weltkulturerbes hinzugefügt als „außergewöhnlich vollständiges und gut erhaltenes Beispiel einer mittelalterlichen nordeuropäischen Handelsstadt". Im Mittelalter war Tallinn eine der am besten befestigten Städte an der Ostsee. Mit dem Bau der Befestigungen wurde in der zweiten Hälfte des 13. Jahrhunderts begonnen und dauerte die folgenden 300 Jahre an. Da die Waffen ständig schlagkräftiger wurden, musste fortwährend nachgebessert werden. Die fertige Mauer war schließlich 2,35 km lang, 13–16 m hoch und 2–3 m dick und hatte über 40 Türme. Heute stehen noch 1,85 km Mauer und 26 Türme.

Wir haben uns in einem Appartementhaus in einem Vorort der Stadt einquartiert und gönnen uns einen Ruhetag, um all die Sehenswürdigkeiten Tallinns anzuschauen. Mit unseren gepäcklosen Fahrrädern gelangen wir schnell in die sieben Kilometer entfernte Innenstadt. Was für ein Unterschied, es kommt uns vor, als ob wir mit Pedelecs fahren würden! Außer uns sind noch jede Menge anderer Touristen in der Stadt, vor allem die Kreuzfahrtschiffe spucken täglich Hunderte von ihnen in Tallinns Gassen, wo es dann zugeht wie in der Rüdesheimer Drosselgasse. Normalerweise geht uns so ein Trubel ziemlich auf den Keks, aber hier fühlen wir uns trotzdem sehr wohl und genießen es, in einer der malerischen Straßen schmackhaftes Essen unter freiem Himmel serviert zu bekommen. Vielleicht werden wir aber auch einfach gelassener, je länger wir mit dem Rad unterwegs sind?

Na, wie habe ich das gemacht?
07.08.2013 bis 12.08.2013
Tallinn - Keibu - Hiiumaa - Saaremaa - Kulli - Uulu
Auf dem Iron Curtain Trail 3.072 km

Wie ein Running Gag taucht dieser Satz täglich irgendwann einmal auf. Meist dann, wenn wir zum Beispiel einen schönen Übernachtungsplatz gefunden haben. Dann strahlt Peter: „Na, wie habe ich das gemacht?" Und schnell ist vergessen, dass die letzten Kilometer über unsäglichen Schotter führten oder dass uns heftiger Gegenwind das Radlerleben schwer gemacht hat.

Ein 15 Kilometer langer erstklassiger Radweg führt uns nun aus Tallinn – so macht radeln richtig Spaß! Wir kommen flott voran, zumal es in Estland praktisch keine Steigungen gibt. Keila-Joa, ein kleines Dorf auf unserer weiteren Route wäre kaum der Erwähnung wert, wenn dort nicht ein Gutshaus aus dem 17. Jahrhundert in einem der schönsten Parks Estlands läge (zumindest ist das die Meinung der Wikipedia). Hier liegt auch der drittgrößte estnische Wasserfall von Keila-Joa (6,1 m hoch und 70 m breit). Leider steht das Gutshaus leer und der Park verwildert etwas, ist aber dennoch ein beliebtes Ausflugsziel für die Einwohner Tallinns. „Na, wie habe ich das gemacht?" erkundigt sich Peter, als wir im Park stehen und auf die Wassermassen schauen, die unter uns in die Tiefe stürzen. Uns gefällt es hier, wir sind die einzigen Besucher heute.

Keila-Joa Wasserfall

Obwohl das Radeln seit Tallinn recht einfach war, bin ich gegen Mittag doch ein wenig groggy. Keine Ahnung, woran das liegt. Manchmal läuft es halt einfach nicht optimal. Wie gut, dass wir genau jetzt zu einem kleinen Rasthaus gelangen. Es radelt sich doch gleich viel leichter, wenn man sich gut gestärkt nach einer kleinen Pause wieder auf das Fahrrad schwingt. Bald schon folgt der nächste Stopp, denn wir treffen auf das Kloster Padise, eine ehemalige Zisterzienserabtei. Der Klosterkomplex ist weitgehend ruinös erhalten. Die einschiffige ehemalige Kirche besitzt vier Joche mit einem nach Nordwesten abgesetzten Turm. Die ehemalige Klausur ist um einen viereckigen Hof im Süden der Kirche angeordnet, der kleine Kapitelsaal liegt im Ostflügel und das Refektorium im Südflügel. Den Westflügel nimmt ein Keller ein. Klar, dass wir uns das anschauen! Ein Fotograf ist mit Stativ und Leuchten zu Gange, das gibt sicher tolle Fotos!

Nach der Besichtigung geht es für uns weiter. Leider können wir nur noch ein paar Kilometer auf Asphalt radeln, danach beginnt eine zum Teil üble Schotterstrecke. Oft ist dieser Abschnitt überhaupt nicht gut zu befahren. Für einen internationalen Fernradweg (wir befinden uns schließlich auf dem Ostseeküstenradweg!) ist das eine Zumutung, finden wir. Eigentlich sollten wir solche Infos in unseren Blog integrieren, sinnieren wir. So eine Art Streckeninfos. Mal sehen, was sich da machen lässt, wenn wir wieder zu Hause sind (haben wir inzwischen gemacht...). Aber momentan sind wir ja in Estland unterwegs und am späteren Nachmittag erreichen wir Keibu. Ein netter Picknickplatz mitten im lichten Kiefernwald, Parkplätze und ein mit Holzbohlen belegter Zugang zum Meer eignet sich prima als Übernachtungsplatz für uns. „Na, wie habe ich das gemacht?" fragt Peter, als unser Zelt bald darauf hier steht und wir unser Abendessen genießen.

Zu blöd nur, dass es vor diesem schönen Picknickplatz keine Einkaufsmöglichkeit gab. Weil unser Wasservorrat zur Neige geht beschließen wir deshalb, am nächsten Morgen ohne Frühstück aufzubrechen. Es wird sicher bald ein Café oder ein Laden kommen, wo wir frühstücken können. Zuerst müssen wir noch ein paar weitere Kilometer auf dem schlechten Schotter zurücklegen. Ist das schön, wenn man danach wieder auf Asphalt fahren kann! In einem kleinen Ort finden wir dann auch einen Laden, den wir sofort hoffnungsvoll ansteuern. Doch die Freude währt nur kurz, denn der Laden öffnet erst um 11 Uhr – und jetzt ist es noch nicht einmal 9 Uhr! Aber dafür entdecken wir auf dem gegenüber liegenden Parkplatz eine Stromtankstelle für Elektroautos… quasi am Ende der Welt, irgendwo im nirgendwo… Ein Frühstück wäre uns jetzt lieber gewesen…

Ganze 45 km müssen wir, meist im Wald oder über Felder, pedalieren, bis wir endlich wieder auf „Zivilisation" stoßen. Aber wenigstens alles auf flachem Asphalt. In Linnamäe gibt es zwar keine Sehenswürdigkeiten, aber hier kreuzen sich zwei Straßen und deshalb haben sich hier zwei Läden und eine kleine Raststätte etabliert. Erleichtert steuern wir sofort das Lokal an und genehmigen uns ein schönes Mittagessen. „Na, wie habe ich das gemacht?" will Peter wissen. Unseren Proviant können wir nach dem Essen im Laden nebenan wieder auffüllen.

Historischer Bahnsteig Haapsalu

Diese Kreuzung kam für uns genau zur richtigen Zeit und ohne weitere Zwischenfälle erreichen wir bald Haapsalu. Pjotr Iljitsch Tschaikowski soll hier seine 6.

Sinfonie in seinem Sommerhaus geschrieben haben. Doch wir halten uns in der Stadt nicht lange auf, besuchen aber den historischen Bahnhof, der den (zur Zeit seiner Entstehung) mit 214 m längsten überdachten Bahnsteig Europas besitzt. So lang waren nämlich die Zarenzüge, die früher dort anhielten. Der Bahnhof, 1907 vom St. Petersburger Architekten Verheim erbaut, ist heute nur noch ein Baudenkmal und Museum. Auf den im Bahnhofsareal verbliebenen Gleisen stehen heute historische Lokomotiven und Waggons. Ab dem Eisenbahnmuseum verläuft ein ca. 50 km langer Radweg auf der ehemaligen Bahntrasse bis Riisipere, wo Bahnanschluss nach Tallinn besteht. Der Radweg ist eine Investition der EU und erschließt die Strecke zwischen Tallinn und Haapsalu für Radtouristen. Entgegen unserer Route in Küstennähe wäre dieser Radweg sicher viel einfacher zu fahren gewesen! Doch unser weiterer Weg führt jetzt nach Rohuküla, denn von dort aus verkehren Fähren, die das Festland mit der Insel Hiiumaa verbinden.

Hiiumaa ist die waldreichste Region Estlands. Rund 60 % der Insel sind bewaldet. Neben Kiefern- und Fichtenwäldern finden sich auch einige Wacholderhaine. Die Topographie der Insel ist recht flach, die höchste Erhebung ist mit 68 Meter der Tornimägi auf der westlichen Halbinsel Kõpu. Wir gelangen im Osten der Insel bei Heltermaa an Land. Weil es schon späterer Nachmittag ist suchen wir gleich nach einem Übernachtungsplatz. Doch das gestaltet sich gar nicht so einfach, vor allem dann nicht, wenn man so wie wir gerne am Meer zelten würde. So radeln wir zunächst nach Norden, denn eine Straße führt rund um die Insel und wir hoffen, auf ihr einen Zugang zum Meer zu finden. Irgendwann geben wir auf. Wir sind schon ein paar Kilometer auf einem einfachen naturbelassenen Weg abseits der Straße unterwegs, aber das Meer scheint noch immer in weiter Ferne zu sein. Eine abgemähte Wiese am Waldrand sieht nach einem guten Platz für ein Camp aus. Eine große Tanne dient als Sichtschutz sowohl für unser Zelt als auch für unsere Fahrräder. Nach dem Abendessen, es gab ein köstliches Pfifferlingsragout mit Nudeln, legen wir uns schlafen. Doch die Nachtruhe währt nicht lange, um 21.30 Uhr hören wir einen Wagen, der direkt neben unserem Zelt stoppt. Ein Mann kommt zu uns herüber und fordert uns in gutem Englisch höflich auf, diesen Ort zu verlassen, wir würden uns auf einem *private property* befinden. In der Nacht würden Jäger kommen, es sei daher zu gefährlich hier. So ein Mist! In aller Eile packen wir unsere Siebensachen zusammen und machen uns auf den Weg. Der Mann meint, im Jachthafen gäbe es vielleicht eine Möglichkeit zu campen. Da es langsam dunkel wird müssen wir uns beeilen, um unterwegs noch etwas sehen zu können. Doch wieder einmal haben wir Glück. Nur wenig später entdecken wir an einer Nebenstraße eine überdachte Bushaltestelle. Sie hat die ideale Größe für unser Zelt, so dass wir bald darauf unser neues Nachtquartier beziehen können. Wie gut, dass unser Zelt freistehend ist und keine Heringe benötigt! Auch unsere Fahrräder passen bequem mit unters Dach. Bereits um Mitternacht werden wir wieder geweckt, dieses Mal nicht von einem Busfahrer, sondern von einem heftigen Gewitter, das ringsherum tobt. Es schüttet und kracht ordentlich und jetzt wir sind froh, ein richtiges Dach über dem Kopf zu haben. „Na, wie habe ich das gemacht?" – nein, dieses Mal verkneift sich Peter diesen Spruch!

Die Fahrt um die Insel Hiiumaa ist nicht sonderlich abwechslungsreich. Meist fahren wir auf ebenen Straßen durch den Wald, vom Meer ist nichts zu sehen. Allerdings ist das Verkehrsaufkommen verschwindend gering, so dass die Fahrt nicht wirklich anstrengend ist. Nach dem nächtlichen Gewitter ist es heute bewölkt und windig, aber zum Glück bleibt es trocken. Gleich mit der ersten Fähre gelangen wir am nächsten Morgen auf die Nachbarinsel Saaremaa. Sie ist mit 2.672 km² die größte Insel Estlands. Wie große Teile des Festlandes ist Saaremaa dicht bewaldet, etwa 40 % der Insel sind von Wäldern bedeckt. Dennoch fällt uns auf, dass hier im Gegensatz zu Hiiumaa deutlich mehr Landwirtschaft betrieben wird. Weil die Küstenstraße im Westen der Insel überwiegend unbefestigt ist ziehen wir es vor, durch die Inselmitte gen Süden zu radeln.

Bockwindmühlen auf Saaremaa

Charakteristisch für Saaremaa sind vor allem die zahlreich über die Insel verteilten Bockwindmühlen, denn früher besaß nahezu jedes größere Gehöft eine solche Mühle. Heute sind nur noch wenige erhalten, und wir freuen uns über einige gut erhaltene Exemplare, die wir bei Angla im Norden Saaremaas (hier stehen gleich fünf Windmühlen unmittelbar nebeneinander) entdecken. Auch die Meteoritenkrater bei Kaali sind sehenswert. Es wird vermutet, dass ein ursprünglich 400 bis 10.000 Tonnen schwerer Meteorit mit hoher Geschwindigkeit in die Erdatmosphäre eintrat und schließlich in einer Höhe von etwa 5 bis 10 km in mehrere Fragmente auseinanderbrach. Das größte dieser Teile schlug mit einem Gewicht von 20 bis 80 Tonnen hier auf und hinterließ den Hauptkrater, einen grünlichen Tümpel von etwa 50 Metern Durchmesser, umgeben von einem 16 Meter hohen Erdwall. Wie ein grünes Spiegelei leuchtet das Wasser des kleinen Sees. Weitere kleinere Bruchstücke verursachten acht Nebenkrater, die wir jedoch nicht besichtigen. Stattdessen radeln wir weiter nach Kuressaare, der größten Stadt auf der Insel. Der historische deutsche Name der Stadt Arensburg (niederdeutsch: Adlerburg) leitet sich von dem auf dem Wappen der Stadt zu erkennenden Adler, dem Symbol des Evangelisten Johannes ab. Auch der estnische Name ist wahrscheinlich vom missverstandenen Wappenbild abgeleitet (kure – Kranich, Kuressaare also etwa Kranichinsel). Die Bischofsburg von Kuressaare ist eine der besterhaltenen mittelalterlichen Burgen im Baltikum, klar, dass wir sie besichtigen!

Auf kleinen Nebenstrecken, manche zwar unbefestigt, aber sehr gut zu befahren, radeln wir am Folgetag durch den südlichen Teil der Insel. Der Wettergott meint es gut mit uns, die Sonne lacht, grüne Wiesen, lichte Wälder und wenig Verkehr lassen uns entspannt Orissaare am östlichen Ende Saaremaas erreichen, von wo aus wir über einen Damm auf die kleine Nachbarinsel Muhu gelangen. Hier müssen wir auf der Hauptstraße zusammen mit dem Autoverkehr auf die andere Inselseite, denn dort legt die Fähre zum Festland ab.

Damm zum Festland

Dort in Virtsu angekommen verpassen wir jedoch die richtige Route, wir haben nicht aufgepasst und radeln nun zu weit gen Norden bis wir unseren Irrtum bemerken. Und weil wir nicht gerne umkehren versuchen wir, uns irgendwie wieder auf die richtige Strecke durch zu schlagen, das kann ja nicht allzu schwierig sein, denken wir. Doch im Naturschutzgebiet Matsalu, das 1957 gegründet und 2004 erheblich vergrößert und zum Nationalpark aufgewertet wurde, ist das gar nicht so einfach, weil es nicht genügend ausgeschildert ist. Außerdem haben wir den Tipp im Reiseführer nicht beherzigt. Dort heißt es, man solle in Virtsu, dem Ort mit dem Fähranleger, ein paar Lebensmittel einkaufen, weil auf den nächsten 50 km kein Laden mehr kommen würde. Prima! Wir sind hier irgendwo im Park, wissen nicht genau wo und noch weniger, wann wir wieder Essbares finden würden! Wir werden zunehmend gereizter und rechnen schon damit, dass wir auf unsere Notration zurück greifen müssen, da sehen wir plötzlich einen kleinen Supermarkt, der sogar noch geöffnet hat. „Na, wie habe ich das gemacht?" kommentiert Peter das trocken.

Die ganze Nacht hat es gestürmt und auch am Morgen bläst der Wind noch sehr heftig, aber es regnet nicht, als wir unseren schönen Zeltplatz verlassen, den wir gestern hier direkt am Meer bei Matsi gefunden hatten. Wir waren in der Nähe von Paatsalu auf unsere Route gestoßen und seither wieder mit GPS-Unterstützung unterwegs. Schon am Abend hatten wir Mühe, unser Zelt bei diesem Wind aufzubauen, aber wir fanden ein einigermaßen windgeschütztes Plätzchen hinter Büschen. Für ein Frühstück ist es uns aber zu stürmisch hier, obwohl die Tische und Bänke schon sehr einladend aussehen. Bald sind wir also wieder auf unserer Route, dort ist es erheblich windgeschützter als direkt am Meer. Weitab von großen Autostraßen ist es ein gemütliches Radeln. Ein Picknickplatz lädt uns bald darauf ein, hier unser Frühstück einzunehmen. Auf der anderen Straßenseite kommen die Kühe an den Weidezaun und betrachten uns neugierig. Sicher gibt es solch komischen Tiere wie uns nicht jeden Tag zu sehen! Später, im kleinen Ort Töstamaa, den wir bald erreichen, rettet uns ein kleines Café davor, nass zu werden, denn unvermittelt lädt ein Gewitter ziemliche Wassermassen ab. Im gemütlichen kleinen Lokal genießen wir Kaffee und köstlichen hausgemachten Kuchen, während draußen Weltuntergangsstimmung herrscht. „Na, wie habe ich das gemacht?" lacht Peter, als wir durch das Fenster dem Treiben draußen zuschauen.

Nach dem Gewitter

Das Gewitter dauert jedoch nicht allzu lange, bald können wir weiter radeln. Es ist warm, die Straßen dampfen vom niedergegangenen Regen. Wir radeln durch mystische Märchenwälder und erreichen am Nachmittag Pärnu, die letzte größere Stadt, die wir hier in Estland besuchen. Die Lage, das Klima und der Strand machten Pärnu spätestens seit Eröffnung der ersten Badeanstalt im Jahr 1838 zu einem beliebten Kur- und Badeort. Wir haben gerade das Zentrum erreicht, als der Himmel erneut seine Schleusen öffnet und einen heftigen Gewitterschauer entlädt. Und wieder einmal haben wir Glück, weil wir direkt vor einem netten Lokal stehen und die Gelegenheit sofort wahrnehmen, einen kleinen Imbiss zu uns zu nehmen.

Später kaufen wir im örtlichen Supermarkt ein und werden auf dem Parkplatz auf deutsch angesprochen, ob wir wohl aus Weil der Stadt seien? Die deutsche Familie ist nämlich von dort und besucht hier in Pärnu Freunde. Wegen unseren Velotraumrädern folgert sie, dass wir vielleicht auch aus der Keplerstadt seien. Die Weiterfahrt aus der Stadt ist nicht mehr ganz so entspannt, denn wir müssen uns nun mit den Autos auf der E 67 arrangieren, was wegen des starken Verkehrs manchmal recht nervig sein kann. 29 km lang ist dieser Abschnitt bis fast nach Lettland. Es soll wohl irgendwann ein Radweg entlang dieser Strecke gebaut werden, aber davon ist 2013 noch nichts zu erahnen.

Über die E 67 geht es nach Lettland

Heute fahren wir aber nur noch bis Uulu, wo wir in der Nähe ein Langlaufzentrum entdecken. Dort gibt es günstige Unterkünfte und wir nutzen diese Gelegenheit zu einer „zivilisierten" Nacht. Die Anlage macht fast den Eindruck einer Jugendherberge oder eher noch wie ein Athletendorf. Viele junge Leute wohnen hier, was diesen Eindruck noch verstärkt. Unser Zimmer hat ein eigenes Bad und sogar einen Trockenschrank, wo wir unsere Wäsche bis zum nächsten Tag trocknen können. „Na, wie habe ich das gemacht?" könnte Peter jetzt sagen.

Aber manchmal heißt es auch: „Na, wie haben wir das gemacht?" Zum Beispiel heute, als wir in der Nähe von Töstamaa die 3000-Kilometer-Marke auf dem Iron Curtain Trail geknackt haben… Morgen werden wir Estland verlassen und nach Lettland einreisen. Estland hat uns als Reiseland sehr positiv überrascht – wir können dieses Reiseziel nur weiter empfehlen!

Immer wieder beste Aussicht auf die Ostsee

Lettland...

13.08.2013 bis 15.08.2013
Uulu - Svētciems - Riga
Auf dem Iron Curtain Trail 3.300 km

Nun also Lettland. Uns geht es mit Lettland ähnlich wie zuvor mit Estland. Eigentlich wissen wir auch von diesem Land so gut wie nichts. Dass hier im nächsten Jahr der Euro eingeführt wird und dass Riga die Hauptstadt ist – das ist fast alles, was wir bislang von Lettland wussten. Durch die vielen Kilometer, die wir durch Estland geradelt sind nehmen wir an, dass es hier ähnlich aussehen würde und dass sich Land und Leute auch nicht sonderlich unterscheiden würden. Aber das ist weit gefehlt, der Unterschied ist gleich nach der Grenze sichtbar. Oberflächlich betrachtet scheint es Estland wirtschaftlich besser zu gehen, hier in Lettland machen viele Ortschaften und Gehöfte einen weitaus ärmeren Eindruck. Dennoch finden wir auch hier viel Landschaft und Natur, es ist nicht alles so dicht besiedelt wie bei uns zu Hause.

Gleich nach dem Frühstück hatten wir am Morgen das Athletendorf verlassen und sind die letzten Kilometer bis zum Abzweig auf die alte Straße noch auf der E 67 geradelt. Bis zum Grenzübergang konnten wir von dort aus auf der verkehrsarmen Nebenstraße fahren. Immer wieder gibt es hier Möglichkeiten, in einem der Feriendörfer am Meer eine Pause einzulegen. Wir machten dies in einem Strandcafé, wo wir Cappuccino trinken und Pfannkuchen essen konnten. Im Ofen loderte ein gemütliches Feuer, wir waren die einzigen Gäste und saßen mit Blick zum Strand und aufs Meer im behaglichen Gastraum. Die Musik aus den Lautsprechern gefiel uns gut und wir fragten, wie denn die Gruppe heiße. Freudig erklärte uns die Bedienung, dies sei Jäääär, eine beliebte und bekannte Musikgruppe aus Estland. Der Kreis schließt sich, denn auf der Insel Hiiumaa hatten wir auf einem Campingplatz übernachtet, deren Betreiberin mit den Jungs von Jäääär befreundet ist. Die kommen immer wieder mal zu ihr auf den Platz und machen dort eine Fete. Ein Plakat im dortigen Aufenthaltsraum hatte unsere Aufmerksamkeit erregt und Maria hat uns gerne von dieser Gruppe erzählt, aber wir konnten uns nicht vorstellen, was für eine Art Musik die wohl machen. Jetzt wissen wir es – und es gefällt uns wirklich gut!

Wir haben Lettland erreicht

Bei Ikla haben wir den Grenzübergang nach Lettland erreicht. Eine Schülergruppe entert mit ihren Lehrern den kleinen Laden, der direkt an der Grenze neben einem ehemaligen Wachturm auf estnischer Seite liegt. Es ist warm, sie wollen Eis und Getränke kaufen – wie wir auch. Ikla ist mit dem lettischen Nachbarort Ainaži fast zusammen gebaut. Nur der kleine Grenzbach trennt sowohl Dörfer als auch Staaten. Doch seit dem EU-Beitritt finden hier keine Personenkontrollen mehr statt und wir reisen unbehelligt nach Lettland ein. Obwohl wir in Estland durch einfache Dörfer gekommen sind sehen wir sofort, dass es im Nachbarland noch ein wenig einfacher zugeht. Im überschaubaren neueren Ortskern gibt es einen kleinen Platz, um den sich ein Restaurant, ein paar Läden sowie ein Bankomat und sogar öffentliche Toiletten gruppieren. Doch schon ein paar hundert Meter weiter sieht es noch fast so aus wie zu Sowjetzeiten. Im altersschwachen Bushäuschen picken Hühner nach ein paar Körnern im Sand, vor einer Wache steht ein recht betagtes Polizeiauto.

Kurz hinter Ainaži treffen wir wieder auf die viel befahrene E 67. Hier wollten wir eigentlich auf der P 15 ins Landesinnere weiter fahren, aber wir verpassen die Abfahrt. Erst nach einigen Kilometern bemerken wir den Irrtum, wir hätten bereits direkt im Ortskern abbiegen müssen! Natürlich kehren wir nicht um, das machen wir nämlich nur, wenn es gar nicht anders geht! Auch nach einer spartanischen Übernachtung in der Nähe von Svētciems müssen wir mangels Alternativen und weil wir auf der Suche nach einer Frühstücksgelegenheit sind am nächsten Tag auf der Hauptverkehrsstraße weiter radeln. Es macht nicht wirklich Spaß, obwohl sich der Verkehr in Grenzen hält. Weitgehend eben führt die Strecke geradeaus ohne große Abwechslung durch ein riesiges Waldgebiet. Keine Ortschaft, keine Raststätte, keine Möglichkeit für ein Frühstück. Frust kommt auf – ich werde mürrisch und missmutig, wenn ich morgens keinen Kaffee bekomme! Deshalb folgen wir bei der nächsten Möglichkeit der Straße P 11 nach Limbaži, wo wir auch wieder auf die richtige Route treffen werden. Es ist eine relativ kleine Straße, die uns durch landwirtschaftlich genutztes Land mit Äckern und Weiden führt. Ab und zu gibt es auch kleinere Wälder. Aber was uns am meisten überrascht ist ein modernes Restaurant, das wir in einem kleinen Ort entdecken und das eine große Auswahl an Speisen und Getränken bietet. Genau das, was wir so dringend gesucht hatten!

Limbaži

In der lettischen Hansestadt Limbaži hoffen wir auf eine Zugverbindung nach Riga, denn im Reiseführer wird empfohlen, zumindest ab Sigulda die Bahn zu nehmen, weil der Großstadtverkehr in der Hauptstadt Lettlands ziemlich heftig sei. Hier, im gemütlichen Limbaži ist davon noch nichts zu spüren. Viele Backsteinbauten und eine schön restaurierte orthodoxe Kirche ergeben ein ansehnliches Gesamtbild, auch wenn noch einige der Häuser renovierungsbedürftig sind. Im Touristeninformationsbüro erfahren wir, dass es in der Stadt keinen Bahnhof mehr gibt, zumindest nicht zur Personenbeförderung. Denn Bahngleise sind in unserer Karte eingezeichnet. Die freundliche Dame erklärt uns, dass wir nur ab Sigulda den Zug nehmen können und schreibt die Verbindungen auf einen Zettel. Na schön, dann radeln wir halt weiter! Wir sind ja schließlich mobil!

Es sieht nach Gewitter aus

Hier im Hinterland ist Lettland nicht mehr ganz so flach wie an der Küste, es lässt sich aber dennoch gut radeln. Auf vielen Wiesen liegen große Rundballen der letzten Heuernte, in Obstplantagen reifen die Äpfel. Es ist schwülwarm heute, am Himmel brauen sich immer wieder dunkle Gewitterwolken zusammen, es sieht zunehmend bedrohlicher aus. Doch wieder einmal haben wir Glück, erst als wir Ragana erreichen bricht das Unwetter los. Weil sich hier zwei größere Straßen kreuzen gibt es neben einer Tankstelle auch ein Restaurant, in das wir uns eilends flüchten. Wir können jetzt sowieso etwas zu essen brauchen, so dass die Zwangspause gar nicht so unwillkommen ist, während draußen wieder einmal ungeheure Wassermassen niedergehen. So schnell wie das Gewitter kam ist es auch wieder vorbei, wir können bald weiter radeln und erreichen die Region Gauja, die sich wegen seiner reizvollen Landschaft gerne auch als *Lettische Schweiz* bezeichnet. Das bekommen wir auch umgehend zu spüren, denn nach einer rasanten Abfahrt in das Tal des 452 km langen Flusses Gauja müssen wir auf der anderen Seite genauso steil wieder den Berg erklimmen, um nach Sigulda zu kommen. Kein Wunder, dass diese Region für Wintersport bekannt ist!

Der Bahnhof in Sigulda ist leicht zu finden und schon bald sitzen wir im Zug und fahren bequem nach Riga. Über das Internet hatten wir ein Zimmer in einem preiswerten Hotel gebucht, das wir dann mit dem Rad auch gut erreichen. Der Verkehr ist nicht so schlimm, wie wir das befürchtet hatten. Dennoch sind wir froh, dass wir am kommenden Tag mit dem Bus ins Zentrum von Riga fahren. Die alte Hansestadt ist mit ihren ca. 700.000 Einwohnern die größte Stadt im Baltikum und berühmt für ihre Jugendstilbauten und ihre großzügige Anlage sowie für die gut erhaltene Innenstadt, darunter besonders die Altstadt. Sie wurde 1997 zur Liste des UNESCO-Weltkulturerbe hinzugefügt, wegen des „außergewöhnlichen universellen Wertes" aufgrund der weltweit einzigartigen Qualität und Quantität der Jugendstilarchitektur bei relativ intakt gebliebenem historischen Stadtgefüge und wegen der Holzarchitektur aus dem 19. Jahrhundert. Und genau diese berühmte Altstadt wollen wir jetzt besichtigen. Wir schlendern durch malerische Gassen, bewundern herrliche Fassaden und finden, dass Riga den Titel des UNESCO-Weltkulturerbes zu Recht trägt. Im Okkupationsmuseum erfahren wir viel über die jüngste Geschichte des Landes und sehen auf einem von ihm signierten Foto, dass unser Bundespräsident jüngst auch hier gewesen ist. Hier in Riga gibt es viele Cafés, Hotels und Restaurants und bald sitzen auch wir in einem der Straßencafés und beobachten das bunte Treiben ringsum. So ein Ruhetag kann nämlich ganz schön anstrengend werden, wir sind es gar nicht mehr gewohnt, so viel zu Fuß zu gehen. Morgen geht es dann wieder mit dem Fahrrad weiter.

Riga

Wasser

16.08.2013 bis 20.08.2013
Berzciems - Kolka - Ventspils - Liepaja - Klaipeda
Auf dem Iron Curtain Trail 3.805 km

Aus Riga wieder hinaus zu finden erweist sich als nicht ganz einfach. Wir haben zwar eine GPS-Route, doch wegen diverser Baustellen auf der Strecke müssen wir davon abweichen – und haben große Mühe, später wieder darauf zurück zu finden. Beschilderungen sind kaum vorhanden und Radwege enden manchmal einfach so. Trotz unseres Navis fühlen wir uns ziemlich orientierungslos, nur der ungefähren Himmelsrichtung können wir folgen. Einmal landen wir sogar versehentlich auf einer Art Autobahn, die wir jedoch schnell wieder verlassen. Erst kurz vor Jūrmala sind wir nach vielen Irrungen endlich wieder auf dem richtigen Weg. Das müssen wir feiern – in dem Kur- und Badeort gibt es eine belebte Fußgängerzone mit vielen gastronomischen Einrichtungen, so dass wir bald bei Cappuccino und Kuchen an einem der Tische sitzen und die hübschen Jugendstilhäuser betrachten. Es sind hauptsächlich in Holzbauweise errichtete Villen aus der Zeit der Jahrhundertwende zum 20. Jahrhundert.

Je weiter wir uns nun von Riga entfernen, um so weniger ist auf den Straßen los. Bald haben wir die Küstenstraße fast für uns alleine. Sie führt eben und auf langen Strecken geradeaus durch die riesigen Wälder Kurlands, in denen es viele Pfifferlinge, Preisel- und Heidelbeeren gibt. Immer wieder kommen wir durch einen kleinen Ort und immer gibt es mindestens einen Laden, in dem man alles nötige kaufen kann. Auch an Restaurants oder kleinen Lokalen gibt es keinen Mangel. So lässt es sich prima radeln! Gegen Abend ist es auch nicht schwierig, einen tollen Übernachtungsplatz zu finden. Wir biegen einfach von der Straße ab und folgen einem Waldweg, der uns direkt an einen menschenleeren Strand bringt. Unser Zelt können wir geschützt zwischen den Kiefern im lichten Wald aufstellen. Keine Moskitos plagen uns – es ist einfach herrlich hier! Wir sitzen an einem Lagerfeuer am Strand und lauschen den sanften Wellen der Ostsee. So ein Camp wünschen wir uns jeden Tag!

Kap Kolka

Kap Kolka heißt das Nordkap Lettlands. Es ist die Nordspitze der Halbinsel Kurland, wir erreichen diesen Punkt am nächsten Mittag. Außer uns sind auch einige andere Besucher hier, man muss wohl einfach mal da gewesen sein. So wie am norwegischen Nordkap auch... Deshalb halten wir uns auch nicht lange auf sondern radeln weiter. In unserem Reiseführer steht, dass die Küstenstraße ab hier nur geschottert und deshalb schwierig zu befahren sei. Doch diese Information stimmt nicht mehr, zwischenzeitlich hat die EU offensichtlich einen Fördertopf gefunden und Mittel für einen Neubau gespendet, so dass wir jetzt auf bestem Asphalt auf der Westseite Kurlands dahin rollen können. Und auch für diese Nacht finden wir wieder einen prima Übernachtungsplatz. Er liegt zwar hinter den Dünen ohne direkten Blick aufs Meer, bietet aber einen absolut geruhsamen und störungsfreien Nachtschlaf.

Am nächsten Tag kreisen die Gedanken ums Wasser. Es ist warm heute, ziemlich warm sogar. In der Sonne sicher deutlich mehr als 30 Grad. Und Sonne gibt es auf dieser Straße überall. Die Strecke hier vom nördlichen Ende der Kurland-Halbinsel in Lettland ist eintönig und langweilig, es geht fast immer geradeaus, links und rechts ist Wald und von der Küste ist weit und breit nichts zu sehen. Ein totaler Gegensatz zur östlichen Seite, da führte die Straße nahe am Meer entlang, es kamen immer wieder kleinere Ortschaften mit Einkaufsmöglichkeiten und schönen Zugängen zur Ostsee. In meiner Trinkflasche sind nur noch ein paar Schluck von dem kostbaren Nass. Und gerade jetzt bräuchten wir dringend einen Laden! Aber 75 lange Kilometer zieht sich die Straße ohne Geschäfte in der Hitze hin...

Ein wenig Hoffnung keimt auf, als wir Irbene erreichen. Hier unterhielt die Sowjetunion eine Abhörstation. Jetzt sind die Plattenbauten verlassen, sie zerfallen zusehends, es wachsen bereits Bäume aus den Ruinen. Das

Radioteleskop, einst militärisch genutzt, ist noch in Betrieb und beherbergt heute ein Astronomisches Zentrum. Es ist eines der größten in Europa und für Besucher zugänglich. Allerdings gibt es auch hier keinen Kiosk, kein Bistro und keinen Laden. Wir müssen also weiter. Die heiße Luft flirrt über dem Asphalt, die Hitze kommt nicht nur von oben sondern auch von unten, die Straße glüht. Endlich, nach einer gefühlten Ewigkeit, gelangen wir nach Ventspils, wo wir durstig und hungrig gleich im ersten Restaurant einkehren. Selten war uns ein Lokal so willkommen wie jetzt! Ich glaube es hat gezischt, als die ersten Schlucke der kühlen Getränke unsere Kehlen hinab rinnen.

Radioteleskop Irbene

Peter ist heute ein richtiger Sklaventreiber! Erst nach 122 km (es ist der seitherige Tagesrekord) gelangen wir an unseren Nachtplatz und ich darf endlich meine Beine ausstrecken. Zunächst wollten wir auf dem Campingplatz in Užava bleiben, haben jedoch dort niemand angetroffen. Deshalb sind wir weiter gefahren und wurden in der Nähe von Jürkalne an einem kleinen, naturbelassenen Platz fündig. Es ist zwar offiziell ein Campingplatz, aber in Wirklichkeit müsste man es eher als wild campen bezeichnen. Immerhin haben wir einen tollen Platz direkt am Meer, nur eine Düne trennt uns vom herrlichen Sandstrand. Der Betreiber des Platzes ist offensichtlich froh über die Abwechslung, er plaudert ein wenig mit uns und will kein Geld für die Übernachtung von uns Radreisenden.

Am nächsten Tag begegnen wir einem alten Bekannten: Lars, dem „verrückten Schweden", den wir bereits in Russland getroffen hatten. Er hat sich den beiden Kiwis Breage und Frank angeschlossen – und nun reihen auch wir uns für die nächsten Kilometer bis Liepaja ein und bilden zu fünft ein kleines Peloton. Breage sagt, sie brauche jeden Abend Duschwasser oder einen See zum schwimmen, deshalb hat sie eine große 5-Liter-Plastikflasche auf ihre Taschen gezurrt, die sie immer rechtzeitig vor Erreichen des Nachtquartiers füllt. Sie legt trotz reichlichen Gepäcks eine ordentliche Schlagzahl vor und sprintet auf flacher Strecke immer wieder auf 24 km/h! Vor allem Lars hat Mühe, mit seinem schweren Gepäck Anschluss zu halten. In Liepaja trennen sich unsere Wege wieder. Breage und Frank wollen mehr ins Landesinnere und wir weiter in Richtung Süden radeln. Die beiden sind gerne in Europa unterwegs. Frank ist bereits Rentner, Breage arbeitet immer ein halbes Jahr, die andere Jahreshälfte sind die Beiden mit ihren Fahrrädern unterwegs. Beneidenswert.

Während unseres letzten Tages in Lettland bekommen wir schließlich noch mehr als genug Wasser – dieses Mal jedoch von oben. Bei der Abfahrt vom Campingplatz in Bernāti (wir waren auf diesem schönen Platz die einzigen Gäste) hat es zunächst nur genieselt, doch nach 10 Kilometern ging das Ganze in Dauerregen über und nun pedalieren wir bald den ganzen Tag in kompletter Regenbekleidung. Aber im Gegensatz zum letzten Jahr in Finnland ist es nicht zu kalt und der Regen ist auch nicht ganz so heftig, es ist eher ein andauernder Landregen, so dass wir nach exakt 100 Kilometern noch ganz fit in Klaipeda ankommen. Und hier gönnen wir uns ein gutes Hotel - mit viel warmem Wasser aus der Dusche…

Ännchen von Tharau am Simon-Dach-Brunnen in Klaipeda

Russland zum zweiten

21.08.2013 bis 22.08.2013
Klaipeda - Kaliningrad
Auf dem Iron Curtain Trail 3.932 km

Litauen hat eine kurze Ostseeküste – zumindest wenn man sie mit den anderen Staaten des Baltikums vergleicht. Gestern sind wir im Dauerregen über eine ebenfalls „unbemannte" Grenze in dieses dritte baltische Land eingereist. Bald nach dem Grenzübertritt konnten wir die Hauptstraße, die hier A 13 heißt, verlassen. Ab Šventoij führte uns sogar ein super Radweg bis nach Klaipeda, das früher Memel hieß. Fernab von jeder Autostraße führt der asphaltierte Weg fast direkt in die Stadt an der Kurischen Nehrung. Am Nachmittag und am Abend haben wir uns in Klaipeda umgeschaut. In der Altstadt sind zahlreiche restaurierte Fachwerkhäuser aus dem 17. bis 19. Jahrhundert erhalten. Das Wahrzeichen der Stadt ist der Simon-Dach-Brunnen mit einer Figur des aus einem Volkslied bekannten *Ännchen von Tharau* auf dem Theaterplatz.

Heute wollen wir weiter und nehmen deshalb die Fähre, die uns auf die Kurische Nehrung bringt. Die Kurische Nehrung ist ein 98 km langer Landstreifen (bzw. Halbinsel) zwischen Klaipeda und Lesnoi, von dem heute 52 km zu Litauen und 46 km zu Russland (Oblast Kaliningrad) gehören. Sie trennt das Kurische Haff von der Ostsee. Die mit 3,8 km breiteste Stelle befindet sich bei Nida, dem Grenzort des litauischen Teils. Die schmalste liegt bei der Siedlung Lesnoi am südlichen

Ende der Nehrung und ist nur 380 m breit. Für Radfahrer ist die Nehrung ein Eldorado – Autos gibt es fast keine, dafür ist das Radwegnetz vom Feinsten. Asphaltierte Wege, bestens beschildert, begleiten uns bis zur russischen Grenze. Dazwischen kommen wir immer mal wieder an einem Ort vorbei, so dass auch für das leibliche Wohl bestens gesorgt ist. Es tut gut, auch mal längere Strecken abseits vom Verkehr so unbeschwert in schöner Natur zu radeln.

Paradies für Radfahrer: die Kurische Nehrung

In Nida sind wir nach 125 km in Litauen bereits wieder an der Grenze zum nächsten Land. Zuvor wollen wir aber noch ein wenig Sightseeing betreiben. Als Hauptattraktion von Nida gilt die landschaftlich reizvolle Lage an der Haffküste der Kurischen Nehrung. Es liegt eingebettet in viele Wälder, Heide- und Dünengebiete. Unter anderem befindet sich hier die zweithöchste Düne Europas, die *Hohe Düne*. Wir verzichten zwar auf eine Besteigung dieser Düne, aber es ist klar, dass wir zu ihr hin radeln und sie zumindest von unten bestaunen. Von oben werden wir derweil von den Bezwingern der Düne betrachtet, sie haben den bestimmt mühseligen Aufstieg nicht gescheut. Um die Jahrhundertwende zog es eine Vielzahl von Künstlern nach Nida, darunter so bekannte Maler wie Lovis Corinth, Max Pechstein und Karl Schmidt-Rottluff. Es entstand die *Künstlerkolonie Nidden* und noch heute ist das 1929 erbaute Ferienhaus von Thomas Mann ein Anziehungsmagnet für viele Besucher Nidas.

Die Einreise nach Russland kurze Zeit später ist unproblematisch und so finden wir uns bald auf der russischen Seite der Kurischen Nehrung wieder, jetzt allerdings auf der Straße, nicht mehr auf Radwegen. Doch es herrscht nur wenig Verkehr. Die ganze Kurische Nehrung ist ein Nationalpark, in dem nicht wild gecampt werden darf, immer wieder weisen Schilder am Straßenrand auch darauf hin. Es ist bereits späterer Nachmittag, wir brauchen so langsam einen Übernachtungsplatz. Mit einem Hotel in absehbarer Zeit rechnen wir nicht. Doch auf unserer Karte ist ein Campingplatz eingezeichnet, den wollen wir erreichen – und wir finden ihn sogar, auch wenn wir beinahe am Eingangstor vorbei gefahren wären. Ein Kaphäuschen an der Straße lässt uns stutzig werden. Wir fragen den Mann, der darin sitzt, ob hier irgendwo ein Campingplatz wäre. Er versteht nur „Camping" und deutet den Weg entlang, der von der Straße in Richtung Meer führt. Der Campingplatz hat seine besten Zeiten längst hinter sich, falls er sie überhaupt jemals hatte. Wir passieren verfallende Buden, vielleicht waren es einmal Kioske, und kommen an ein größeres Gebäude, offensichtlich die Rezeption oder zumindest eine Art Büro. Hier finden wir tatsächlich einen jungen Mann, der uns in bestem Englisch den Platz erklärt. Es gibt einen „Laden", der allerdings nur noch eine halbe Stunde geöffnet hat, am Strand entdecken wir ein Restaurant, das jedoch geschlossen ist (es sieht so aus, als ob es generell nicht mehr in Betrieb ist) und die sanitären Einrichtungen werden wir besser gar nicht erst aufsuchen. Mangels Alternativen mieten wir uns also hier ein und stellen unser Zelt irgendwo im Wald auf. Obwohl wir uns hier auf einem Campingplatz befinden ist es, als ob wir wild campen würden! Das russische Mütterchen freut sich, als wir im Laden auftauchen und noch einkaufen möchten. Eine Unterhaltung scheitert jedoch an unseren nicht vorhandenen Russisch-Kenntnissen. Das Angebot ist zwar äußerst übersichtlich, aber es gibt russisches Bier und Gurken, daraus können wir einen Salat zu Nudeln machen, die wir immer als Vorrat mit uns führen.

Der Verkehr von Zelenogradsk nach Kaliningrad soll heftig sein, unser Reiseführer warnt ausdrücklich davor, diesen Abschnitt zu radeln. Überhaupt wird vom Radfahren in und um Kaliningrad abgeraten. Auf der ruhigen Nehrung sind wir am Morgen hierher geradelt, aber für das letzte Stück bis nach Kaliningrad nehmen wir dann doch lieber den Zug – und das ist ein Abenteuer für sich. Ruckelnd setzt sich die Bahn in Bewegung, nachdem wir unter Mühen unsere Räder samt Gepäck in den unbequemen Waggon mit hohem Einstieg gehievt haben. Eine Durchsage im Lautsprecher gibt russische Hinweise, wir verstehen kein Wort. Außer uns sind nicht viele Fahrgäste im Zug, nebenan sitzt ein altes Mütterchen, ihr Hund schläft auf ihrem Schoß. So erreichen wir Kaliningrad, das früher Königsberg hieß. Die Stadt mit nahezu einer halben Million Einwohnern ist das Zentrum der russischen Exklave zwischen Polen und Litauen an der Ostsee.

Christ-Erlöser-Kathedrale, Kaliningrad

Zunächst haben wir Probleme, uns zu orientieren. Ohne Stadtplan ist das nämlich gar nicht so einfach. Wir befinden uns auf einem großen Platz und schauen uns um. Drüben ist der Bahnhof, dort sind wir vor kurzem angekommen. Hinter uns steht die russisch-orthodoxe Christ-Erlöser-Kathedrale, mit 73 m das höchste Gebäude der Stadt, aber nirgends ist eine Touristeninfo zu sehen. Wir haben keine Ahnung, wo wir genau sind. Wie sollen wir jetzt bloß zu unserem Hotel kommen? Das hatten wir bereits über das Internet gebucht, als wir in Zelenogradsk zwei Stunden Aufenthalt hatten und es sollte sich eigentlich ganz in der Nähe des Bahnhofs befinden. Stefan, ein junger Radfahrer fragt uns, ob er helfen könne? Ihn muss ein gütiger Geist geschickt haben! Obwohl er eigentlich nur wenig Zeit hat begleitet er uns bis zur weit entfernten Touristen-Information, wo wir einen Stadtplan bekommen und damit letztlich auch zum Hotel finden.

Das Hotel *Berlin* liegt in einem anderen Stadtteil in der Nähe eines ganz anderen Bahnhofs. Wir waren davon ausgegangen, es sei der gleiche Bahnhof, an dem wir ankommen würden. Aber dank des Plans finden wir das Hotel, das einen ganz guten Eindruck auf uns macht. Bis man uns erklärt, es gäbe keine Garage, wir sollten unsere Fahrräder draußen stehen lassen, dort gäbe es eine Videoüberwachung. Klar, und morgen können wir dann im TV sehen, wann sie geklaut worden sind. Wir sagen, dann nehmen wir die Räder mit aufs Zimmer. Das sei nicht erlaubt, heißt es. Aber wir bestehen darauf, dass die Räder ins Haus kommen – und siehe da, im Bügelzimmer wird ein Plätzchen für unsere Drahtesel freigemacht. Na, geht doch! Den restlichen Tag besichtigen wir Kaliningrad zu Fuß. Mit dem Bus gelangen wir ins Zentrum, wo im Fischdorf ein paar Häuserzeilen ganz hübsch restauriert worden sind. Das früher dicht bebaute Stadtzentrum aus Vorkriegszeiten besteht heute aus Parks, breiten Straßen und Freiflächen. Ansonsten hat man in sowjetischer Zeit die kriegszerstörten Gebäude abgetragen und auf die Flächen konforme Mietwohnbauten in Plattenbauweise gesetzt. Manche Viertel machen einen ziemlich desolaten Eindruck.

Auf den Straßen der Stadt ist Rush-hour. Autos stauen sich, auch die Busse kommen kaum voran. Die Gehwege sind voller Menschen – und wir mitten drin. Offensichtlich sieht man uns an, dass wir keine Einheimischen sind, denn unvermittelt werden wir von einer Frau angesprochen. Auf deutsch! Sie fragt, wo wir herkommen und lacht dann. Denn sie lebt ganz in der Nähe von Stuttgart, ihre Tochter arbeitet in einem Restaurant in der Königstraße. Sie ist hier, um Verwandte zu besuchen. Klein ist die Welt! In unserem Hotel erleben wir beim Abendessen ganz nebenbei noch eine Folkloreeinlage. Eine Reisegruppe wird hier zum Essen von einer Musikgruppe unterhalten. Russische Volkslieder klingen durch den Raum und zum Schluss schmettern die Musiker als Zugabe natürlich das obligatorische Kalinka. Es ist zwar ganz schön, so nebenbei etwas Folklore mitzubekommen, aber wir sind trotzdem lieber als Individualreisende unterwegs.

Kaliningrads Postkartenansicht: das Fischviertel

Kalinka, Kalinka, Kalinka moja...

23.08.2013 bis 24.08.2013
Kaliningrad - Gdansk (Danzig)
Auf dem Iron Curtain Trail 4.090 km

„Kalinka" – dieses Lied habe ich im Kopf, als ich am Morgen im Bahnhof von Kaliningrad stehe...

Bereits gestern haben wir uns erkundigt, wann von wo aus Züge in Richtung Polen fahren würden. Zum Glück starten sie vom Bahnhof in der Nähe unseres Hotels. Um 8.50 Uhr geht der Zug, mit dem wir mitfahren möchten. Deshalb sind wir früh auf und machen uns rechtzeitig auf den Weg zur Station. Doch der erste Schreck folgt beim Blick auf die Bahnhofsuhr: 9.00 Uhr! Vor zehn Minuten ist der erste Zug nach Mamanovo abgefahren! Im russischen Eisenbahnverkehr stehen die Uhren auf den Bahnhöfen im ganzen Land generell auf Moskauer Zeit – das wissen wir jetzt auch... Nun ja, es werden ja noch mehr Züge ins nahegelegene Polen fahren. Also mache ich mich auf, Tickets zu erwerben. Doch gleich als ich durch eine der Türen die Schalterhalle betrete, werde ich von drei mit pizzatellergroßen Mützen behüteten Uniformierten wieder hinaus komplimentiert: ich hatte die Ausgangstüren benutzt, sollte jedoch durch die Eingangstüren gehen! Basta! Nun denn. Ich nehme also die Eingangstür und darf nun anstandslos das Bahnhofsgebäude betreten.

In der Schalterhalle sehe ich ein Kabuff, das russisch und auch deutsch mit „Bahnhofsdienstleiter" bezeichnet ist. Drinnen sitzt eine Frau, die sich intensiv mit Schriftstücken beschäftigt. Geduldig stehe ich vor der Scheibe und warte. Endlich blickt sie auf, bedeutet mir aber gleich, dass sie weder englisch noch deutsch spricht. Aber auf meine Frage nach Tickets zeigt sie auf das andere Ende der Halle. Dort versuche ich mein Glück bei einem weiteren Kabuff und erhalte auf meine Sprachfrage nur ein harsches „RUSSISCH". Peng! Ich überlege gerade, wie ich das einordnen soll, da sehe ich, wie die gute Frau „MAMONOVO 18.00" auf einen Zettel kritzelt, den sie mir dann wortlos rüber schiebt. Da fahren also nur zwei Züge täglich an die polnische Grenze! Aber bis zum Abend wollen wir in diesem Moloch von Stadt nicht warten, auch wenn unser Reiseführer den Zug anstatt der „gefährlichen" Straße empfiehlt.

Bahnhof Kaliningrad

Also wagen wir uns auf diesen Streckenabschnitt und müssen bald feststellen, dass der Bikelineführer ziemlich übertrieben hat. Zwar ist Kaliningrad selbst eine absolute Autostadt, Radfahrer werden allenfalls geduldet. Doch ohne größere Probleme erreichen wir die Peripherie der Großstadt, wo wir in einem kleinen Lokal zuerst einmal frühstücken. Der freundliche Wirt schenkt uns ein Gebäck, das zwar ziemlich süß ist, aber dennoch gut schmeckt. Nebenan im kleinen Laden kaufen wir noch einige Lebensmittel, damit wir unterwegs nicht hungern müssen. Ab jetzt ist das radeln auf der A 194 nicht mehr schwierig, wir hatten viel schlimmeres befürchtet. Der Autoverkehr ist absolut erträglich. Wir kommen durch kleinere Ortschaften, alte Alleebäume säumen oft die Straße. So erreichen wir bereits gegen Mittag Polen, wo uns eine Grenzbeamtin ihre Macht spüren lässt – wir müssen lange warten, bis sie sich endlich dazu bequemt, uns abzufertigen. Es bleibt nur der Trost, dass die Autofahrer noch längere Wartezeiten haben! Und dann sind wir wieder in der EU.

Gronowo ist der erste Ort nach der Grenze. Ob Polen wohl auch den Euro hat, überlegen wir? Peinlich! Wir wissen nicht, welche Währung hier in Polen gilt. Ein Blick auf die Benzinpreise an der ersten Tankstelle klärt auf, das können keine Europreise sein, es sind Złoty! Nach ein paar weiteren Kilometern erreichen wir Braniewo. Dort dominiert die Katharinenkirche, ein großes, in Backsteingotik errichtetes Gebäude, die Ortsmitte. Sie verfügt über einen für das Ermland typischen, massigen Turm und ist eine der größten Kirchen des Ermlands. Vom nahe gelegenen Frombork aus wollen wir auf das Frische Haff übersetzen. Es dauert ein wenig, bis wir die richtige Ablegestelle für die Fähre gefunden haben, denn nirgends gibt es aussagekräftige Hinweise darauf. Aber wieder einmal klappt alles wunderbar und am Nachmittag bringt uns das Schiff in das kleine Seebad Krynica Morska (Kahlberg). Der Ort wird von vielen Touristen besucht und überall herrscht entsprechender Rummel, es gibt viele Buden mit Krimskrams, Souvenirs und Strandartikeln. Dazwischen sehen wir Stände, an denen Getränke, Eis oder Waffeln verkauft werden. Und überall Massen von Urlaubern. Kurz gesagt, hier steppt der Bär. Wir sind froh, als wir den Ortsrand erreichen und den Trubel hinter uns gelassen haben!

In Katy Rybackie gibt es ein hübsches Feriendorf, wo wir gerne unser Zelt aufbauen würden. Leider sei

KZ-Gedenkstätte Stutthof

dies kein Campingplatz, wird uns erklärt, es gibt keine entsprechenden Sanitäreinrichtungen. Aber weil es uns hier so gut gefällt mieten wir eine der gemütlichen Holzhütten. Bis zum Meer ist es nicht weit, ein schöner Spaziergang bringt uns an den Strand. Hier weht ein strammer Wind, die Ostseewellen tragen weiße

Schaumkronen. Wir setzen uns in den Sand und lassen das Meer, die Ruhe und die schöne Stimmung auf uns wirken.

Am nächsten Tag gelangen wir nach Sztutowo. Dort wurde 1939 am ersten Tag des deutschen Angriffs auf Polen das KZ Stutthof zunächst als Zivilgefangenenlager errichtet. 65.000 Menschen kamen hier ums Leben. Bedrückt stehen wir vor der Gedenkstätte und können es nicht fassen, welches Leid von Deutschen hier ausgeübt wurde! Unsere Fahrräder dürfen nicht auf das Gelände, deshalb bleiben auch wir draußen. Doch auch hier in Sichtweite der KZ-Anlagen ist das Entsetzen der schrecklichen Vergangenheit spürbar und wir sind froh, dass die Erinnerung an die Gräueltaten wachgehalten wird!

Es ist sonnig und warm als wir weiter radeln. Bald erreichen wir den Stadtrand von Danzig. Über Nebenstraßen nähern wir uns dem Zentrum – und ohne Vorwarnung stehen wir plötzlich vor der Postkartenansicht Danzigs, der Häuserzeile an der Mottlau mit dem berühmten Krantor, dem bekanntesten Wahrzeichen der Stadt. Staunend wandern wir durch die Straßen und Gassen von Danzig, einer der schönsten Städte Polens. Obwohl die Stadt nach dem Zweiten Weltkrieg nahezu vollständig zerstört worden war, erstrahlt sie heute in wunderbarer Pracht. Die gesamte so genannte Rechtstadt sowie zahlreiche Baudenkmäler in der Altstadt wurden anhand von historischen Abbildungen rekonstruiert und originalgetreu wieder aufgebaut. Eine Jugendstilfassade reiht sich an die andere, schöne Patrizierhäuser in Hülle und Fülle, hier könnte man monumentale Filme drehen! Danzig ist eine jener Städte, die eine weitere Reise lohnen. Ein Tag allein reicht bei weitem nicht aus, um alle Sehenswürdigkeiten anzuschauen, wir werden sicher irgendwann einmal wieder hierher kommen.

Danzig

Ach ja, so ganz nebenbei haben wir die 4000-km-Marke geknackt...

Polen? - Warum nicht!

25.08.2013 bis 27.08.2013
Danzig - Hel - Łeba - Darłowo (Rügenwalde)
Auf dem Iron Curtain Trail 4.352 km

Die Polen lieben ihr Land, sie machen hier auch gerne Urlaub. Jeder größere Ort am Meer scheint von Urlaubern überflutet zu werden, vor allem jetzt, während der Saison. Möglicherweise ist sie auch schon fast vorbei, denn überall gibt es freie Zimmer. Nach einer Nacht auf dem Campingplatz in Sopot sind wir nun auf dem Weg nach Hel. Eine Fähre bringt uns in den Hauptort der gleichnamigen Halbinsel, die in ihrer Form der Kurischen Nehrung oder dem Frischen Haff ähnelt. Die Sonne lockte viele Urlauber an den Strand, sie liegen auf Matten und in Liegestühlen oder sie planschen im Meer. Viele Souvenirläden bieten allerlei Krimskrams an, auf der Touristenmeile gibt es Cafés und Restaurants, es ist einiges los hier. In den überfüllten Gassen der kleinen Stadt drängen sich die Menschen. Wie gut, dass wir hier nicht bleiben müssen, wir können einfach weiter radeln und gleich hinter den letzten Häusern wird es auch schon merklich ruhiger.

Der Radweg ist anfangs nur ein Pfad im Wald, schmal und mit Wurzeln „gespickt", so dass wir lieber auf der Straße fahren. Dies gefällt zwar manchen Autofahrern nicht unbedingt, aber das macht uns nichts aus. Zwischenzeitlich sind wir an das Radfahren auf Autostraßen gewöhnt! Erst später wird der Radweg wirklich befahrbar und wir weichen nun gerne auf ihn aus. Zeitweise führt er auch direkt am Meer entlang und so können wir ungestört bis nach Władysławowo radeln, dem anderen Ende der Halbinsel Hel. Ein großer Lidl empfängt uns gleich am Ortseingang und obwohl es heute Sonntag ist, hat der Supermarkt geöffnet.

Strandrummel auf Hel

Es ist nicht zu übersehen, wir befinden uns hier in einer polnischen Touristenregion. Entlang der Küste reihen sich Campingplätze, Pensionen, Hotels und Ferienanlagen aneinander. Jeder Ort an der polnischen Ostseeküste scheint ein Urlauberparadies zu sein, natürlich immer mit den obligatorischen Souvenir- und Fressständen in großer Zahl. Eigentlich ist es gut, dass sich dies alles immer konzentriert in den Badeorten abspielt, denn sobald wir so einen Ort verlassen radeln wir durch eine nur dünn besiedelte Gegend. So erreichen wir bald Kap Rozewie, den nördlichsten Punkt Polens. Rund um den rotweißen Leuchtturm gibt es eine kleine Sammlung von Ausstellungsstücken, denn hier wurde ein kleines Museum für Leuchttürme eingerichtet.

Im weiteren Verlauf entpuppt sich der Ostseeküstenradweg als nicht immer ganz einfach zu befahrende Strecke. Zunächst sind wir noch auf einer wenig frequentierten asphaltierten Straße unterwegs und immer wieder gibt es einen Zugang zum Strand. Im Gegensatz zu den Stränden in den Badeorten ist man hier jedoch alleine. Warum drängen sich denn alle Urlauber an einem Ort, wenn es hier so viele tolle Strände gibt, die man ganz für sich alleine haben kann? Na ja, uns kann es egal sein, wir genießen auf jeden Fall die menschenleere Küste. Als der Radweg dann zum schlecht zu befahrenden löchrigen Feldweg wird verlassen wir ihn und weichen ein Stück ins Landesinnere aus. Wir fahren lieber auf diesen ruhigen Landstraßen, häufig sind es auch Alleen mit schönem, alten Baumbestand. Vorbei an Wiesen und Feldern gelangen wir so bei Łeba wieder auf die offizielle Route. Auch hier in Łeba finden wir wieder das übliche geballte polnische Strandleben: Menschenmassen und die unvermeidlichen Stände mit allerlei Krimskrams. Da zieht es uns bald weiter.

Doch auch der nächste Abschnitt auf dem Ostseeküstenradweg erweist sich bald als schwierig. Zunächst sieht es ja noch recht harmlos aus, wir radeln durch einen richtigen Märchenwald. Hohe Farne säumen den Weg, es sieht richtig idyllisch aus. Hier kann man sich Geschichten wie vom Rotkäppchen so richtig vorstellen. Doch der Weg wird immer sandiger. Bald ist der feine Sand so tief wie an einem Strand. Radfahren ist hier schlicht unmöglich. Auf neun Kilometer müssen wir fast mehr schieben als dass wir fahren können. Und das mit bepackten Reiserädern! Das ist wahrlich kein Vergnügen. Nach diesem Wald gelangen wir auf ein rustikales Kopfsteinpflaster – das ist zwar auch nicht gerade des Radlers Lieblingsbelag, doch hier können wir wenigstens wieder Radfahren. Zu unserer Überraschung gibt es in dem kleinen Nest Izbica ein Gasthaus, auf dessen Wiese Campinggäste zelten dürfen. Der Wirt hat auch für sanitäre Einrichtungen gesorgt, eine warme Dusche ist uns also sicher. Außerdem bleibt unsere Küche heute Abend kalt, denn im Gasthof bekommen wir einen köstlichen polnischen Eintopf, eines der wenigen vegetarischen Gerichte auf der Speisekarte.

Sandiger Ostseeküstenradweg

Es ist neblig, als wir am nächsten Morgen aufstehen, die Sonne hat Mühe, sich durch die Schwaden zu kämpfen. Alles ist sehr nass – das Gras, unsere Räder und natürlich auch das Zelt. Nein, es hatte nicht geregnet, es ist Tau. Der Herbst scheint wohl nicht mehr weit zu sein. Während wir im Gasthaus sehr rustikal und schmackhaft frühstücken, können unsere Sachen noch ein wenig in der Sonne trocknen. Nach den gestrigen sandigen Erlebnissen fahren wir heute lieber nicht auf der offiziellen Route weiter sondern weichen auf angenehme Nebenstraßen aus. Es ist gut, dass hier so wenig Verkehr herrscht, denn diese Straßen, wiederum meist alte Alleen, sind sehr schmal. Wir passieren kleine Ortschaften ohne die üblichen Menschenmassen der Küstenorte. Alles wirkt sehr beschaulich, hin und wieder lädt ein rustikales Lokal zu einer Pause ein.

Unsere Räder haben bis jetzt prima durchgehalten, die Pannenstatistik ist nach mehr als 4000 Kilometern mit einem Platten, einem Speichenbruch und einem Kettenwechsel überschaubar. Doch jetzt macht Peters Felge am Hinterrad Probleme. Irgendetwas streift an der Bremse. Zweimal halten wir an, um das Rad wieder einigermaßen flott zu bekommen. Beim zweiten Stopp gesellt sich ein dreibeiniger Hund zu uns. Offensichtlich gefällt es ihm, dass er durch uns Gesellschaft bekommt. Nun liegt der weiße Kerl mit seinen schwarzen Ohren neben mir und lässt sich das Fell kraulen. Es zeigt sich jetzt, dass eine leichte Alufelge den Strapazen einer mehrwöchigen Radreise mit Gepäck doch nicht gewachsen ist. Aber das Rad war ursprünglich auch nicht als Reiserad gedacht sondern eher als leichtes Trainingsrad für zu Hause konzipiert worden. Hoffentlich hält die Felge noch ein paar Tage!

Bis nach Darłowo kommen wir jedenfalls, dort nehmen wir uns ein kleines Appartement, in dem wir sogar hätten kochen können, in der empfehlenswerten Pension Ewa und erkunden am Abend das ruhige Städtchen mit seinem großen Marktplatz. Gegen Ende der Woche wollen wir mit dem Zug zurück nach Hause fahren und bis dahin eher in festen Quartieren (Hotelzimmer o.ä.) übernachten, denn bei den momentanen Wetterbedingungen ist unser Zelt morgens immer pitschnass. Obwohl es tagsüber noch sehr sommerlich ist, sind die Nächte doch schon ein bisschen herbstlich, so dass sich viel Kondenswasser auf allen Gegenständen im Freien ansammelt.

Es gibt auch einsame Strände in Polen

Ende........

28.08.2013 bis 29.08.2013
Darłowo - Kołobrzeg (Kolberg)
Auf dem Iron Curtain Trail 4.454 km

Ein tolles Frühstücksbuffet, von dem sich manch Hotel eine Scheibe abschneiden könnte, erwartet uns am Morgen im Haupthaus der Pension Ewa und so können wir gut gestärkt in den neuen Tag starten. Wir wollen uns wieder einmal auf den Radwanderführer verlassen und machen uns auf, dem Ostseeküstenradweg zu fol-

Idylle am "Umweg"

gen. Direkt an der Küste entlang soll der Weg auf einer Nehrung zwischen dem Bukowosee und dem Meer führen. Soll. Denn als wir das kleine Dörfchen Dąbkowice erreichen, endet die Straße im Wald und von dem „Touristenweg", der drei Kilometer weit nach Łazy führen soll, ist weit und breit nichts zu entdecken, nicht einmal die Einheimischen kennen ihn. Der Radführer meint, falls man den Weg nicht finde, solle man das Fahrrad halt am Strand entlang schieben...

Dies machen wir natürlich nicht. Da fahren wir doch lieber die fünf Kilometer wieder zurück und nehmen die Landstraße. Wenigstens führte uns der „Abstecher" auf gutem Asphalt durch einen schönen Wald zu einem idyllischen See, so dass der Umweg zu verschmerzen ist. Die Autostraßen, auf denen wir dann weiterfahren, sind jedoch sehr unterschiedlich. Von schlaglochübersät über kilometerlange Baustellen bis hin zu allerbestem Asphalt ist alles vertreten. Ein Zickzackkurs führt uns schließlich nach Ustronie Morskie, einem Ostseebad mit dem üblichen polnischen Rummel solcher Orte. Die obligatorischen Fress- und Krimskrams-Buden reihen sich auch hier entlang der Straße. Und obwohl wir hin und wieder selbst von den Angeboten dieser Stände Gebrauch machen und beispielsweise „Gofres" (Waffeln) kaufen, so sind wir doch froh, bald wieder draußen zu sein.

Zu unserer Überraschung treffen wir hier auf einen wunderbaren Radweg, der nur in der Nähe von belebten Strandabschnitten etwas stärker frequentiert ist. Und immer führt er direkt an der Ostseeküste entlang bis nach Kolberg! Dieser Abschnitt des Ostseeküstenradwegs ist absolut empfehlenswert! Inzwischen macht die Hinterradfelge an Peters Rad immer mehr Probleme. Immer wieder zwingt sie uns zu einer Unterbrechung, damit Peter die Bremse wieder einigermaßen frei bekommt. Deshalb entscheiden wir uns, hier in Kolberg die diesjährige Reise zu beenden. Wir bräuchten noch etwa einen oder eineinhalb Tage, um die Polenetappe abzuschließen, aber wir finden, Kolberg ist auch ein guter Startpunkt für das kommende Jahr. Oder? Letztlich führt kein Weg daran vorbei, unser Urlaub geht zu Ende. Sechs Wochen auf dem Fahrrad, sechs weitere Wochen auf dem Iron Curtain Trail. Und dabei wären wir jetzt so richtig gut eingeradelt...

Und so geht es für uns nun von Kolberg aus mit Regionalbahnen nach Hause. Wir hatten ja kein Rückfahrticket und deshalb auch keine Reservierungen für die Fahrräder. Aber das macht nichts, wir werden auf diese Weise nicht nach Hause „gebeamt" sondern nähern uns nur langsam dem Alltag wieder.

Am Bahnhof von Kolberg endet die diesjährige Etappe

Auf ein Neues!

12.07.2014 bis 15.07.2014
Kołobrzeg (Kolberg) - Barth
Auf dem Iron Curtain Trail   4.771 km

Déjà-vu. Wir stehen auf dem Bahnhof in Kolberg und fast könnte man meinen, wir wären gar nicht weg gewesen. Dabei ist fast ein Jahr vergangen, seit wir hier die zweite Etappe auf dem Iron Curtain Trail beendeten. Es ist halb zwei Uhr am Samstagmittag, langsam leert sich der Bahnsteig. Die anderen Fahrgäste, die hier mit uns ausgestiegen sind verlassen den Bahnhof nach und nach. Es ist mehr los als vor einem Jahr. Aber da sind wir auch ganz früh morgens losgefahren. Jetzt positionieren wir noch rasch unsere Räder für ein Erinnerungsfoto - ach, es ist einfach schön, wieder auf Tour zu sein! Und schon geht's los!

Unser Navi zeigt uns zuverlässig die Richtung an, als wir uns auf die Räder schwingen, um wieder auf den Ostseeküstenradweg zu gelangen. Die Stadt lassen wir schnell hinter uns, die haben wir uns ja schon im letzten Jahr angeschaut. Durch ehemaliges Militärgelände führt die Route über ganz gut zu befahrende Waldwege, immer nahe der Küste. Deshalb gelangen wir auch immer wieder in Ortschaften mit dem für polnische Badeorte so üblichen Touristenrummel. Das Gute daran ist, dass auch wir davon profitieren und günstig einkaufen und essen können. Auch für unser Zelt finden wir problemlos ein geschütztes Plätzchen.

Am nächsten Morgen treffen wir Karol aus Posen. Er spricht sehr gut deutsch und ist mit ein paar Mädels auf einer Wochenendtour an der Küste. Er freut sich total, dass wir „sein" Land besuchen. Bis zur Landesgrenze werden wir diese nette Truppe noch des öfteren treffen. Doch die Route ist heute etwas zäh, vielleicht sind wir auch noch nicht so ganz aufs radeln eingestimmt? Im-

Auf dem Ostseeküstenradweg

mer wieder verfranzen wir uns und fahren sicher zehn Kilometer Umweg. Dabei bieten die Wege heute alles. Von Schlamm über Sand, grobe und weniger grobe Steine bis hin zu allerbestem Asphalt ist alles vertreten. Vor allem auf morastigem Untergrund kann es leicht rutschig werden und so nimmt es nicht wunder, dass ich mich plötzlich im Dreck wiederfinde. Auf einem unebenen Waldweg konnte ich das rutschende Rad nicht mehr auffangen! Zum Glück ist nichts passiert, nur ein wenig Schmutz bleibt auf der Hose zurück. Peter geht es ein paar Kilometer weiter nicht viel besser, ihm wurde sandiger Untergrund zum Verhängnis. Doch auch er kommt ohne Blessuren davon.

Und dann erreichen wir auch schon Świnoujście (Swinemünde) und damit das Ende des Teilstücks durch Polen. Swinemünde ist eine Stadt mit über 41.000 Einwohnern und war bis zum Zweiten Weltkrieg das drittgrößte deutsche Ostseebad, seit dem 6. Oktober 1945 gehört der Ort zu Polen. Das Seebad wurde vor allem durch die regelmäßigen Besuche von Kaiser Wilhelm II. während der *Kaisertage* bekannt (jährlich am ersten Augustwochenende). Deshalb wird Świnoujście mitunter neben Bansin, Heringsdorf und Ahlbeck auch als *Das Vierte Kaiserbad* bezeichnet. Mit diesen ist die Stadt über die längste Strandpromenade Europas verbunden, die sich über die vier Seebäder auf der Insel Usedom erstreckt.

Irgendwie ist es ein komisches Gefühl, nach fast fünftausend Kilometern durch für uns teilweise unbekannte Länder jetzt nach Deutschland einzureisen. Der Unterschied zum Nachbarland ist deutlich sichtbar. Während in Polen in jedem Seebad Jubel, Trubel, Heiterkeit und ein Durcheinander von Urlaubern, Verkaufsständen und Imbissbuden herrscht, so geht es in den deutschen Seebädern auf Usedom eher vornehm und gediegen zu. Der Radweg an der Promenade ist fantastisch, hier lässt es sich entspannt Radfahren! So gelangen wir ganz locker über die Seebäder Ahlbeck und Heringsdorf nach Bansin. Die historische Seebrücke Ahlbeck wurde 1899 mit einem 280 m ins Meer reichenden Seesteg in gründerzeitlicher Architektur errichtet und 1993 erneuert. Als einzige unter den zahlreichen Seebrücken an der Ostseeküste konnte sie ihre historische Bausubstanz erhalten, auch wenn 1971–1972 eine Erneuerung der Holzpfahlgründung durch eine Stahlpfahlgründung notwendig geworden war. An den Promenaden der Seebäder reihen sich sehenswerte Bauten im Stil der klassizistischen „Bäderarchitektur": Als Grundfarbe dominiert an diesen Gebäuden Weiß, das oft durch farbenprächtige Kompositionen um die Fenster und durch vorspringende Giebel und Türmchen aufgelockert wird.

Nieselwetter auf Usedom

Und dann ist erst Mal Schluss mit gemütlichem Dahinradeln. Denn jetzt geht es weg von der Küste und stark bergauf bis in den angrenzenden Wald. Wir hätten nicht gedacht, dass es im norddeutschen Flachland solche Steigungen geben kann! Okay, die erste ist jetzt nicht sehr lang, dafür kommen aber noch weitere hügelige Waldwege, teilweise gar nicht so einfach zu befahren, bis wir einen Campingplatz erreichen, wo wir unsere erste Nacht in Deutschland verbringen wollen. Die Nacht wird kurz, denn fast alle Gäste des Platzes verfolgen selbstverständlich das Endspiel der Fußball-WM und feiern auch den Sieg der deutschen Mannschaft entsprechend. Wie gut, dass der Regen erst später einsetzt, als alle bereits schlafen. Bis zum nächsten Mittag hält der Regen an, dann klart es langsam wieder auf und das hebt dann auch unsere Laune merklich. Im kühlen Nieselregen zu packen und zu radeln war nicht sehr angenehm.

Der idyllische Fischerhafen Freest

Nun passieren wir hübsche kleine Küstenorte und lassen uns die Gelegenheit nicht nehmen, in Freest ein zünftiges Mittagessen einzunehmen. Freest ist ein jahrhundertealter traditioneller Fischereihafen am Auslauf des Peenestromes in den Greifswalder Bodden und neben den charakteristischen Fischerhütten gibt es auch Gasthöfe mit landestypischen Speisen rings um das Hafenbecken.

Eine Besonderheit wartet nach Greifswald auf uns: eine zwanzig Kilometer lange schnurgerade Kopfstein-

Zwanzig Kilometer Kopfsteinpflaster

pflasterallee. Das war früher die Landstraße, doch für den Autoverkehr wurde eine neue, asphaltierte Straße gebaut. Die alte Allee ist heute Radweg, nur selten fährt ein Anlieger mit seinem Kraftfahrzeug auf dieser Holperpiste. Obwohl die Straße völlig flach ist, müssen wir manchmal ordentlich in die Pedale treten. Man merkt den Unterschied zu glattem Asphalt deutlich! Hier treffen wir auch ein Paar aus Bonn, das in Wolgast eine Woche einen Segelkurs hatte und nun mit den Rädern nach Stralsund fährt, um von dort aus mit der Bahn wieder nach Hause zu reisen. Gemeinsam steuern wir die Störtebeker Brauerei an, der Biergarten dort lädt zur willkommenen Mittagsrast. Die heutige Störtebeker Braumanufaktur wurde 1827 als *Stralsunder Vereinsbrauerei* gegründet und war vor allem in der kaiserlichen Blütezeit als Hoflieferant der Ostseebäder bekannt.

In und um Stralsund gibt es hervorragende Radwege, meist direkt an der Küste und manchmal auch mit entsprechendem Gegenwind. So sind wir froh, am Nachmittag in der Nähe von Groß-Kordshagen einen Campingplatz gefunden zu haben. Es ist ein sehr einfacher Platz, die sanitären Einrichtungen befinden sich in Containern. Der Betreiber erzählt uns Geschichten aus vergangenen DDR-Zeiten und freut sich, dass wir hier

St.-Marien-Kirche Stralsund

übernachten wollen. Im nahe gelegenen Dorf suchen wir vergebens nach einem Lebensmittelgeschäft, das einzige Gasthaus hat ebenfalls geschlossen. Es ist sehr heiß heute, ein kühles Getränk wäre sehr willkommen gewesen. Aber überall ist tote Hose. Wir wollen gerade wieder auf unsere Räder steigen und unverrichteter Dinge zurück zum Campingplatz radeln, als der Wirt mit dem Auto herfährt. Das nennt man Glück, denn kurz darauf sitzen wir mit gut gekühltem Radler auf der Terrasse und genießen den Feierabend.

Adieu Ostsee

16.07.2014 bis 18.07.2014
Barth - Darß - Warnemünde - Wismar -Travemünde
Auf dem Iron Curtain Trail 5.045 km

Ludwigsburg, Kemnitz, Oberhinrichshagen oder Mesekenhagen – wir passieren viele kleine Ortschaften mit mehr oder weniger lustigen Namen. Am besten gefällt uns Kinnbackenhagen. Oft bestehen diese Dörfer nur aus wenigen Häusern, die meist in bester Aussichtslage zur Ostsee liegen. Autoverkehr gibt es hier kaum, manchmal radeln wir auch auf separaten Rad- oder Wirtschaftswegen – immer in Meeresnähe. Über eine Drehbrücke bei Barth gelangen wir auf die 45 km lange Halbinsel Fischland-Darß-Zingst, die an der südlichen Ostseeküste bei Ribnitz-Damgarten liegt. Sie trennt die Darß-Zingster Boddenkette von der offenen Ostsee. Man merkt sofort, dass der Tourismus hier an erster Stelle steht. In den Ostseebädern Prerow, Ahrenshoop oder Wüstrow sehen wir nicht nur schmuck hergerichtete, reetgedeckte Häuser in üppig blühenden Gärten sondern auch Gasthöfe, Läden mit Kunsthandwerk, Märkte und natürlich viele Touristen. Vor allem der Dammradweg auf dem Darß ist regelrecht bevölkert. Spaziergänger, Genussradfahrer und Wanderer tummeln sich hier, so dass wir lieber auf die wenig befahrene Straße ausweichen.

Über Graal-Müritz gelangen wir bald nach Warnemünde, wo wir uns jedoch nicht lange aufhalten, denn wir waren ja erst vor ein paar Monaten ein paar Tage hier in der Gegend und hatten dabei auch Rostock und die Mündung der Warnow, den Hafen und die Sehenswürdigkeiten der alten Hansestadt besichtigt. Mit einem 150 Meter breiten Sandstrand verfügt das Seebad über den breitesten Sandstrand der deutschen Ostseeküste. Jeden Sommer finden in Warnemünde die Warnemünder Woche und die Hanse Sail statt. Beide Ereignisse ziehen jeweils etwa eine Million Touristen nach Warnemünde. Wie gut, dass diese Veranstaltungen nicht gerade jetzt sind, es sind auch so genügend Leute hier.

Molli, die Bäderbahn

Auf dem Ostseeradweg gelangen wir bequem, immer an der Küste entlang, in so berühmte Seebäder wie Heiligendamm oder Kühlungsborn. Dort treffen wir auch auf unseren „Freund" Molli, die dampfbetriebene Schmalspurbahn, die als „Bäderbahn" die Orte Bad Doberan, Heiligendamm und Kühlungsborn fahrplanmäßig verbindet. Schon von weitem sehen wir die Rauchwolke, als sich der Zug schnaufend nähert und freuen uns, dass die Lokomotive vor dem Bahnübergang ihren charakteristischen Pfeifton ausstößt. Als wir im Winter hier waren haben wir natürlich auch eine Fahrt mit dem Molli gemacht, heute sind wir leider nur Zuschauer. Im

Zeitalter der Technik und Elektronik zieht diese Dampf-Nostalgie-Bahn viele Menschen entlang der Bahntrasse in ihren Bann, sie winken und lachen den Fahrgästen zu.

In Wismar haben wir einen längeren Aufenthalt. Denn bereits auf der Fahrt hierher habe ich Probleme mit der Luft in meinem Hinterrad. Wir können zwar auf das Flicken des Schlauchs verzichten, ein paar Mal unterwegs aufpumpen reicht aus, um ohne große Reparatur bis in die Hansestadt zu kommen. Allerdings haben viele kleine Steinchen dem Reifen zwischenzeitlich so zugesetzt, dass er nun erneuert werden muss. Während mein Rad also beim örtlichen Fahrradladen wieder flott gemacht wird, erkunden wir die sehenswerte Altstadt, die zusammen mit der von Stralsund in die Welterbeliste der UNESCO aufgenommen wurde. Die alten Handelshäuser wurden liebevoll restauriert und wir sind ganz froh, dass wir hier eine Zeitlang verweilen können. Es ist wieder heiß heute, das Eis in der Fußgängerzone schmeckt uns köstlich.

Der Ostsee-Camping Ferienpark Zierow ist einer der luxuriösesten Campingplätze, die wir bis jetzt auf dem Iron Curtain Trail angesteuert haben. Für eine Übernachtung zahlt man hier so viel wie in einer einfachen Pension. Aber dafür liegt der Platz in der Wismarbucht direkt am Meer und wir gönnen uns einen erholsamen Aufenthalt hier. Am nächsten Morgen sehen wir schon von weitem den alten Beobachtungsturm von Boltenhagen. Die DDR hatte ja nicht nur die Festlandsgrenze sondern auch die Seegrenze scharf bewacht. Für Touristen und für Einheimische war Boltenhagen zu DDR-Zeiten das am weitesten westlich gelegene Ostseebad.

An verschiedenen Stellen entlang dieser Seegrenze gibt es heute Tafeln, die über die Anlagen, das Grenzsystem und auch über geglückte und nicht geglückte Fluchtversuche informieren. Einer derjenigen, denen die

Beobachtungsturm Boltenhagen

Flucht glückte, ist Axel Mitbauer. Er war DDR-Meister über 400 m und 1500 m Freistil und schwamm im August 1969 von hier aus 25 Kilometer durch die Kälte der Ostsee, bis er von einem Lübecker Kapitän entdeckt und gerettet wurde.

Nach mehr als 5000 Kilometern auf dem Iron Curtain Trail erreichen wir nun Travemünde, unsere letzte Station an der Ostsee. Hier, im Ortsteil Priwall, verlief die ehemalige innerdeutsche Grenze, so dass die Halbinsel viele Jahre nicht auf dem 35 km langen Landweg sondern nur per Fähre erreicht werden konnte. Wir stehen am Fähranleger und schauen hinüber nach Travemünde. Dort sind wir schon zwei Mal mit der Skandianvienfähre durch die Mündung und vorbei am nicht zu übersehenden Hochhaus des Maritim Hotels geschippert, als wir von bzw. nach Finnland reisten. Heute betrachten wir die Häuserzeile der Altstadt mit der St.-Lorenz-Kirche vom gegenüber liegenden Ufer und nehmen mit etwas Wehmut Abschied von der Ostsee.

Die Ostsee. Viele Wochen hat sie uns begleitet. Sie war uns Richtungsweiser (wenn sie an unserer rechten Schulter war, fuhren wir in die richtige Richtung) und sie ist uns irgendwie ans Herz gewachsen. Auch wenn sie sich manchmal grau und regnerisch zeigte, meist war sie sonnig und wirkte fast wie ein südländisches Urlaubsziel. Bereits in Finnland lernten wir sie kennen, sie begleitete uns in Russland bis nach Sankt Petersburg und im Baltikum überraschte sie uns mit tollen Übernachtungsplätzen an einsamen Stränden. Auch in Polen war sie uns stets nah, wenn auch manchmal mit etwas viel Rummel. Hier in Deutschland wies sie uns den Weg zu den Hansestädten Greifswald, Stralsund, Rostock und Wismar. Nach hunderten von Kilometern trennen sich nun unsere Wege, wir fahren ab jetzt entlang der ehemaligen innerdeutschen Grenze nach Süden.

Travemünde

Grenzerfahrungen...

19.07.2014 bis 23.07.2014
**Lübeck – Schaalsee – Lauenburg – Elbe – Arendsee
– Brome - Schöningen**
Auf dem Iron Curtain Trail 5.523 km

Wir radeln durch Deutschland. Immer an der ehemaligen innerdeutschen Grenze entlang. Mal im Osten, mal im Westen. Oft merken wir erst beim zweiten Hinschauen, ob wir uns „hier" oder „drüben" befinden. Da steht manchmal noch ein Haus im typischen Einheitsputz der DDR oder auf sich weit hinziehenden Feldern wird mit riesigen Maschinen gearbeitet (bei dem anhaltend guten Wetter ist die Getreideernte in vollem Gange), Indizien für den ehemaligen Ostteil der Republik. Aber sonst ist es auf beiden Seiten nahe dieser Exgrenze gleich: die Ortschaften sind oft bedrückend leer, wir sehen nur wenige Menschen auf den Straßen und die Versorgung mit Lebensmitteln ist katastrophal. Wir radeln oft stundenlang, ohne eine Einkaufsmöglichkeit für Wasser zu finden. Mitten in Deutschland! Es wird offensichtlich vorausgesetzt, dass man ein Auto hat und in den nächsten größeren Ort fährt, wo die bekannten Discounter alle nah beieinander zu finden sind. Tante Emma ist auch hier ausgestorben.

Das war in Lübeck anders. Dort haben wir am frühen Morgen die mittelalterliche Altstadt, seit 1987 Teil des UNESCO-Welterbes, mit dem berühmten Holstentor besichtigt. An jeder Ecke gibt es Läden und Einkehrmöglichkeiten. Bei herrlichem Sonnenschein und noch angenehmen Temperaturen an diesem Samstagvormittag war es der Besuch hier wert, eine zusätzliche Schleife von ungefähr 25 Kilometern zu radeln.

Das Weltkulturerbe auf der Altstadtinsel besteht aus weit über tausend Gebäuden, die als Denkmäler in die Denkmalliste eingetragen sind. Die *Sieben Türme* der fünf gotischen Hauptkirchen auf dem Altstadthügel ver-

Historische Salzspeicher in Lübeck

körpern die zum Wahrzeichen der Stadt gewordene Stadtansicht. Wir schlenderten durch die Fußgängerzone und konnten uns an den vielen sehenswerten Gebäuden, meist im typischen Stil der Backsteingotik, kaum satt sehen. Vier ältere Herren ruderten vor der Kulisse der historischen Salzspeicher. Wir standen an einer Brücke ganz in der Nähe des Holstentors und schauten ihnen zu, wie sie auf der spiegelglatten Trave dahin glitten. Lübeck muss man auf sich wirken lassen, man darf es einfach nicht auslassen!

Es ist heiß in diesem Sommer. Bei Temperaturen von weit über 30 Grad kann das radeln auch auf dem flachen Land hier im Norden Deutschlands ganz schön schlauchen und wir nutzen gerne jede Möglichkeit, uns zu erfrischen. Denn es gibt auch sie, die Überraschungen, die das Radlerherz höher schlagen lassen. Urplötzlich und ohne Vorwarnung können sie auftauchen. Da sind zum Beispiel das Café Eisvogel mit seinem gemütlichen Garten direkt am Radweg, die Cafeteria im Grenzhus oder der sympathische Innenhof im Bio-Veggie-Café – ohne einen Einkehrschwung kommen wir an keiner dieser vor allem von Radfahrern so geschätzten Einrichtungen vorbei!

Leider ist die Beschilderung der historischen Route noch sehr dürftig, denn sie existiert fast gar nicht, was uns ziemlich enttäuscht und auch schon trotz Navi einige Umwegskilometer aufgehalst hat. Wir haben noch kein einziges Schild gesehen, das auf den Eurovelo 13, also den Iron Curtain Trail, hinweisen würde. Nicht einmal das Grüne Band – so heißt die innerdeutsche Route – ist durchgehend oder gar einheitlich beschildert! Das ist sehr schade, denn die Strecke verläuft oft an geschichtsträchtigen Stellen vorbei. So wie im Grenzhus in Schlagsdorf. Dort werden Gegenstände aus dem Alltagsleben an der innerdeutschen Grenze gesammelt, bewahrt und ausgestellt. Hinter der Präsentation steht der Wunsch, die innerdeutsche Grenze und die ursächliche Spaltung der ganzen Welt in zwei sich politisch widersprechende Systeme ins Bewusstsein kommender Generationen zu rücken. Insbesondere wird hier die Frage behandelt: Wie hat die innerdeutsche Grenze das Leben der Menschen beeinflusst? Zusätzlich zeigt eine Außenanlage aus originalen Bauteilen den schematischen Aufbau der ehemaligen innerdeutschen Grenze von beiden Seiten: Ost und West. Für uns ist es beeindruckend, Reste der originalen Grenzbefestigungen anzuschauen und gleichzeitig ist es auch bedrückend zu sehen, wie perfide die DDR „Grenzschutz" betrieben hat.

Original Mauerreste beim Grenzhus

Dies finden auch Uschi und Ludwig, die wir unterwegs getroffen haben. Die beiden Allgäuer radeln ebenfalls die Grenzlandroute von Travemünde bis nach Hof. Ein paar Kilometer weiter erreichen wir den Schaalsee, einen der tiefsten deutschen Seen (72 m). Im Gegensatz zum nahe gelegenen Ratzeburger See, der vollständig in Schleswig-Holstein liegt, verläuft die Landesgrenze zu Mecklenburg-Vorpommern direkt durch den Schaalsee. Während der deutschen Teilung lagen weite Teile der Seelandschaft im Sperrgebiet der innerdeutschen Grenze. Die staatlich verordnete Zwangsruhe prägte in der Zeit das Gebiet und die Natur gewann an Raum, sodass im Jahr 2000 dieses schützenswerte Gebiet als Biosphärenreservat ausgewiesen wurde. Es gibt nur wenig Campingplätze am See, aber der Betreiber vom Camping Groß-Zecher hält immer etwas Platz für müde Radfahrer frei, so dass auch wir dort prima unterkommen und sogar noch eine Runde schwimmen können.

Über den Lübeck-Elbe-Kanal gelangen wir am nächsten Tag nach Lauenburg, um von dort aus der ehemaligen Grenze auf dem Elberadweg zu folgen. Hier, im Dreiländereck Schleswig-Holstein, Niedersachsen und Mecklenburg-Vorpommern lag der einzige Grenzübergang zur DDR, der nicht an einer Autobahn lag und deshalb auch mit dem Fahrrad benutzt werden konnte. Wir bleiben zunächst auf der „Ostseite" und radeln weiter über Boizenburg, Hitzacker und Dömitz bis nach Schnackenburg, wo wir ein letztes Mal mit der Fähre die Elbe überqueren. Solche Fähren gibt es immer mal wieder, so dass man sich aussuchen kann, auf welcher Fluss-Seite man radelt, denn der Elberadweg existiert auf beiden Seiten. Auch wir nutzen mal Ost, mal West und besichtigen einige Grenzerinnerungsstätten wie z.B. das Grenzlandmuseum in Schnackenburg oder die Grenzanlage in Stresow. Wir haben zwar weiterhin gutes Wetter, dafür jedoch ständigen, teils recht kräftigen Gegenwind. In den meisten Radreiseführern liest man, dass es besser sei, den Elberadweg von der Mündung aus „hoch" zu fahren, weil der Wind normalerweise von der See aus weht. Offenbar sind wir nicht „normal" unterwegs. Wir kennen den Abschnitt an der Elbe bereits, denn im letzten Jahr sind wir hier schon von Hamburg aus bis nach Magdeburg geradelt. Deshalb versuchen wir nun, dieses Mal auf der jeweils anderen Fluss-Seite zu fahren. Während wir auf den anderen Abschnitten des Iron Curtain Trail nur wenige andere Radreisende treffen, sind hier an der Elbe recht viele Radwanderer unterwegs. Kein Wunder, der Elberadweg zählt zu den beliebtesten Flussradwegen Deutschlands. Wir verlassen diesen Radweg bei Schnackenburg, um an den Arendsee weiter zu radeln. Dort hoffen wir auf einen netten Campingplatz, sind jedoch vom ersten, 7 ha großen Platz nicht so richtig überzeugt, weil er in einem Wald liegt und ziemlich düster wirkt. Wie das Gegenteil davon wirkt der Campingplatz "Im kleinen Elsebusch", dessen sonnige Wiesen uns geradezu ideal erscheinen.

Die Elbe

Mangels guter Beschilderung verlieren wir kurz nach dem Arendsee am Folgetag die eigentliche Route und gelangen stattdessen nach Salzwedel. In dem gemütlichen Hansestädtchen können wir unseren Proviant wieder auffüllen, denn in den kleinen Orten nahe der ehemaligen Grenze gibt es dazu kaum Gelegenheit. Doch von dort aus wieder auf die richtige Route zu gelangen ist gar nicht so einfach. Dank eines freundlichen Postbeamten, der uns eine gute Wegbeschreibung gibt, klappt das letztlich. Im weiteren Verlauf unserer „Grenztour" fahren wir durch viele kleine Dörfer, bis wir zum Drömling gelangen, ein etwa 340 km² großes und wenig besiedeltes Niederungsgebiet an der Grenze zwischen Niedersachsen und Sachsen-Anhalt. Der größere sachsen-anhaltinische Teil im Osten ist seit 1990 ein Naturpark. Das frühere Sumpfgebiet wurde im 18. Jahrhundert auf Weisung von Friedrich dem Großen durch Entwässerung von einer Natur- in eine Kulturlandschaft umgewandelt. Heute ist die Niederung mit dem Mittellandkanal und den Flüssen Aller sowie Ohre Rückzugsgebiet für seltene oder vom Aussterben bedrohte Tier- und Pflanzenarten. Sie besteht größtenteils aus Natur- und Landschaftsschutzgebieten. Ein Zickzackkurs führt uns mitten durch diese Moorlandschaft.

Es gibt viele Erinnerungsstätten, Wachtürme und Grenzsteine an der ehemaligen innerdeutschen Grenze wie beispielsweise die Gedenkstätte Marienborn. Dort baute die DDR die Grenzübergangsstelle Anfang der 1970er Jahre für rund 70 Millionen Ost-Mark zu einer Festung an der Transitstrecke zwischen der Bundesrepublik und West-Berlin aus. Zuletzt versahen auf dem mit 35 Hektar größten europäischen Grenzübergang 1000 DDR-Grenzsoldaten, Zöllner, Stasimitarbeiter und Zivilangestellte ihren Dienst. Heute kann man diesen historischen Ort, der mittlerweile denkmalgerecht saniert wurde und zum Europäischen Kulturerbe gehört, besuchen. Natürlich machen wir das auch und fühlen uns sofort in die Zeit zurück versetzt, als wir selbst mit dem Auto die DDR besuchten und uns dabei diesen umfangreichen Grenzkontrollen unterziehen mussten. Heute sieht das alles aus wie aus einer anderen Welt.

Hötensleben: Erinnerungen an die Grenze

In Hötensleben, nur wenige Kilometer weiter, befindet sich eines der letzten Teilstücke der ehemaligen Grenzanlage zwischen der Bundesrepublik Deutschland und der Deutschen Demokratischen Republik, die direkt an den Häusern des Ortes errichtet worden war. Auf einer Länge von 350 m und einer Fläche von 6,5 ha sind unter anderem die Sichtblendmauer, der Signalzaun, das Sicht- und Schussfeld mit Lichttrasse, Kolonnenweg und Kfz-Hindernis, die Grenzmauer und der Führungsturm mit Kraftfahrzeugstellung erhalten geblieben. Hier kann man hautnah erleben und begreifen, wie die beiden deutschen Staaten damals getrennt waren. Uns fällt eine Anekdote ein, die wir irgendwo gelesen haben. Eine Schulklasse hatte die Reste der Grenzanlagen besichtigt und der Lehrer versuchte zu erklären, dass diese Grenze unüberwindbar war. Mit Blick auf die Fragmente der Exgrenze fragte einer der Schüler: „Und warum sind die Menschen nicht einfach um den Zaun herum gegangen?"

Der Radeltag war sehr anstrengend heute. Ob es an der Hitze lag? Mit 103 km war die Strecke hier im Flachland nicht allzu lang und die Besichtigungen von Gedenkstätten oder dem Braunkohleabbaugebiet mit den riesigen Baggern boten auch kleine Erholungspausen. Aber dennoch bin ich ziemlich groggy heute und froh, dass wir in Schöningen auf dem Gelände der vollbelegten Jugendherberge unser Zelt aufschlagen dürfen.

Solche Erinnerungstafeln sehen wir immer wieder, hier an der Elbe

Von Sorge, Elend und anderen Brocken...
24.07.2014 bis 25.07.2014
Hornburg - Ilsenburg - Brocken - Elend - Sorge - Hohegeiß
Auf dem Iron Curtain Trail 5.632 km

„Ihr müsst ja total bekloppt sein, bei diesem Wetter zu radeln!" schallt es fröhlich zu uns herüber, als wir einer Gruppe Rennradfahrer zwischen Elend und Sorge im strömenden Regen begegnen. Unsere Stimmung hellt sich auf, wir können gar nicht anders und lachen mit!

Schon den ganzen Tag ist es regnerisch. Gestern waren wir noch bei schönstem Wetter in Ilsenburg am Fuß des Harzes angekommen, wo wir uns in einem gemütlichen Hotel einquartierten, um am Folgetag ausgeruht den Anstieg in Richtung Brocken bewältigen zu können. Unterwegs hatten wir so malerische Ortschaften wie beispielsweise Hornburg passiert, ein deutliches Indiz dafür, dass wir uns dem Harz näherten. Wir hatten uns die Fahrt zum Brocken so toll vorgestellt! Doch ausgerechnet heute meint es der Wettergott nicht sonderlich gut mit uns. Bei Nieselregen radeln wir los. Auch bei diesem Wetter wirkt das Städtchen Ilsenburg noch immer freundlich und liebenswürdig. Nur wenige Fußgänger sind unterwegs, um Einkäufe zu erledigen. Die kleine Straße führt bergan und geht bald in einen anfangs noch ganz gut zu fahrenden Waldweg über. Es wird nebelig und recht kühl je höher wir kommen. Entgegen unserer Befürchtungen können wir aber viele Abschnitte fahren, nur ab und zu müssen wir schieben. Bei zweistelligen Prozentzahlen auf geschotterten Wegen geht mit bepackten Reiserädern nicht mehr viel!

Endlich erreichen wir die höchste Stelle des Weges, nun müssen wir keine weiteren Anstiege mehr zum Harz hoch kämpfen. Jetzt können wir die Räder sogar ein paar Kilometer nach Drei Annen Hohne abwärts rollen lassen, dabei wird es uns richtig kalt. Wie gut, dass hier auf dem großen Parkplatz die berühmte Erbsensuppe

Es regnet in Elend...

verkauft wird, die in Dosen sogar bis in die USA exportiert wird! Die Rast mit einer heißen Suppe ist eine richtige Wohltat. Wir sitzen geschützt in einer Holzhütte und genießen den warmen Eintopf, nur wenige Wanderer sind heute ebenfalls hier. Gleich nebenan verlaufen die Gleise der Harzer Schmalspurbahn, unser Blick fällt auf den Bahnhof von Drei Annen Hohne. Von dort aus verkehrt die bekannte Brockenbahn. Sie wird heute von der Harzer Schmalspurbahnen GmbH betrieben und ist

Teil eines 140 km langen Netzes von zumeist dampfbetriebenen Schmalspurstrecken im Harz. Wir befinden uns hier am Talbahnhof auf 543 m Höhe, der Endbahnhof auf dem Brocken liegt nach 19 Bahnkilometern auf 1125 m Höhe. Wir werden sicher mal wieder hierher kommen und dann eine Fahrt mit der Brockenbahn, dann hoffentlich bei besserem Wetter, machen! Den Brocken können wir von hier aus nur erahnen, er versteckt sich hinter tief hängenden Wolken.

Doch für uns geht es nun mit den Fahrrädern wieder weiter. Die Landschaft hier ähnelt unserem heimischen Schwarzwald. Viele Nadelbäume säumen die hügeligen Waldwege, die uns nach Elend bringen. Der dortige Bahnhof sieht verlassen aus und wir fühlen uns bei dem nasskalten Wetter fast ein wenig elend... Im örtlichen Gasthaus überlegen wir bei einer Pause, ob wir vielleicht bereits hier für die Nacht bleiben wollen, denn draußen ist es noch immer recht ungemütlich und nass. Aber wir wagen es und schwingen uns wieder aufs Rad. Unterwegs sehen wir auch einen der historischen Dampfzüge, der laut schnaufend und qualmend im Wald unterwegs ist. Die Fahrgäste winken uns zu, vermutlich haben sie Mitleid mit uns.

Eine weitere ehemalige Grenzanlage erwartet uns in Sorge. Dort wurde das Grenzmuseum „Ring der Erinnerung" errichtet und auf einem Stück ehemaligen Kolonnenwegs führt die Route weiter nach Hohegeiß. Man könne diesen Abschnitt auslassen und auf der Straße fahren, steht im Reiseführer, aber wir riskieren es, denn wir wollen die erhaltenen Anlagen anschauen. Bei einem Stück Grenzzaun passieren wir zunächst ein Tor, um danach bis zu einem ehemaligen Beobachtungsturm zu radeln. Der Kolonnenweg ist bis dort hin noch einigermaßen eben und gerade noch so mit dem Rad zu befahren, doch bald darauf können wir nur noch schieben. Zwei Kilometer. Sowohl bergab als auch auf der anderen Seite steil bergauf. Immer direkt an der ehemaligen Grenze entlang. So langsam verstehen wir, warum es eine Alternativstrecke gibt. Wenigstens ist uns jetzt nicht mehr kalt!

Auf dem „Ring der Erinnerungen"

Das Bergdorf Hohegeiß liegt etwa 600 m hoch und sieht wie ein Wintersportort aus. Jetzt im Sommer ist hier nicht viel los. Immerhin hat eines der Hotels geöffnet. Obwohl heute noch nicht viele Kilometer auf unseren Computern gespeichert sind, quartieren wir uns hier ein und hoffen auf besseres Wetter für die nächsten Tage. Wenigstens können so unsere Klamotten wieder trocknen.

Wer kam bloß auf die Idee...

26.07.2014 bis 31.07.2014
Duderstadt - Bad Sooden-Allendorf - Eschwege - Tann/Rhön - Fladungen - Rödental
Auf dem Iron Curtain Trail 6.080 km

...dem Iron Curtain Trail durch Deutschland zu folgen? Das kann ganz nämlich schön anstrengend sein! Es gibt doch auch schöne Flussradwege wie z.B. den Werratalradweg, der uns einige Kilometer Erleichterung bescherte. Diese Gedanken kreisen im Kopf, als wir die Rhön erreichen.

Doch zuvor hatten wir noch den Harz vollends zu durchqueren. Von Hohegeiß aus erwartete uns eine tolle Abfahrt. Vier Kilometer ging es nur bergab! Was für ein grandioser Start in den neuen Radeltag – bei bestem Wetter! Der Regen vom Vortag war im Nu vergessen! In Ellrich besuchen wir zunächst die Reste des KZ-Außenlagers Juliushütte. Da die Grenze zwischen Niedersachsen und Thüringen direkt auf dem Gelände des ehemaligen KZ verläuft, wurden die baulichen Reste auf den Seiten der DDR eingeebnet und zum Todesstreifen umgestaltet. Auf der westlichen Seite waren dort nach dem Krieg Flüchtlinge untergebracht, aber nach einem Brand wurden die restlichen Bauten auf Anordnung der Bundesregierung ebenfalls eingeebnet. Das Trümmerfeld wurde zum Park umgestaltet. Heute steht das Gebiet unter Naturschutz und nur noch Gedenktafeln und ein paar wenige Mauerreste erinnern an die schreckliche Vergangenheit.

Der weitere Weg führt uns durch idyllische Landschaften. Unser Blick schweift über sanfte Hügel, Felder und Wälder und heute können wir sogar den Brocken sehen, der gestern noch im Nebel verborgen lag. Es lohnt sich, einen kleinen Umweg nach Duderstadt zu machen. Das mittelalterliche Stadtbild wird geprägt von rund 600 Bürgerhäusern verschiedener Stilepochen – überwiegend Fachwerkhäusern – sowie den beiden großen Stadtkirchen mit ihren mächtigen Türmen oder dem Rathaus, einem der ältesten Deutschlands. Wir können hier nicht nur unsere Proviantasche wieder gut füllen, auch das Eis in einem der Straßencafés schmeckt wirklich köstlich.

Vier „Schwalben"

Schwungvoll brausen vier Jungs mit ihren „Schwalben" heran und kommen neben uns am Grenzlandmuseum Eichsfeld zum stehen. Sie sind mit ihren Kleinkrafträdern, die in der DDR von Simson in Suhl hergestellt wurden, unterwegs. Jetzt reihen sie ihre Oldtimer direkt an der ehemaligen Grenze auf, posieren für Fotos und klopfen Sprüche wie „jetzt machen wir mal rüber!". Als sie von uns erfahren, wo wir gestartet sind und wohin wir noch fahren wollen meinen sie ungläubig „ihr seid ja noch verrückter als wir!". Hinter Teistungen verläuft unsere Route direkt auf der ehemaligen Grenze. Auch hier sind noch Reste der Befestigungsanlagen zu sehen, darunter auch ein Kolonnenweg, der uns nun bergan führt. Als wir unsere Räder den Berg hoch schieben wird uns schnell klar, dass ein Unwetter ziemlich rasch naht, denn aus tiefschwarzen Wolken zucken Blitze, der Wind frischt auf. Uns bleibt keine Zeit mehr, einen besseren Übernachtungsplatz zu suchen, deshalb schlagen wir unser Zelt kurzerhand direkt auf dem ehemaligen Todesstreifen auf. Bald darauf herrscht Weltuntergangsstimmung, doch wir wurden noch rechtzeitig mit dem Zeltbau fertig, liegen nun bequem auf unseren Matten und lauschen dem Trommeln der Wassermassen auf unser Zeltdach.

Am nächsten Morgen liegt Nebel in den Niederungen, doch die Sonne lacht, es kann also weiter gehen. Wir können unterwegs immer wieder weit in die Umgebung schauen. Im dünn besiedelten Thüringer Bergland ist es hügelig, unsere Route führt durch kleine Ortschaften und einmal auch mitten in einen Gottesdienst im Freien. Der Pfarrer und seine Schäfchen versammelten sich direkt auf der Straße am Ortsrand, der Verkehr muss über einen Parkplatz ausweichen. Es ist aber ohnehin nicht viel los, wir haben die Straßen meist für uns alleine. Doch die Hügel fordern heute ihren Tribut. Unsere Beine werden schwer wie Blei und meine Stimmung sinkt, je öfter ein neuer Anstieg auftaucht. Und so sind wir freudig überrascht, als uns nach endlos erscheinenden bergigen Kilometern eine lange Abfahrt hinunter ins Werratal nach Werleshausen bringt. Die Schinderei hat ein Ende, ab jetzt fahren wir ungefähr 100 km auf flachen Flussradwegen der Werra entlang.

Bad Sooden-Allendorf

Am Fluss liegen malerische Ortschaften mit zahlreichen Fachwerkhäusern. Bad Sooden-Allendorf, Eschwege, Creuzburg oder Herleshausen sind nur einige davon. Mancherorts ist man bestens auf Radtouristen eingerichtet, es gibt sogar Rastplätze mit Kneippanlagen – eine Wohltat für gestresste Radlerbeine. Bei Heringen erhebt sich der Monte Kali, eine imposante Steinsalzhalde, auf die man wohl auch Touren buchen kann. Diese künstlich geschaffene bergartige Abraumhalde besteht aus kommerziell nicht verwertbaren Überresten der Kalisalzproduktion. Solche „Kaliberge" stellen ein großes ökologisches Problem dar, weil das Salz mit den Niederschlägen abgewaschen wird und Böden, Grundwasser und Oberflächengewässer in der Umgebung belastet. Auf uns wirken diese Berge, wir sehen noch einen bei Philippstal, unwirklich und bizarr.

Monte Kali

Bei Vacha fahren wir über die 225 Meter lange „Brücke der Einheit", eine Steinbogenbrücke aus dem Mittelalter. Die Brücke befand sich im DDR-Gebiet und war Teil der Grenzsperranlagen. Nach 1989 wurde sie renoviert, wurde für Fußgänger und Radfahrer freigegeben und ist heute Sinnbild der Teilung und Wiedervereinigung Deutschlands. Wir verlassen das Werratal und folgen nun dem Rhön-Ulstertal-Radweg. Leider verpassen wir die Abzweigung nach Point Alpha, einem von vier US-Beobachtungsstützpunkten an der hessischen innerdeutschen Grenze. Bis zum Fall des Eisernen Vorhangs erfüllte er eine wichtige Beobachtungsaufgabe im Verteidigungskonzept der NATO. Auf der anderen Seite der Grenze standen zwar Wach- und Führungstürme der DDR-Grenztruppen, außer diesen Einheiten waren aber keine Truppen des Warschauer Paktes direkt an der Grenze stationiert. Heute ist „Point Alpha" der Name der Mahn-, Gedenk- und Begegnungsstätte und umfasst nicht nur den amerikanischen Stützpunkt auf der hessischen Seite, sondern auch einen Streifen der originalen Grenzsicherungsanlagen der DDR und das "Haus auf der Grenze" mit einer Dauerausstellung zum Grenzregime im Kontext des Kalten Krieges auf Thüringer Seite.

Es ist schwül, schon den ganzen Tag über gibt es hin und wieder einen kurzen Gewitterschauer und wir suchen dann Schutz vor dem Regen. Meist ist gerade ein Eiscafé oder ein Kiosk in der Nähe, so dass die Unterbrechungen gar nicht so ungelegen kommen. Auch in Batten erwischt es uns, als wir gerade den Aufstieg zur Rhön angehen wollten. Unter dem Dach der Aussegnungshalle des kleinen Friedhofs warten wir ab, bis der Regen wieder aufhört, danach ist allerdings schieben angesagt. Denn die Steigung ist doch heftiger als wir dachten. Wir kommen wesentlich langsamer voran als ursprünglich geplant und so wird uns bald klar, dass wir es heute nicht mehr bis nach Frankenheim schaffen würden. Dort wollten wir eigentlich frische Verpflegung kaufen. Denn wenn wir schon vorhin in Hilders eingekauft hätten, müssten wir jetzt das Mehrgewicht zur Rhön hoch schieben – und Reiseradler versuchen, wo immer es geht, Zusatzgewicht zu vermeiden... Neugierige Kühe schauen uns von der gegenüber liegenden Weide zu, als wir unser Zelt an einem kleinen Rastplatz aufschlagen. Es ist die einzige ebene Fläche, die wir an diesen Hängen finden konnten.

„Hallo ihr Camper!" hören wir eine Frauenstimme. Wir haben uns bereits zum schlafen hingelegt. Es war uns zum kochen draußen vom Gewitterregen her noch zu nass, deshalb ist ein Apfel und ein Müsliriegel unser Abendessen gewesen. Und jetzt ahnen wir nichts Gutes, denn unser Zelt steht verbotener Weise auf einem Rastplatz im Naturpark Hohe Rhön. Sicher sollen wir von hier vertrieben werden. „Hallo ihr Camper!" Wir schauen durch die Zeltluke und sehen eine junge Frau, die uns freundlich anlächelt. „Mein Vater feiert drüben in der Berghütte seinen Geburtstag und wir möchten euch einladen, mit zu feiern. Es gibt genug zu essen und zu trinken." Haben wir richtig gehört? Das lassen wir uns natürlich nicht zwei Mal sagen, schnell sind wir angezogen und sitzen kurze Zeit später mitten in der Feierrunde. In der gemütlichen Hütte des Rhönklubs wird es

Neugierige Nachbarn in der Rhön

ein unterhaltsamer Abend, sogar mit Livemusik! Wir fühlen uns sehr gut aufgenommen. Selten war uns ein Essen so willkommen und hat uns so gut geschmeckt!

Vielen lieben Dank nochmals an unsere tollen Gastgeber an jenem Abend!

Wir liegen im Zelt und horchen nach draußen. Ein Geräusch hat uns aufgeweckt, es hört sich an, als ob in der Ferne ein Zug fahren würde. Nur dass es hier weit und breit keine Eisenbahnlinie gibt, wir sind nur von Wald und den Gipfeln der Rhön umgeben. Was also ist das? Ein Zug wäre längst vorbei, aber wir hören das Geräusch noch immer! Jetzt wird es auch noch lauter, wie eine Walze kommt es immer näher – und plötzlich verstehen wir: das ist Regen. Und was für einer! Starkregen! Lange vor dem ersten Tropfen hörten wir die Wassermassen in den Blättern der Bäume und jetzt hat uns das Inferno erreicht. Wie verrückt prasselt und trommelt es auf das Zeltdach, es gibt nichts, was wir tun könnten. Nur hoffen, dass wir in unserer kleinen Bleibe einigermaßen trocken nächtigen und nicht weggeschwemmt werden.

Am nächsten Morgen regnet es zwar nicht mehr, aber wir müssen unser Zelt patschnass einpacken. Der Starkregen in der Nacht hätte uns beinahe fortgespült, doch alle Heringe hatten gehalten und das Wasser ist inzwischen bergab geflossen. Im Zeltinneren ist alles trocken geblieben. Wir sind noch immer erfüllt von der unglaublichen Gastfreundschaft des letzten Abends, so dass wir das widrige Wetter ignorieren, als wir aufbrechen. Der Regen hat Spuren hinterlassen, die Wege sind teilweise sehr matschig. Es ist neblig und feucht als wir Frankenheim erreichen. Die kleine Gemeinde liegt im Drei-Länder-Eck Hessen, Thüringen und Bayern, im Biosphärenreservat Rhön und ist mit einer Höhenlage von 750-780 m ü. NN das höchstgelegene Dorf der

Rhön. Bis zur Wende war es von drei Seiten von der Grenze umgeben. Es gibt dort noch einen Konsum, der aus Vorwendezeiten übrig geblieben ist, in dem wir jedoch alles bekommen, was wir brauchen. Einschließlich netter Gespräche mit den Verkäuferinnen.

Schiebestrecke auf dem Iron Curtain Trail

Das Wetter wird immer besser, dafür wird der Weg zunehmend anstrengender. Wenn wir nicht die Schilder gesehen hätten müssten wir annehmen, dass wir uns wieder einmal verfranzt haben. Denn die Route führt nun über einen verwilderten Wiesenweg, der auch bei Trockenheit kaum zu befahren sein dürfte. Jetzt müssen wir schieben, urige, zottelige Wildrinder schauen uns zu. Auch im angrenzenden Wald ist an radeln nicht zu denken, denn der Matsch auf dem Weg dort ist knöcheltief. Doch als Belohnung winkt eine lange Abfahrt nach Fladungen, dieses Mal auf Asphalt. Und dort wartet eine Bäckerei mit Café auf uns, so dass wir ein willkommenes zweites Frühstück einnehmen können.

Wir haben uns getrennt!

01.08.2014 bis 02.08.2014
Rödental - Neustadt - Tettau - Rudolphstein - Hirschberg - Hof
Auf dem Iron Curtain Trail 6.266 km

Ja, wir fahren getrennte Wege!

Weil unsere mobile Internetmaschine ihre Zusammenarbeit mit uns aufgekündigt hat, muss Ersatz her. Was für ein Glück, dass wir ein zuverlässiges Backoffice haben! Ich fahre deshalb mit dem Zug nach Hof, wo bereits ein Ersatzgerät postlagernd auf mich wartet. Was für ein willkommener Ruhetag für mich, denn die Berg- und Talfahrten der letzten Tage haben viel Kraft gekostet. Es ist unglaublich, wie hügelig die ehemalige Grenzregion hier in Rhön und Thüringer Wald ist. Ich kann also in aller Ruhe wichtige Dinge erledigen, notwendige Sachen einkaufen oder Wäsche waschen, während Peter alleine den Rennsteig unsicher macht. Aber das muss er selbst erzählen!

Doch zunächst radeln wir noch gemeinsam. In Bad Königshofen, einer kleinen Kurstadt an der Fränkischen Saale hatten wir in einem Hotel übernachtet, unser nasses Zelt trocknete derweil in der Scheune. Nach einem gemütlichen Frühstück sind wir nun wieder im einstigen Grenzgebiet unterwegs. Meist radeln wir mitten in der Natur. Kein Wunder, denn während der deutschen Teilung war hier quasi Weltende, es war einfach nichts los. Das hat sich nicht so sehr geändert, außer dass man nun natürlich von einem Bundesland ins andere fahren kann, ohne irgendwo kontrolliert zu werden. Bei Gompertshausen radeln wir auf der „Erlebnisstraße der deutschen Einheit", auf dem Hinweisschild sind neben einem Grenzturm Käfer und Trabi vereint. Leider ist kein Fahrrad dabei. Ein Streckmetall-Kreuz, das als Mahnung aus dem Material des original Grenzzaunes errichtet worden ist, markiert die Stelle der ehemaligen Grenze. Auch ein Beobachtungsturm ist hier noch zu sehen.

bei Gompertshausen

Überhaupt passieren wir viele kleine, idyllische Orte. Ummerstadt, mit gerade mal 487 Einwohnern (2014) eine der kleinsten Städte Deutschlands, wirkt auf uns wie eine Filmkulisse. Der gesamte historische Ortskern steht unter Denkmalschutz und wir genießen die Ruhe, die der malerische Ort ausstrahlt, bei einer Mittagsrast. Im Rathaus gibt es ein Restaurant, serviert wird auch draußen, so dass wir den Blick über den idyllischen Marktplatz schweifen lassen können. Die kleine Bäckerei nebenan wirkt, als ob sie seit dem vorletzten Jahrhundert nicht verändert worden wäre, aber sobald man den Laden betritt sieht man, dass das Innenleben dem neuesten Stand der Technik entspricht. Es gefällt uns so gut hier, dass wir die Kaffeepause direkt an das Mittagessen anschließen, denn auch die Bäckerei hat einen Tisch draußen. Am liebsten würde ich gleich hier bleiben, doch wir sind ja auf Tour.

Ummerstadt

Es ist wirklich sehr anstrengend hier im ehemaligen Grenzland. So bin ich letztlich gar nicht traurig darüber, dass ich von Rödental aus mit der Bahn bequem nach Hof reise, während Peter alleine auf der Route weiter radelt.

4,5 Liter auf 100 Kilometer (Pit)

Wer den Schwarzwald mit seinen heftigen Anstiegen vielleicht aus dem Rennradsattel kennt, bekommt eine Vorstellung davon, wie man sich mit dem beladenen

Reiserad auf der Frankenwald-Hochstraße in Richtung Landkreis Hof fühlt. Ringsum dichte Tannenwälder und gut asphaltierte Straßen und nicht zu viel Autoverkehr, aber immer wieder diese vermaledeiten Anstiege mit 11 Prozent und manchmal mehr.

Wie aus dem Nichts stehen sie nach luftiger Abfahrt plötzlich fast als Wand vor einem. So schnell kann man oft nicht runterschalten, aber nach wenigen Metern war sowieso häufig Schluss mit fahren und schweißtreibendes Schieben angesagt. Ein Lob auf die 1,5-Liter-PET-Wasserflaschen. Drei davon waren während der über 100 km-Tagesetappe geleert worden.

Rennsteig-Radweg

Am Folgetag kommt Peter am Nachmittag ziemlich groggy in Hof an, wo ich in der Zwischenzeit ein Zimmer in der Jugendherberge bezogen habe. Bis morgen haben wir noch einen halben Ruhetag, dann geht es wieder gemeinsam weiter. Gestern hatte Peter bei 113 Kilometern insgesamt 1228 Höhenmeter auf seinem Tacho, heute waren es weitere 500 Höhenmeter bei 73 Kilometern. Ich bin froh, dass ich diese heftige Etappe überspringen konnte!

Auf und nieder - immer wieder...

03.08.2014 bis 07.08.2014
Dreiländereck - Asch - Neualbenreuth - Waidhaus - Waldmünchen - Lam
Auf dem Iron Curtain Trail 6.532 km

Habe ich schon mal erwähnt, dass ich Berge zwar sehr gerne mag, aber überhaupt nicht, wenn ich sie mit dem Fahrrad erklimmen soll? Und jetzt geht es seit Tagen nur noch bergauf und bergab. Das einzig positive daran ist, dass ich die Anstiege inzwischen mit einer besseren Kondition angehen kann.

Doch zurück nach Hof. Dort brechen wir am Sonntag auf. Es ist bereits später Vormittag, denn zuvor hatten wir unsere Räder mal wieder auf Vordermann gebracht. Der gröbste Schmutz ist abgewaschen, die Ketten sind straff und geölt, die Reifen gut aufgepumpt, es kann also weiter gehen. Leider haben wir es durch den Abstecher nach Hof verpasst, das als „Klein-Berlin" bekannte kleine Dorf Mödlareuth zu besuchen. Das müssen wir irgendwann einmal nachholen, denn der Ort mit etwa 50 Einwohnern, das zu einem Teil im Bundesland Bayern (Landkreis Hof) und zum anderen Teil im Bundesland Thüringen (Saale-Orla-Kreis) liegt, war 41 Jahre lang durch die innerdeutsche Grenze, die mitten durch das Dorf verlief, getrennt. Die in der Region stationierten amerikanischen Soldaten gaben dem Ort damals den Spitznamen *Little Berlin*.

Weil wir hier von Hof aus nicht zurück radeln wollen wählen wir den direkten Weg zum Dreiländereck. Ikarus und Isolde, zwei Nandus, beäugen uns kritisch, als wir an ihrem Gehege stoppen. Ein Schild klärt uns über die Beiden auf und wir erfahren, dass die südamerikanischen Verwandten der afrikanischen Strauße sehr gut an das deutsche Klima angepasst sind – und dass sie zwar nicht fliegen, aber sehr schnell laufen und auch beißen können, weshalb man füttern und streicheln besser bleiben lassen solle. Okay, dann begnügen wir uns mit Fotos.

Am Dreiländereck

Ein paar Kilometer weiter gelangen wir ganz unspektakulär an die Staatsgrenze. In Regnitzlosau, beim Ortsteil Hinterprex, befindet sich das Dreiländereck Bayern-Sachsen-Böhmen, wo bis zur Wiedervereinigung die Grenzen von BRD, DDR und Tschechoslowakei aufeinandertrafen. Heute weisen Schilder und Grenzsteine auf diesen interessanten Ort hin, den man nur zu Fuß oder eben wie wir mit dem Fahrrad erreichen kann. Über ein kleines Brücklein gelangen wir nach

Tschechien, wo Tische und Bänke zum Verweilen laden. Hier treffen wir Michael, der mit seinem Vater hierher kam. Die Beiden suchen alte Grenzsteine. Michael fotografiert die Steine, während der Senior seit 22 Jahren alle Daten zusammen trägt und fein säuberlich mit Schablonen in ein Buch, das inzwischen mehr als 1200 Seiten umfasst, überträgt. So will er sämtliche Grenzsteine der ehemaligen innerdeutschen Grenze katalogisieren. Was für eine Herkulesarbeit!

Wir radeln weiter und lassen die Beiden wieder an ihrem Projekt arbeiten. Tschechien ist hier auf einer Länge von 1,5 Kilometer nur 200 bis 500 Meter breit! Doch davon merken wir nichts, als wir auf verkehrsarmen, manchmal jedoch sehr „löchrigen" Straßen weiter nach Aš radeln, wo wir von einem heftigen Wolkenbruch überrascht werden. Weltuntergangsstimmung herrscht auf dem Marktplatz, wo wir unter einem Vordach Schutz vor den fast waagerecht daher schießenden Wassermassen suchen. Da bleiben wir doch am besten gleich in der Stadt, es ist sowieso Zeit, so langsam eine Übernachtungsmöglichkeit zu suchen. In einer Pizzeria bekommen wir leckeres Essen, gutes tschechisches Bier und dazu ein preisgünstiges Zimmer für die Nacht. Und unsere Fahrräder dürfen in der Sauna übernachten!

Der Iron Curtain Trail ist hier in Tschechien vorbildlich ausgeschildert, wie auch alle anderen Radwege. Sogar mitten im Wald wird der Radfahrer nicht alleine gelassen, die auffällig gelben Schilder weisen zuverlässig den Weg. Allerdings ist die beschilderte Route des Eurovelo 13 nicht die gleiche, die wir zu Hause nach den Angaben der Bikelineführer erstellt und auf unser Navi geladen hatten. Nun beschließen wir, uns nach den tschechischen Schildern zu richten, vielleicht wurde die Strecke in der Zwischenzeit ja aktualisiert und verbessert. Ob das eine gute Idee war? Später sehen wir nämlich, dass wir einen ziemlichen Umweg geradelt sind. Egal. Man wollte vielleicht, dass die Radtouristen mehr vom Land sehen.

Über Libá mit dem Rokokoschloss, das ein privater Investor wohl wieder instand setzen will, und durch das beschauliche Egertal erreichen wir Cheb mit seinem historischen Stadtzentrum. Hier ist der Marktplatz, dessen Anlage aus dem 13. Jahrhundert stammt, sehenswert. Neben dem barocken Rathaus und vielen weiteren geschichtsträchtigen Gebäuden gibt es auch eine Gruppe von Häusern, die im Kern in die spätgotische Zeit zurückgehen, das so genannte Egerer Stöckl (Špalíček). Dieses Wahrzeichen des Marktplatzes ist ein Komplex

Mahnmal für die Opfer des Eisernen Vorhangs

von elf bizarr teilweise in Fachwerk ausgeführten Häusern, in denen jüdische Kaufleute wohnten. Auch einige Kirchen, Klöster und die Kaiserburg Eger können besichtigt werden.

Für uns geht es nun auf der B 299 wieder nach Deutschland. Kurz vor dem Grenzübergang reihen sich Geschäfte und Buden mit billigen Waren und Dienstleistungen und versuchen, Schnäppchenjäger zu ködern. Radfahrer sind keine guten Kunden, sie haben zu wenig Platz in ihren Taschen. Das wissen auch die Verkäufer. So bleiben wir unbehelligt und gelangen direkt an der Grenze zum Mahnmal für die Opfer des Eisernen Vorhangs. Das Kunstwerk zeigt den Eisernen Vorhang, der allerdings leicht geöffnet ist, mit zerrissenen Ketten dazwischen, als Symbol für den Weg in die Freiheit, den viele Flüchtlinge suchten und nicht zu Ende gehen konnten. Es ist den 82 Menschen gewidmet, die von 1948 bis 1981 beim Versuch, die Grenze von der Tschechoslowakei in die Bundesrepublik Deutschland zu überwinden, erschossen wurden oder auf andere Weise dort ums Leben kamen.

Auf der deutschen Seite können wir die lebhafte Bundesstraße zum Glück bald wieder verlassen und gelangen auf Nebenstrecken nach Neualbenreuth, das in der hügeligen Landschaft um den 939 Meter hohen Tillenberg liegt, der einst als Mittelpunkt Europas errechnet wurde. Hübsche Fachwerkhäuser beleben das Ortsbild. Uns hat es jedoch der Grenzlandturm angetan. Von ihm aus hat man einen beeindruckenden Blick über das umliegende Egerland und das Stiftsland. Und das beste für uns ist, dass im Fuß des Turms ein schwäbisch-italienisches Paar ein Restaurant betreibt und wir so zu einem schmackhaften Abendessen kommen. Wir dürfen sogar unser Zelt im Garten des Turms aufstellen und hier übernachten.

Die Radwege haben ganz unterschiedliche Oberflächen...

Auf wunderbaren Radwegen fahren wir am nächsten Tag weiter. Es bleibt hügelig. Inzwischen verläuft unsere Route auf dem Waldnaabtalradweg. Immer tiefer bringt er uns in den Wald – und immer höher hinauf. Viel Splitt und steile Anstiege lassen uns des öfteren schieben und wir glauben bald, dass wir uns verfranzt hätten. Doch oben angekommen sehen wir einige Wegweiser, darunter auch das Eurovelo-13-Zeichen. Wir sind also tatsächlich noch auf dem richtigen Weg! Obwohl dies gar nicht mehr danach aussieht. Denn während wir uns der Waldnaabquelle nähern ist der Schotterweg in einen Waldpfad übergegangen, der wegen der vielen Baumwurzeln nicht zu befahren ist. Außerdem steigt er am Ende noch einmal so steil bergan, dass wir die Räder zu zweit hochschieben müssen. Dafür befinden wir uns nun direkt auf der Staatsgrenze, die Grenzsteine lassen keinen Zweifel daran. Was sind wir froh, als wir nach zwei oder drei Kilometern wieder auf „normale" Waldwege treffen! Vielleicht sollten wir zukünftig doch lieber nach unserer Route im Navi fahren?

In Waidhaus treffen wir auf den Bocklradweg, der uns ohne weitere Hügel entspannt nach Eslarn bringt. Doch es ist nur ein kurzes Flachstück, denn natürlich wird es wieder hügelig und in Tschechien teilweise auch recht anstrengend. Dort sind die ausgeschilderten Radwege nämlich häufig grob geschottert. Manchmal fühlen wir uns eher auf einem Gleisbett als auf einem Fernradweg! Tschechien ist hier in Grenznähe noch immer sehr dünn besiedelt und wir staunen nicht schlecht, als wir im kleinen Örtchen Rybnik ein prima Restaurant finden, das preiswertes, gutes Essen und auch freies WLAN anbietet. Bei Nemanice, direkt an der Staatsgrenze, treffen wir auf Reste der zerstörten Gemeinde Grafenried (Lučina), die zu dicht am Westen lag und deshalb geschleift wurde. Zwischenzeitlich werden Mauerreste ausgegraben und man versucht, die Erinnerung an den kleinen Ort wieder zu beleben.

Auf unserer Route sind wir mittlerweile tief im Bayrischen Wald, mal in Deutschland, mal in Tschechien und müssen feststellen, dass es hier zwar wunderschön ist, dass es jedoch noch weit mehr Berge gibt. Wir mühen uns auf 700 bis 800 Meter hoch, um danach in einer rasanten Abfahrt wieder ein paar Kilometer Strecke machen zu können. Und das nur, um gleich darauf den nächsten Berg zu erklimmen! Über Waldmünchen und Furth im Wald erreichen wir am Nachmittag Lam, vor uns liegt der Arber. Den wollen wir jedoch erst morgen angehen, für heute bleiben wir auf dem Campingplatz und lassen uns von den freundlichen Betreibern den besten Weg über die Berge nach Bayerisch Eisenstein erklären. Bei herrlichem Wetter genießen wir den Charme des beschaulichen Orts, der am Weißen Regen liegt. Dieser 32 km lange Fluss entspringt am Kleinen Arbersee und wird später, zusammen mit dem Schwarzen Regen, zum Fluss Regen, der bei Regensburg in die Donau mündet. Und morgen werden wir zu seiner Quelle fahren!

Immer wieder müssen Anstiege überwunden werden

Höhepunkte und Schiebereien

08.08.2014 bis 09.08.2014
Kleiner Arbersee - Bayrisch Eisenstein - Kvilda - Horní Planá
Auf dem Iron Curtain Trail   6.675 km

Was für ein Glück, dass wir auf dem Campingplatz in Lam übernachtet haben, denn von den Wirtsleuten erfahren wir, dass es einen guten Weg über den Kleinen Arber gibt. Der Bikelineführer würde uns weiter auf der Straße fahren lassen. So können wir nahezu ohne Autoverkehr im herrlichen Naturschutzgebiet radeln. Es ist auch gar nicht so steil wie befürchtet, bis zum Kleinen

Kleiner Arbersee

Arbersee muss ich nur kurze Strecken schieben. Oben angekommen genießen wir bei schönstem Sonnenschein eine Brotzeit im Seehäusl, einem Gasthof mit Biergarten direkt am Westufer des Sees. Unser Blick schweift über den malerischen See und über den Fichtenwald bis hinüber zu den Gipfeln des Kleinen und des Großen Arbers. Der Kleine Arber ist mit 1383,6 m der höchste Berg der Oberpfalz. Die Grenze zu Niederbayern verläuft über seinen Gipfel und über jenen des östlich befindlichen Großen Arbers (1455,5 m; dabei stellt ein Felsriegel westlich vom Gipfelkreuz mit 1439,6 m den höchsten Punkt der Oberpfalz dar).

Auf der Staatsgrenze

Brennes ist mit 1030 m unser höchster Punkt, den wir in der Arberregion erreichen. Gut zu fahrende Waldwege haben uns vom Kleinen Arbersee hierher gebracht. Nun führt ein ausgeschilderter Radweg steil abwärts nach Bayerisch Eisenstein. Der Weg ist so steil, dass wir anfangs gar nicht fahren können – wer denkt sich denn so eine Streckenführung aus? Vielleicht hätten wir hier besser die Autostraße nehmen sollen. Doch nach diesem anfangs wirklich sehr steilen Stück können wir die Räder doch noch bis zum Grenzort bequem abwärts rollen lassen. Die größte Attraktion des Luftkurorts Bayerisch Eisenstein ist der Grenzbahnhof, der 1877 je zur Hälfte auf deutschem und tschechischem Territorium errichtet wurde. Erst seit 1991 kann man hier wieder mit Zügen fahren, der Eiserne Vorhang hatte dies vorher verhindert. Um Gleise und Empfangsgebäude waren Drahtzäune und Mauern gezogen. Heute sind die Bahnsteige frei zugänglich, eine Linie markiert die Staatsgrenze von den Gleisen kommend quer durch das Gebäude.

Von hier aus folgen wir dem Radweg Nr. 33, der uns zunächst wieder auf 1027 m Höhe bringt. Dies geht natürlich nicht ohne Schieben, denn die geschotterten Wege sind oft recht steil. Schon lange haben wir keine Reiseradler mehr gesehen, doch jetzt begegnen uns ausgerechnet tief im Böhmerwald die beiden Briten Erika und Robin. Sie sind seit Mai mit ihren Rädern in Europa unterwegs und wollen nun langsam zurück nach London. Dabei machen sie uns Hoffnung, dass der weitere Verlauf unserer Route nicht mehr so heftig sei. Mal sehen, ob es stimmt!

Seit dem Grenzübertritt in Bayerisch Eisenstein nach Tschechien sind wir im Biosphärenreservat Šumava unterwegs. Es gefällt uns ausnehmend gut hier, meist radeln wir auf asphaltierten Radwegen oder auch auf wenig befahrenen Straßen. Aber immer wieder müssen wir bergauf, so auch bei Kvilda, das wir über einen 1120 m hohen Pass erreichen. Kvilda ist ein Fremdenverkehrsort und touristisches Zentrum des Biosphärenreservats, es erinnert uns an die Bergdörfer Österreichs. Eine Besonderheit sind die Busse des öffentlichen Verkehrs, denn sie haben alle Radanhänger und können locker um die 20 Fahrräder transportieren. Die Tschechen lieben das Radfahren, das ist hier deutlich zu sehen. Auch wir können es nun genießen, denn die nächsten 25 Kilometer geht es fast nur abwärts!

Naturschutzgebiet Šumava

In Lenora müssten wir eigentlich wieder in Richtung Deutschland fahren, wenn wir auf der eigentlichen Route bleiben wollen. Doch wir haben genug von den vielen Bergen hier und fürchten, dass es in der Grenzregion gerade so weiter geht. Außerdem gefällt uns das Naturschutzgebiet Šumava so gut, dass wir es vorziehen, hier am Lauf der Moldau bis zum Stausee Lipno zu radeln. Wir können diese Abweichung von der Route allen Radfahrern nur empfehlen, denn es sind fast ausnahmslos tolle Radwege oder aber wenig befahrene Straßen, die uns bis nach Horní Planá bringen. Dort steuern wir einen Campingplatz am Seeufer an, wo wir auf Roman treffen, der ebenfalls mit dem Fahrrad unterwegs ist. Er will hier in Tschechien und in der Slowakei reisen.

Für uns wird es morgen wieder auf dem Iron Curtain Trail weiter gehen, wie immer entlang der Staatsgrenzen. Die Deutschlandtour haben wir hier beendet, denn seit dem Stausee befindet sich auf der anderen Seite Österreich. Vier Wochen haben wir gebraucht, um die Ostseeküste, die innerdeutsche Grenze und die tschechisch-deutsche Grenze abzuradeln. Nun haben wir auch einige Höhenmeter in den Beinen. Allein vom Arber bis zum Dreiländereck Deutschland, Tschechien und Österreich mussten wir drei Mal auf über 1000 Meter klettern. Das waren echte Höhepunkte, die jedoch nicht ganz ohne Schiebereien abgingen. Trotzdem sind wir auch ein bisschen stolz auf unsere Leistungen... Und die Abfahrten waren immer super klasse...

Gibt es ein Fazit für die Deutschland-Etappe? Versuchen wir es mal:

- Die Grenzen sind verschwunden. Oft wussten wir nicht, ob wir nun im „Westen" oder in der „DDR" radeln.

- Die deutschen Landschaften sind sehr unterschiedlich. Jede Gegend hat ihren Reiz und häufig haben wir uns gesagt, dass wir noch einmal hierher kommen möchten, um mehr zu sehen.

- Die Versorgungslage auf dem Land ist oft mehr als dürftig. Dafür siedeln sich dann in den größeren Orten gleich alle Discounter nebeneinander an!

Wir sind gespannt darauf, welches Resümee wir von unseren nächsten Ländern ziehen werden...

Slowakei im Schnelldurchgang

10.08.2014 bis 12.08.2014
Horni Planá - Breclav - Hohenau - Bratislava - Nickelsdorf
Auf dem Iron Curtain Trail 6.876 km

Was für eine Quälerei! Und das bei dieser Hitze! Schon wieder geht es steil bergauf, wir müssen schie-

Lipno-Stausee

ben. Dabei war der Start am Lipno-Stausee ganz gut. Nach einem gemeinsamen Frühstück mit Roman, der alleine weiter radelt, ging es auch für uns los. Es ist Sonntagvormittag, doch auf der Straße ist ziemlich viel los. Vielleicht zieht es die Leute bei dem schönen Wetter raus in die Natur? Deshalb sind wir froh, als wir in Frymburk auf den Radweg ausweichen können, der uns bis ans Ende des Stausees bringt. Von dort aus führen uns wenig frequentierte Sträßchen, jetzt wieder auf der offiziellen Route des Iron Curtain Trails nach Vyšší Brod, das vor allem durch sein Kloster bekannt ist. Während der Zeit der kommunistischen Herrschaft gehörte die Stadt zum Grenzgebiet des Eisernen Vorhangs, wodurch zahlreiche der umliegenden Dörfer entsiedelt wurden. Durch seine reizvolle Lage an der Moldau, die Sehenswürdigkeiten und zahlreiche Freizeitangebote entwickelte sich der Tourismus nach der politischen Wende zu einem wirtschaftlichen Faktor. Ein kleiner Biergarten eines Kanuverleihers lädt uns zu einer Rast am Flussufer ein. Noch sind wir hier guter Dinge und ahnen nicht, was bald auf uns zukommen wird.

Gleich hinter Vyšší Brod zweigt unsere Route von der Straße ab. Nun fahren wir auf Schotter – und zwar bergauf. Das heißt, bald schon können wir nicht mehr fahren, denn Steigungen im zweistelligen Prozentbereich können wir nur schiebend bewältigen. Es ist sehr heiß heute, der Schweiß fließt in Strömen. Und die Straßen werden nicht besser, auch wenn wir auf Asphalt kommen. Es gibt wieder lange Anstiege und unzählige Schlaglöcher. Ziemlich frustriert erreichen wir am Nachmittag Horni Dvoriste. Zum Glück gibt es hier ein kleines Lokal. Erschöpft lassen wir uns auf die Stühle im Schatten sinken und freuen uns über das gekühlte Radler, das uns der freundliche Wirt gebracht hat. Tut das gut! Wir studieren die Karte und fürchten, dass es mit diesen Wegen und Straßen noch so einige Zeit weiter gehen wird. Keine rosigen Aussichten! Da fällt unser Blick auf eine Bahnlinie. Die anderen Gäste erzählen uns, dass es zwei Kilometer von hier einen

Bahnhof gäbe. Wir grübeln. Das wäre vielleicht eine Option...

So radeln wir also frisch gestärkt zum Bahnhof und schauen, wann und wohin von hier aus Züge fahren. Eine Stunde später sitzen wir in der Bahn und fahren nach Budweis, wo wir in einer Pension übernachten und am nächsten Tag weiter nach Breclav reisen werden. Dies ist natürlich eine kleine Schummelei, aber wir haben genug von der Quälerei auf schlechten Wegen und wollen uns das nicht weiter antun. Und wir finden, so einen Tag „Urlaub" mit gutem tschechischen Essen und einer gepflegten Unterkunft in einer kleinen Pension haben wir uns verdient!

Im Internet suchen wir noch Zugverbindungen für die Weiterfahrt am nächsten Morgen. Eigentlich wollten wir bereits in Znojmo oder in Laa an der Thaya wieder an die Route anschließen, aber es gibt keine passable Zugverbindung dorthin, so dass wir letztlich eben nach Breclav fahren. Obwohl wir bereits am Morgen in Budweis starteten erreichen wir die Stadt mit ihrer wechselvollen Geschichte erst gegen 15 Uhr. Deshalb halten wir uns auch gar nicht lange auf sondern suchen den Anschluss an unsere Route. Auf schönen Radwegen und später auf verkehrsarmen Straßen kommen wir in Hohenau an der March wieder auf den Iron Curtain Trail, der uns nach ein paar Kilometern in die Slowakei bringt.

Was für ein Unterschied! In Tschechien quälten wir uns viele Anstiege hoch – fahrend aber auch schiebend. Und jetzt radeln wir quasi im Schnelldurchgang durch die Slowakei. Auf topfebenen Straßen und Wegen führt die Route immer entlang der Staatengrenze nach Süden. Quasi von einem Dreiländereck zum nächsten.

Das erste ist bei Hohenau, wo Österreich, Tschechien und die Slowakei aufeinander treffen. Und am selben Tag gleich das zweite: zwischen Kittsee und Nickelsdorf grenzen Österreich, die Slowakei und Ungarn aneinander.

Radweg auf dem Hochwasserdamm der March

Der Kontrast zwischen Österreich und den kleinen slowakischen Orten entlang der Grenze ist auffallend. Es wird sicher noch lange dauern, bis der Wohlstand auch in diesen entlegenen Ortschaften ankommt. Als der Eiserne Vorhang noch existierte war die ganze Grenzregion Sperrgebiet, das merkt man dem Landstrich auch heute noch an. Meist radeln wir durch ruhige Marchauen, passieren Mais-, Weizen- und Kohlfelder und erreichen bald die Region Bratislava. Devín (deutsch *Theben*), ein Stadtteil von Bratislava (Pressburg), empfängt uns mit der weithin sichtbaren Burg Devín bei der Mündung der March in die Donau. Und hier, unterhalb der Burg, erinnert das Denkmal „Tor zur Freiheit" an Hunderte Frauen und Männer, die während des Kalten Kriegs beim Versuch, nach Österreich zu fliehen, erschossen wurden. Symbolische Einschusslöcher auf dem weißen Mahnmal lassen uns schaudern. Unser Blick schweift zur Einmündung der March, gleich hinter der Erinnerungsstätte. Nun stehen wir also an der Donau, die wir später beim Eisernen Tor wieder treffen werden.

Denkmal „Tor zur Freiheit"

Doch zunächst überqueren wir diesen mächtigen Strom nur, um nach Österreich zu gelangen. Über die Neue Brücke führt nicht nur eine mehrspurige Autostraße sondern auch auf jeder Seite eine eigene Trasse für Fußgänger und Radfahrer, so dass wir gefahrlos auf die andere Flussseite wechseln können. Die Besichtigung Bratislavas lassen wir wegen Regens ausfallen. Vor ein paar Jahren sind wir schon einmal in der Stadt gewesen, damals konnten wir die meisten Sehenswürdigkeiten bei Sonnenschein besichtigen. Deshalb fällt es uns nicht schwer, Bratislava heute auszulassen. Auf der österreichischen Seite der Donau sieht man auch noch Reste vergangener Zeiten: ein Betonbunker und Panzersperren erinnern an die Teilung Europas. Wie gut, dass wir nicht auf dem Donauradweg weiter müssen, denn auf dem kurzen Stück, das sich der Iron Curtain Trail hier mit ihm teilt, begegnen uns viele andere Radler, teils mit, teils ohne Gepäck. Es ist zwar toll, dass es viele andere Radreisende gibt, aber wir sind dennoch lieber auf weniger frequentierten Strecken unterwegs.

Über Kittsee erreichen wir Nickelsdorf, eine der am östlichsten gelegenen Gemeinden Österreichs. Hier quartieren wir uns für eine Nacht in einem Motel unweit der ungarischen Grenze ein. Nach einer 110 km langen Etappe können wir im geräumigen Zimmer unser Zelt trocknen, das wir am Morgen nass eingepackt hatten.

Ungarn - Puszta, Wein und Paprika?

13.08.2014 bis 15.08.2014
Nickelsdorf - Andau - Fertöd - Fertörákos - Sopron - Köszeg - Szentgotthárd
Auf dem Iron Curtain Trail 7.150 km

Was essen die Ungarn zum Frühstück? Diese Frage stellen wir uns, als wir am Morgen in das kleine Lebensmittelgeschäft neben dem Campingplatz gehen. Wir suchen Marmelade, doch es gibt nur Aufstriche in vielen Wurst- und Fleischvariationen – also nicht gerade das Lieblingsessen von Vegetariern. Honig hätten wir nehmen können, es gibt aber nur den flüssigen, und der ist für uns unterwegs nicht so praktisch. Schließlich entdecken wir noch Nutella - na gut, dann gibt es halt Nougatcreme aufs Brot...

Bei Andau sind wir am Morgen zum ersten Mal nach Ungarn eingereist. Wir lassen es uns nicht nehmen, einen Umweg zu fahren, denn die *Brücke von Andau*, eine kleine Holzbrücke über den Einser-Kanal an der österreichisch-ungarischen Grenze, wurde berühmt, als nach der Niederschlagung des Ungarischen Volksaufstands hier zehntausende Menschen nach Österreich flüchteten. Die Brücke diente bis 1956 den örtlichen Landwirten im Seewinkel als Hilfsbrücke zum Erreichen ihrer Felder, die oft auf beiden Seiten der Grenze lagen. Im Laufe des Ungarischen Volksaufstandes kam es ab dem Sommer 1956 zu einer Flüchtlingswelle in den Westen. Insgesamt flohen über 200.000 Ungarn, allein im Bereich Andau kamen ca. 70.000 Menschen über die Grenze nach Österreich. Am Nachmittag des 21. November 1956 sprengten ungarische Soldaten die Holzbrücke. Zum Gedenken wurde 40 Jahre später die *Neue Brücke von Andau* in Zusammenarbeit mit ungarischen und österreichischen Soldaten errichtet und am 14. September 1996 feierlich eröffnet.

Radweg bei der Brücke von Andau

Der Weg zwischen Andau und der Brücke ist rund neun Kilometer lang und wird *Die Fluchtstraße* genannt. Entlang dieses Weges haben zahlreiche Künstler aus aller Welt mit ihren Skulpturen und Installationen eine Freiluftgalerie geschaffen. Wir radeln hier und gelangen über die neue Brücke von Andau auf ungarischer Seite in einen Korridor, der von April bis Oktober für Fußgänger und Radfahrer geöffnet ist. Der Weg ist zwar geschottert, aber dennoch sehr gut mit dem Fahrrad zu befahren.

Über Fertöd erreichen wir Fertőrákos. Die Gemeinde ist heute Teil des österreichisch-ungarischen UNESCO-Welterbes „Fertő / Neusiedler See" bzw. des Nationalparks Fertő-Hanság. In dem beschaulichen Ort entdecken wir einen kleinen privaten Campingplatz. Daniel, der Sohn des Betreibers, ist ein leidenschaftlicher Radfahrer und seit er weiß, dass seine Heimatgemeinde direkt am Iron Curtain Trail liegt ist es sein Traum, diese Route einmal selbst zu fahren. Noch ist er dabei, das nötige Kapital für so eine Reise zu sparen. Aber er freut sich sehr, dass wir ihm von unserer Tour erzählen und vor allem, dass wir hier bei ihm übernachten wollen. Viel Glück auf deiner Tour, Daniel!

Der Neusiedler-See-Radweg verbindet Fertőrákos mit der nördlich angrenzenden österreichischen Gemeinde Mörbisch am See. Hier verlassen wir den Radweg und fahren auf ruhigen Wirtschaftswegen weiter. Wie überall im Burgenland gibt es auch hier viele Windräder – es scheint sich niemand darüber aufzuregen. Bei uns zu Hause wäre das vermutlich undenkbar, da wird von „Verspargelung" der Landschaft gesprochen. Im Grenzland zwischen Österreich und Ungarn ist es zwar hügelig, aber lange nicht so heftig wie in Tschechien oder in den deutschen Mittelgebirgen. Es lässt sich hier sehr gut Radfahren.

Ein besonderer Moment ist für uns der Besuch des Platzes, auf dem fast auf den Tag genau vor 25 Jahren hier an der österreichisch-ungarischen Grenze das „Paneuropäische Picknick" stattfand, eine Friedensdemonstration am 19. August 1989. Dabei sollte ein Grenztor an der alten Pressburger Landstraße zwischen Sankt Margarethen im Burgenland und Sopronkőhida (Steinambrückl) in Ungarn symbolisch für drei Stunden geöffnet werden. Zwischen 600 und 700 DDR-Bürger nutzten diese kurze Öffnung des Eisernen Vorhangs zur Flucht in den Westen, nachdem sie zuvor durch Flugblätter der Veranstalter auf dieses Ereignis aufmerksam gemacht worden waren. Völlig unerwartet standen gegen 15 Uhr erneut DDR-Bürger vor dem noch bewachten Grenztor. Dabei wurde das Tor wieder aufgedrückt, und die überwiegend jungen Leute stürmten auf die österreichische Seite, wo sich Journalisten und ein Kamerateam anlässlich des Paneuropäischen Picknicks eingefunden hatten. So verbreitete sich die Nachricht in kürzester Zeit.

Hier öffnete sich der Eiserne Vorhang zum ersten Mal

Bereits am 27. Juni 1989 hatten wenige Kilometer entfernt der damalige österreichische Außenminister Alois Mock und sein ungarischer Amtskollege Gyula

Horn symbolisch den der Grenze vorgelagerten Signalzaun durchtrennt, um den am 2. Mai 1989 begonnenen Abbau der Überwachungsanlagen durch Ungarn zu unterstreichen. An der Stelle, wo seinerzeit das Grenztor von den Flüchtlingen durchbrochen wurde, erinnert heute eine Skulptur ungarischer Künstler, welches eine sich öffnende Türe darstellt, an jenen denkwürdigen Tag. Es berührt sehr, auf solch historischem Boden zu stehen und zu wissen, dass von hier aus die Einigung Europas eingeleitet wurde. Und heute ist die Grenze zwischen Österreich und Ungarn oft nicht einmal mehr zu erahnen...

Immer wieder wechseln wir nun die Länder. Mal radeln wir in Österreich, mal in Ungarn. An manchen Grenzübergängen wird an die Teilung Europas erinnert, manchmal fahren wir fast unbemerkt ins Nachbarland. Ungarn gefällt uns bis jetzt sehr gut, es gibt noch viel unbebautes Land und alles scheint ein wenig „einfacher" zu sein. Im Straßenverkehr dominieren nicht die großen SUV das Bild, es sind überwiegend kleinere Fahrzeuge, die hier gefahren werden, hin und wieder ist sogar noch ein Pferdefuhrwerk unterwegs. Für uns ist es ein günstiges Reiseland, denn vor allem Lebensmittel und Getränke sind viel billiger als zu Hause! So lassen wir es uns auch in Kőszeg gut gehen, der sehenswerten Stadt nur unweit der österreichischen Grenze. Die finanzschwache Stadt sucht nach Möglichkeiten der Erneuerung durch den Kapitaleinsatz auswärtiger Investoren und hofft auf Unterstützung durch staatliche und europäische Fördermaßnahmen. Kőszeg, die einzige königliche Freistadt des historischen Burgkomitates Vas (Eisenburg), ist heute ein Urlaubsort und eine der schönsten Städte Ungarns (auch „Schmuckkästchen Ungarns" genannt). Seit 2006 ist der Hauptplatz eine Fußgängerzone, Straßencafés laden zu einer Pause ein.

Köszeg

In Szentgotthárd genehmigen wir uns zur Abwechslung wieder einmal eine Übernachtung in einer kleinen Pension. Die Stadt geriet aufgrund ihrer Grenzlage und nach der Errichtung des „Eisernen Vorhangs" 1945 in Bedeutungslosigkeit. Erst nach der Öffnung der Grenzen 1989, vor allem aber nach dem Beitritt Ungarns zur Europäischen Union, erlebt die Stadt wieder einen Aufschwung. Wir profitieren auch davon, denn es gibt genügend Restaurants und Einkaufsmöglichkeiten. Morgen geht es für uns in ein weiteres Land auf unserer Reise, nach Slowenien.

Welcher Tag ist heute?

16.08.2014 bis 17.08.2014
Slowenien - Letenye - Barcs
Auf dem Iron Curtain Trail 7.358 km

Wenn man so wie wir wochenlang auf Radreise ist, verliert man leicht das Gefühl für die Zeit, speziell auch für die Wochentage. Jeder Tag beginnt damit, die Taschen zu packen und das gesamte Gepäck am Rad zu befestigen. Dann dreht sich alles um die Route und um die Verpflegung. Denn essen können Radreisende wirklich immer!

Heute brauchen wir jedoch keinen Kalender, um festzustellen, welcher Tag heute ist. Sowohl in Ungarn als auch in Slowenien sind die Häuslebesitzer dabei, den Rasen in ihren Gärten zu mähen. Es muss ein Samstag sein! Von Szentgotthárd aus führt eine wenig befahrene Straße zur slowenischen Grenze und bereits am Stadtrand wartet ein kurzer, aber steiler Anstieg auf uns. Und hügelig geht es auch bis zur verlassenen Grenzanlage weiter. Nur ein Schild weist uns darauf hin, dass wir nun das nächste EU-Land, Slowenien, betreten.

Der Unterschied zu Ungarn ist auffällig. Gleich der erste Ort, eine kleine Ansiedlung mit weit verstreuten Häusern zeugt vom Wohlstand seiner Bewohner. Wir sehen schmucke Anwesen mit großen, gepflegten Gärten und modernen Limousinen vor den Garagen. Alles wirkt sehr ordentlich und sauber, auch der Asphalt der Straße ist vom feinsten. Plötzlich tauchen drei Hunde am Straßenrand auf, offenbar hatten sie uns längst wahrgenommen und wollen nun ihr Territorium verteidigen. Peter fährt vorne, auf ihn haben sie es zuerst abgesehen. Laut bellend nehmen sie die Verfolgung auf. Doch er ist zu schnell für sie, deshalb wenden sie sich dann mir zu. Normalerweise werde ich langsam, wenn sich ein Konflikt mit Hunden anbahnt, aber hier geht es leicht bergab, so trete auch ich in die Pedale und jage Peter hinterher. Die Hunde verfolgen uns noch eine geraume Zeit, aber letztlich geben sie auf, wir sind hier einfach nicht einzuholen. Doch die Hunde haben ja auch ein Erfolgserlebnis, immerhin haben sie uns erfolgreich aus ihrem Gebiet verjagt!

Unterwegs in Slowenien

Die Abfahrt ist klasse. Wir sind froh, nicht hier herauf fahren zu müssen, denn es geht wirklich sehr lange abwärts. Die Gegend erinnert uns ein wenig an die Heimat. Es ist hügelig, auf Feldern und Wiesen liegt kein Müll, alles ist gepflegt und ordentlich. Wie im Schwabenland. Sicher gibt es hier auch eine Kehrwoche... Die

Route führt uns durch Wald und Felder, immer auf wenig befahrenen Straßen und manchmal auch mit kurzen, aber teils heftigen Anstiegen. Wir passieren einige kleine und fast keine größere Ortschaften. Langsam sollten wir unseren Proviant mal auffüllen, doch es gibt keine Läden an der Strecke. Und als wir dann am Nachmittag Dobrovnik erreichen müssen wir feststellen, dass die Bürgersteige bereits samstäglich hochgeklappt sind. Der einzige Laden des Orts hat schon geschlossen, nur die Tankstelle bietet ein paar Erfrischungen an.

Aber wir müssen Slowenien nicht hungrig verlassen. In Lendova, kurz vor unserem nächsten Grenzübertritt, finden wir einen Gasthof, wo uns ein herzhaftes Menü

Hier gibt es noch viele Störche

serviert wird, so dass wir bald gestärkt weiter radeln können. Auf ebener Straße gelangen wir wieder nach

Ungarn. Gerade mal 60 Kilometer haben wir in Slowenien zurück gelegt, aber es hat uns sehr gut gefallen. Hier müssen wir unbedingt einmal einen längeren Urlaub machen!

In Ungarn sind die Geschäfte noch geöffnet, wir können also auch unseren Proviant wieder auffrischen. Am nächsten Tag bleiben wir in Ungarn. Die Strecke ist weitgehend flach, nur wenige kleinere Hügel fordern unsere Kräfte. Sonnenblumen- und Getreidefelder säumen die Straßen. Dennoch stehen am Abend knapp 500 Höhenmeter auf unseren Tachos. Auch am nächsten Tag kommen wir gut voran und erreichen am Nachmittag Barcs, wo wir uns in einem sehr schönen Privathaus für eine Nacht einquartieren. Der Hausherr spricht deutsch, so dass wir uns mit ihm gut unterhalten können. In diesem Stadtviertel gibt es eine ganze Reihe von gediegenen Häusern und eines davon beherbergt ein kleines Restaurant. Ohne die Wegbeschreibung unseres Vermieters hätten wir es sicher nicht gefunden, so versteckt liegt es. Aber die Suche hat sich gelohnt, wir bekommen ein vorzügliches Abendessen.

Morgen werden wir in ein weiteres EU-Land einreisen, nach Kroatien. Mal sehen, was uns dort erwartet.

Länderhopping

18.08.2014 bis 20.08.2014
Donji Miholjac - Kroatien - Bezdan - Serbien - Csikerìa
Auf dem Iron Curtain Trail 7.636 km

Seit wir Deutschland verlassen haben, bereisen wir manche Länder quasi im Schnelldurchgang. Die Slowakei und auch Slowenien hatten wir ja schon in jeweils einem Tag „durch" – und auch in Kroatien werden wir nur zwei Tage lang unterwegs sein. Von Barcs aus wechseln wir wieder einmal über eine Grenze ins Nachbarland, dieses Mal jedoch mit einer Passkontrolle. Das sind wir schon gar nicht mehr gewohnt, die letzte Kontrolle fand am Grenzübergang von Russland nach Polen statt! Auch in Kroatien gibt es große Mais-, Getreide- und Sonnenblumenfelder. Oftmals sind es auch Versuchsfelder großer Saatguthersteller, die hier mit unterschiedlichen Sorten experimentieren. Ob darunter auch genmanipulierte Arten vertreten sind? Bald verlassen wir die verkehrsreiche Fernstraße und radeln nun auf kleineren Fahrwegen meist in der Nähe der Drau, die hier die Grenze zwischen Kroatien und Ungarn bildet. Auch geschotterte Abschnitte sind dabei und insgesamt wirkt es hier im Hinterland recht idyllisch.

Bald erreichen wir Suhopolje. Gegenüber der im klassizistischen Stil gebauten weißen Kirche der heiligen Theresa von Avila buhlen einige Geschäfte und kleine Bars um Kundschaft. Genau richtig für eine Erfrischungspause! Als der Wirt merkt dass wir Deutsche sind, holt er seinen Kumpel von nebenan, weil dieser sich mit uns unterhalten kann. Er hat nämlich Verwandte in Stuttgart und ist darauf sehr stolz.

Suhopolje

Nun wird die Strecke eintönig. Topfeben und über viele Kilometer wie mit dem Lineal gezogen radeln wir immer in Grenznähe. Es ist heiß heute. Und als wir Čađavica erreichen müssen wir uns die Straße auch noch mit viel Verkehr teilen. Das ist manchmal wirklich nervig und so sind wir froh, am Nachmittag Donji Miholjac, eine Stadt mit ungefähr 10.000 Einwohnern, zu erreichen. Nur vier Kilometer von der Drau entfernt gibt es hier in einem Supermarkt alles, was wir so brauchen. Jetzt fehlt uns nur noch ein Übernachtungsplatz und den hoffen wir in der Nähe eines Sees zu finden. Auf unserer Karte ist so ein Gewässer eingezeichnet, wir brauchen also nur noch einen Zugang zu finden.

So gelangen wir zu einem kleinen Freizeitareal einheimischer Angler mit einer Art Biergarten, einem kleinen Ausschank und einer Wiese direkt an einem ruhigen Altarm der Drau. Oder vielleicht ist es auch ein See? Egal. Wir bestellen uns als erstes ein kühles Bier und sind erstaunt, als uns der Mann vom Nachbartisch auf deutsch anspricht. Er könne nicht nur deutsch sagt er, sondern auch schwäbisch, denn er habe schon in Plochingen und in Kirchheim/Teck gewohnt. Ganz besonders freut es ihn, dass wir als Radler „sein" Land besuchen. Und klar, wir dürfen hier im Garten unser Zelt für die Nacht aufbauen.

Auch von Donji Miholjac aus müssen wir am nächsten Tag auf der stark frequentierten Straße weiter radeln. Es bleibt nach wie vor eintönig, doch heute kommen wir gut voran, denn wir haben Rückenwind! So etwas könnte ich ruhig öfters haben, da fliegt man mit 30 km/h nur so dahin! Trotzdem sind wir froh, als die Route auf ruhigere Strecken wechselt. In Belišće entdecken wir ein Schild, das auf einen Radweg an der Drau entlang nach Donji Miholjac weist. Wir hätten also gar nicht auf der Verkehrsstraße radeln müssen? Das sollten die Planer des Radwegs Eiserner Vorhang vielleicht in ihre Streckenführung aufnehmen!

Bei Batina erreichen wir am Nachmittag die Donau und somit auch die Grenze zu Serbien. Auf holprigem Kopfsteinpflaster rollen wir zum Fluss hinab, dort führt eine Brücke ins Nachbarland. Wir verlassen also die EU und reisen in das fünfzehnte Land unserer Reise ein, allerdings zunächst nur für eine kurze Strecke. Es ist schon komisch, dass wir seit Kroatien wieder „richtige" Grenzübergänge haben. Also in gewohnter Art mit

Grenzbeamten und mit Fragen, ob wir etwas zu verzollen hätten. Bislang glaubten uns die Zöllner und unsere Taschen wurden nicht nach geschmuggeltem Alkohol und Zigaretten durchsucht – im Gegensatz zu manchen Autos, die recht gründlich kontrolliert werden!

Bei Bezdan

Doch jetzt suchen wir in Bezdan erst einmal einen Übernachtungsplatz. Jemand hat das Wort „Kamp" auf die Straße gepinselt, wir folgen diesem Hinweis und hoffen, er führt zu einem Campingplatz. Und tatsächlich, total versteckt an einem Nebenarm der Donau finden wir diesen einfachen Platz, ein Pfadfindercamp. John, der Betreiber des Camps, weiß offensichtlich, was verschwitzte Radler brauchen – er bietet uns als erstes eisgekühltes Bier an! Er ist Engländer, seine Frau Deutsche. Momentan ist sie auf Heimatbesuch, so dass er den Platz alleine managt. Die Beiden wollen sich hier in Serbien eine gemeinsame Zukunft aufbauen. Dabei denken sie an ein Projekt der Ökolandwirtschaft. Mut und Optimismus strahlt John auf jeden Fall aus. Hoffentlich erfüllen sich seine Träume. Auf dem Platz sind wir außer vielen Moskitos heute die einzigen Gäste. Aber das macht uns nichts aus, wir haben alles, was wir brauchen und außerdem noch eine Bademöglichkeit gleich nebenan. Was will man mehr?

Einreise nach Serbien

Die erste Stippvisite in Serbien ist nur kurz. Schon nach wenigen Kilometern überqueren wir am nächsten Tag wieder eine Grenze, es geht zurück nach Ungarn. Mitten im Niemandsland treffen wir Maya und Felix, zwei Reiseradler aus Berlin, die auf dem Weg nach Istanbul sind. Sie folgen der Donau, die wir bislang immer nur überqueren. Erst weiter flussabwärts in Rumänien werden wir ihr folgen.

Doch zunächst bleiben wir noch in Ungarn. Obwohl auch hier alles flach ist scheint es gleich viel angenehmer zu sein. Wir überlegen, woran das liegt. Vielleicht daran, dass es mehr Büsche und Bäume entlang der Straßen gibt? Hin und wieder passieren wir kleine Ortschaften, doch überall sind die Läden geschlossen. Das ist merkwürdig, denn die meisten Geschäfte haben doch sogar sonntags geöffnet. Was ist also los? Ein Blick auf den Kalender zeigt uns, dass heute der Tag des Heiligen Stephan ist. Dieser Heilige war ein magyarischer Fürst aus der Dynastie der Árpáden und von 1000 bis 1038 erster König des von ihm begründeten multiethnischen Königreiches Ungarn. Er gilt als der Nationalheilige des heutigen Ungarn. Sein Gedenktag ist der 20. August, der auch Ungarns Staatsfeiertag ist. Aber auch an Feiertagen gibt es in Ungarn geöffnete Restaurants, so dass wir nicht hungern müssen. Und größere Tankstellen sind, wie bei uns zu Hause auch, mit allerlei Erfrischungen gut bestückt.

Serbien erstaunt uns...

21.08.2014 bis 23.08.2014
Horgoš - Kanjiza - Srpski Itebej - Vršac
Auf dem Iron Curtain Trail 7.940 km

An unserem letzten Tag in Ungarn nieselt es. Unser Zelt, das wir am Rande eines Maisfeldes aufgebaut hatten, müssen wir nass einpacken. Eine kleine Straße führt uns auf einer Linie, die wie mit einer überdimensionalen Nähmaschine im Zickzackstich genäht scheint, an der serbischen Grenze entlang. Wir passieren einzelne Gehöfte mit den typischen Ziehbrunnen im Garten, kleine Dörfer oder radeln durch Wälder. Große Schlaglöcher fordern unsere Aufmerksamkeit, aber es bleibt flach und wir kommen zügig voran. Gegen Mittag erreichen wir Mórahalom, für uns die letzte kleine Stadt in Ungarn. Hier lassen wir uns noch ein Mittagessen schmecken, dann geht es auf nach Serbien.

Doch wie kommt man dort hin? Diese Frage stellen wir uns an einem Kreisverkehr in Grenznähe, der laut Wegweiser folgende fünf Variationen bietet:

1. Einfahrt auf die Autobahn in Richtung Serbien

2. Zum ungarischen Röszko und zur Grenze, allerdings ist diese Option durchgestrichen

3. Zum ungarischen Röszko (kein Grenzübertritt möglich)

4. Einfahrt auf die Autobahn nach Szeged (falsche Richtung)

5. Mórahalom, der Ort aus dem wir gerade hergeradelt sind

Wir entscheiden uns für die zweite Möglichkeit, immerhin sind laut Schild nur Kraftfahrzeuge dort verboten und irgendwie müssen ja auch Fußgänger und Radfahrer über die Grenze kommen. Nach ungefähr einem Kilometer sehen wir den ziemlich heruntergekommenen Grenzübergang. Ob der noch in Betrieb ist? Wir tasten uns näher heran. Die Schranken sind offen, das Gittertor auf Fahrzeugbreite ebenfalls. Laut Verkehrsschilder ist die Durchfahrt für Busse, Autos und Motorräder gesperrt, die Höchstgeschwindigkeit beträgt 20 km/h. Dann dürfen wir wohl passieren? Doch da kommt uns bereits ein ungarischer Grenzbeamter entgegen und meint, hier können wir nicht weiter!

Ähm, und wo, bitteschön, sollen wir als Radfahrer nach Serbien einreisen? Na, über die Autobahn! Das zumindest erklärt er in gebrochenem englisch und malt für uns erläuternd noch die richtige Ausfahrt im Kreisverkehr in den Sand. Und so kommt es, dass wir kurze Zeit später über eine Rastanlage auf die Autobahn fahren und zunächst ein wenig ängstlich, dann aber zunehmend selbstsicherer, an der 500 m langen LKW-Schlange, die sich vor der Grenze auf der Autobahn gebildet hat, vorbei radeln. Schon von weitem sehen wir die verschiedenen Spuren, auf denen sich Autos, Busse oder LKW einzureihen haben. Für Fußgänger oder Radfahrer ist keiner der Streifen vorgesehen, auf einer Autobahn ist dies ja auch kein Wunder. Aber welche Spur sollen wir wählen? Ein Autofahrer meckert, als wir unsere Räder an der wartenden Schlange vorbeischieben, aber das ignorieren wir.

Von einem Grenzbeamten werden wir an seinen Schalter gewunken, wir müssen also nicht einmal warten! Endlich mal ein Vorteil für Radfahrer! Der Beamte ist überhaupt nicht darüber erstaunt, dass wir mit den Rädern hier aufkreuzen, er findet es viel merkwürdiger, dass wir von Deutschland bis hierher geradelt sind! Und dass wir sogar noch bis ans Schwarze Meer radeln wollen kann er kaum fassen. Er erklärt uns noch, dass wir weitere vier Kilometer auf dem Highway radeln müssen, bis wir zur Ausfahrt Horgos kämen, vorher gibt es keine Möglichkeit, die Autobahn zu verlassen. Da muss man auch erst mal drauf kommen...

Fünf Kilometer auf der Autobahn

Im August 2014 ahnen wir nicht, was sich ein Jahr später genau hier an dieser Grenze ereignen wird. Hier ein Auszug aus Wikipedia:

Im Sommer 2015 hatte sich die Fluchtbewegung von Menschen aus Syrien über Griechenland in die innere EU (Balkanroute) massiv verstärkt, die serbisch–ungarische Grenze war zu dieser Zeit eine EU-Außengrenze. Im Zuge dieser europaweiten Flüchtlingskrise errichtete die ungarische Regierung unter Viktor Orbán einen Grenzzaun zu Serbien. Das Bahnstück Röszke–Horgoš diente während des Baues bis zuletzt als Hauptroute der Flüchtlinge, hier passierten Anfang September 2015 mehrere tausende Menschen jeden Tag die Grenze. Per 14. September wurde dann diese Bahnlinie als letzte Baumaßnahme mit einem Eisentor verschlossen. An der Grenze stauten sich nun binnen eines Tages an die 20.000 Menschen, die noch versuchen wollten, Ungarn zu durchqueren. Am Grenzübergang kam es zu Tumulten, bei denen die Sicherheitskräfte mit Wasserwerfern und Tränengas einen Durchbruch der Absperrungen verhinderten. Die ungarischen Behörden verkündeten, den Grenzübergang für 30 Tage vollständig zu sperren, der Brennpunkt der Flüchtlingskrise verlagerte sich an die serbisch-kroatische Grenze. Bei Horgoš/Röszke flaute der Flüchtlingsstrom binnen Tagen ab, durch die Informationen in sozialen Medien reagierten die Migranten sehr schnell auf die veränderte Situation.

Im Jahr 2014 ist von diesen Tragödien noch nichts zu erkennen. Wir sind froh, die Autobahn verlassen zu können und freuen uns, dass es in Horgoš viele Einkaufsmöglichkeiten gibt und wir leckeren Latte macchiato genießen können. In Kanjiža finden wir sogar einen kleinen, urigen Campingplatz direkt an der Theiß, dem größten Nebenfluss der Donau. Es ist gut, dass wir uns bereits in der Stadt mit den notwendigen Lebensmitteln eingedeckt haben, denn im Restaurant des Platzes gibt es nur Getränke, aber dafür schmeckt das Bier prima und die Aussicht auf den großen Fluss ist auch nicht zu verachten.

Die Landschaft ist im Grenzgebiet zu Rumänien meist eher langweilig. Wir befinden uns im südöstlichen Teil der Pannonischen Tiefebene, deren größter Teil in Ungarn liegt. Es ist flach und hauptsächlich von landwirtschaftlichen Nutzflächen geprägt, die Straßen führen oft endlos lange geradeaus, es gibt kaum Schatten und auf den Feldern wechseln sich Mais und Sonnenblumen ab. Man kommt zwar ganz gut voran, aber auf den weiten Ebenen gibt es häufig nervigen Gegenwind. Nur ganz selten schiebt er mal von hinten!

Er plauderte gerne mit uns

Auffallend sind hier in Serbien Begegnungen mit freundlichen Menschen, die Abwechslung in den Radleralltag bringen. Da ist z.B. der Inhaber einer Kaffeebar, der das Geld von uns ablehnt, als wir unsere beiden Espresso bezahlen wollen. Und das, obwohl er sicher nicht im Reichtum schwimmt, denn wir sind die einzigen Gäste. Oder der Traktorfahrer, der uns auf seinem alten Gefährt sitzend radebrechend mitteilt, dass diese Gemeinde früher einen deutschen Namen hatte. Wir haben diesen Namen zwar nicht richtig verstanden, aber dennoch sind solche Begegnungen einfach schön. Und dann die drei Grenzpolizisten, die wohl aus reiner Neugier zunächst streng wirkend unsere Pässe sehen wollen, uns nach dem Woher und Wohin fragen und danach Polizeigeleit bis zur richtigen Abzweigung geben, die in der Tat mangels Beschilderung gar nicht so einfach zu finden gewesen wäre. Oder die Romafamilie, deren arbeitsloser Sohn gerne nach Deutschland möchte und der uns vom schweren Los seiner Landsleute hier in Serbien erzählt. Er träumt von einer Fußballkarriere in der deutschen Bundesliga. Auch die geschäftstüchtige Ladeninhaberin, die kurzerhand heißes Wasser bereitete und uns damit einen Nescafé aufbrühte. Wir hatten nach Kaffee gefragt, weil draußen Bank und Tisch zur Rast einlädt. Kaffee steht zwar nicht auf ihrer Karte, aber sie weiß sich zu helfen.

Leider haben die Serben nicht immer einen Sinn für Umweltschutz. Offene Mülldeponien zeugen davon. Da liegen Restmüll, Plastikabfälle, alte Möbel und defekte Geräte einträchtig neben der Straße und rotten vor sich hin. Vermutlich freuen sich nur die Ratten darüber. Wenigstens sehen wir nicht allzu viele solcher Müllhalden. Mit Vršac erreichen wir das südöstliche Ende der Pannonischen Tiefebene, hier mieten wir uns ein Zimmer in einer hübschen Privatunterkunft. Wir mussten unser Zelt am Morgen nass einpacken, jetzt kann es über Nacht trocknen und wir können einen Abend in dem freundlichen Städtchen genießen. Im Zentrum gibt es eine Fußgängerzone mit Bars, Cafés und Restaurants und überall kann man natürlich auch draußen sitzen. Das Radlerleben kann so schön sein! Morgen geht es dann in Richtung Karpaten.

Nahe Vršac

Donauwalzer oder so...

24.08.2014 bis 26.08.2014
Bela Crkva - Moldova Noua - Berzasca - Orsova - Kladovo
Auf dem Iron Curtain Trail 8.192 km

Serbien versöhnt uns am letzten Tag: die Landschaft ist seit Vršac deutlich abwechslungsreicher und grüner. Durch Weinberge und sanfte Hügel führt uns die Route langsam aber sicher in Richtung Rumänien. Es ist ungewohnt, wieder bergauf strampeln zu müssen, aber inzwischen haben wir ja etwas Kondition. Die kleinen serbischen Ortschaften sind sich oft sehr ähnlich. Links und rechts der Durchgangsstraße, oft hinter tiefen Gräben, liegen die Häuser. Die Höfe und Gärten sind mit hohen Zäunen oder Mauern umschlossen, so dass die Fassaden häufig einen abweisenden Eindruck machen. Manchmal meinen wir, dass vielleicht gar niemand hier wohnt, aber ein Auto vor dem Haus zeigt, dass wir uns täuschen und wenn wir dann doch einen Einheimischen sehen werden wir immer freundlich gegrüßt.

Auch wenn wir irgendwo eine kleine Pause in einer Bar machen zeigt es sich, dass die Menschen sehr offen und aufgeschlossen sind. Gerne suchen sie das Gespräch mit uns und freuen sich, wenn wir uns ein wenig verständigen können. In der Kleinstadt Bela Crkva, zu deutsch Weißkirchen, investieren wir unsere letzten Dinar in ein vegetarisches Mittagessen – was in Serbien gar nicht so einfach ist. Der Wirt empfiehlt uns gegrillte Paprika, Pommes und Salat. Ein gelungener Abschluss in diesem uns bislang so unbekannten Land, denn jetzt ist es nicht mehr weit bis zur Grenze.

Die Karpaten sind in Sicht

Gut gestärkt radeln wir die letzten Kilometer durch die Ausläufer der Karpaten bis nach Rumänien – und finden uns in in einem noch ärmerer wirkenden Land wieder! Vor allem die ersten Kilometer im Grenzland führen durch sehr einfache Dörfer. Wir befinden uns im Neratal, der mäandernde Fluss bildet die Grenze zu Serbien. Die zerklüftete Landschaft wirkt sehr ruhig und idyllisch. Eine Schar Gänse läuft schnatternd vor uns her, Pferdefuhrwerke sind auf den Straßen häufiger als Autos. Von den Ortsschildern sind oft nur noch verrostende Reste übrig. Leider haben wir nicht bedacht, dass wir auf so einer abgelegenen Strecke nach Rumänien einreisen. Es gibt hier nämlich nirgends einen Geldautomaten oder gar eine Bank, so dass wir wegen fehlender einheimischer Währung auf unsere mitgebrachten Vorräte angewiesen sind.

Und dann taucht sie hinter einer leichten Linkskurve plötzlich und unerwartet auf: die Donau! Was für ein Anblick! Wir sind überwältigt, weil wir in dem Moment gar nicht damit gerechnet hatten und weil sie so majestätisch in der Sonne glitzert. Wie ein großer See liegt uns der Fluss zu Füßen, traumhaft! Langsam lassen wir unsere Räder auf bestem Asphalt hinunter rollen und genießen jeden Augenblick, bis wir direkt neben dem Wasser weiter radeln.

Schöne Route entlang der Donau

Ab jetzt werden wir die Donau für einige Zeit auf ihrem Weg zum Schwarzen Meer begleiten. Die Straße auf der rumänischen Seite ist sehr ruhig und verkehrsarm, also ideal zum Radfahren. Die meisten Radler auf dem Donauradweg werden wohl auf der serbischen Seite unterwegs sein, denn sie müssten sonst einen großen Umweg über Bela Crkva in Kauf nehmen. Wir meinen, dass wir definitiv auf der besseren Route radeln, denn drüben ist die Straße wegen vieler Anstiege und Tunnels weit schwieriger und gefährlicher.

Hier auf rumänischer Seite gibt keine Campingplätze, aber offensichtlich ist zelten bei den Einheimischen recht beliebt. Immer wieder sehen wir ein Zelt auf dem schmalen Streifen zwischen Fluss und Straße. Bei einer größeren Wiese am Wasser sehen wir gleich drei Zelte, davor sitzen junge Männer, lachend und Bier trinkend. Am Ufer liegt ihr Boot, am Baum daneben lagert Anglerzubehör, vielleicht hatten sie einen guten Fang heute. Und es gibt sogar zwei Dixi-Toiletten hier, also ein idealer Platz für unsere erste Nacht an der Donau! Von hier aus ist es nicht mehr weit bis in das Städtchen Pojejena, wo wir am nächsten Tag einen Bankomaten finden und endlich wieder einheimische Währung ziehen können.

In Moldova Veche, mit knapp 10.000 Einwohnern ein größerer Ort, lassen wir uns auch gleich ein zweites Frühstück schmecken, bevor wir auf Einkaufstour gehen wollen. Irgendwo in dieser Stadt muss es schließlich einen Laden geben. „Ihr seid falsch hier!" ruft uns ein junger Mann aus dem Auto zu. Aber wir hören nicht auf ihn. Kurze Zeit später treffen wir einen Radler – es ist Alex, der uns jetzt mit seinem Rad verfolgte, um uns den richtigen Weg aus der rumänischen Stadt zu zeigen. Er saß vorhin im Auto, aber wir hatten ja nicht auf ihn gehört, deshalb fuhr er schnell nach Hause und holte sein Fahrrad. Der angehende Jurist und begeisterte Radfahrer möchte auch irgendwann einmal eine Radreise unternehmen. Jetzt freut er sich, uns helfen zu können und begleitet uns zum nächstgelegenen Supermarkt, um uns danach dann auch noch den Weg zurück auf die richtige Route zu weisen. Was für eine Hilfsbereitschaft!

Die Versorgungslage ist hier auf unserer Route in Rumänien bis jetzt nicht immer ganz einfach. Nur in größeren Orten gibt es Einkaufsmöglichkeiten, aber darauf kann man sich ja einstellen. Dagegen ist das radeln hier super. Wir genießen bei sehr sommerlichen Temperaturen die Ausblicke, die wir immer wieder präsentiert bekommen. Der mächtige Fluss scheint zwischen den serbischen und rumänischen Bergen zu ruhen, er ist sehr breit hier. Hin und wieder sind Boote unterwegs und manchmal sehen wir auch eines der Flusskreuzfahrtschiffe, deren Passagiere die beeindruckende Landschaft vom Sonnendeck aus genießen. Meist fahren wir direkt neben der Donau auf gleicher Höhe, es ist weitgehend flach. Autos sind nur sehr wenige unterwegs, auch Radfahrer treffen wir nur selten.

Beim Eisernen Tor

Aber die Landschaft ist grandios, nur bei Drencova stören verlassene Fabrikgebäude und halb verfallende Wohnblocks in Plattenbauweise das Landschaftsbild.

Was hier wohl mal produziert wurde? Und was soll aus diesen Ruinen noch werden? Langsam rücken die Berge wieder näher an den Fluss, wir befinden uns in einem überwältigenden Abschnitt der Donauroute. Der Fluss wird nun mehr und mehr eingezwängt, die Berghänge werden auf beiden Seiten steiler und immer wieder ragen schroffe Felswände neben der Straße empor. Bei Dubova müssen wir zwei kleinere Anstiege bewältigen, aber sonst radeln wir noch immer auf überwiegend flachen Abschnitten.

Kloster Mraconia

Inzwischen haben wir den attraktivsten Teil der Donauroute erreicht, das Eiserne Tor. Es gilt als einer der imposantesten Taldurchbrüche Europas. Am *Cazan* bzw. *Kazan* (dt. *Kessel*) zwischen den Städten Orşova und Donji Milanovac wird die Anstauung der Donau auf 200 Meter Breite und 80 Meter Tiefe reduziert. Auf beiden Seiten der Donau wurden Schutzgebiete eingerichtet – in Serbien der Nationalpark Đerdap, auf der rumänischen Seite der Naturpark Eisernes Tor (*Parcul Natural Porțile de Fier*). Bis zu seiner Entschärfung 1972 im Zusammenhang mit dem Bau des Kraftwerks Eisernes Tor 1 galt diese Passage als der für die Schifffahrt gefährlichste Flussabschnitt der Donau, der nicht ohne ortskundige Lotsen passiert werden konnte. Es ist wirklich beeindruckend, durch welchen Engpass sich das Wasser einst einen Weg bahnen musste!

In Ogradena oder in Eșelnița lohnt es sich, noch einmal einzukehren, um für einen letzten Anstieg Kraft zu tanken. Der Donaudurchbruch ist hier so eng, dass für eine Straße kein Platz mehr wäre. Deshalb führt die Route ein wenig vom Fluss weg, um über einen Berg nach Orșova zu gelangen. Doch zuvor bleiben wir noch auf Flusshöhe im Naturpark Eisernes Tor und bewundern das Kloster Mraconia, das 1523 am Ufer des Flusses Mraconia erbaut wurde. Während des russisch-österreichischen Türkenkriegs von 1787–1792 wurde es völlig zerstört. 1931 begann der Wiederaufbau des Klosters.

Nicht weit entfernt ragt die Statue des Dakerkönigs Decebalus empor, eine 40 Meter hohe Statue und zugleich die höchste Felsskulptur in Europa. Die Idee stammt von dem rumänischen Geschäftsmann und Historiker Iosif Constantin Drăgan. Mit dem Projekt waren insgesamt zwölf Bildhauer beschäftigt, die Fertigstellung dauerte zehn Jahre (1994–2004) und am Ende kostete es über eine Million US-Dollar. Heute sind der Fels und das malerisch gelegene Kloster ein Touristenmagnet, viele Urlauber pilgern von den Parkplätzen aus herüber und wir sind froh, dass wir den Rummel bald hinter uns lassen können.

Statue des Dakerkönigs Decebalus

Der Anstieg auf das Bergmassiv, das uns von Orşova trennt ist anstrengend, aber durchaus radelnd zu bewältigen. Oben lädt uns eine kleine Bar zu einer Pause ein, bevor wir auf der Straße mit einem Gefälle von 11% rasant zu Tal brausen. Orşova liegt an einer Ausbuchtung der Donau und ist stark touristisch geprägt. Von hier aus kann man Schiffsfahrten zum Eisernen Tor unternehmen. Uns ist hier aber zu viel los, deshalb halten wir uns gar nicht groß auf sondern fahren gleich weiter. Doch die seitherige Idylle und die gemächliche Fahrt entlang der Donau hat ein jähes Ende gefunden: wir müssen auf der stark frequentierten Fernstraße (E 70) zusammen mit Autos und eiligst dahin bretternden Sattelschleppern weiter radeln. Für diesen Abschnitt soll es leider keine Alternative geben. Bei oft kritisch knappem Seitenabstand der Überholenden ist das echt kein Vergnügen! Nicht nur die vielen Fahrzeuge und der einzige Tunnel auf dieser Donauseite fordern unsere volle Konzentration, auch die Straße selbst müssen wir ständig im Auge behalten. Denn oftmals müssen wir Schachtdeckeln ausweichen, deren breite Rillen ausgerechnet in Fahrtrichtung verlaufen. Ein Steckenbleiben der Fahrradreifen in so einem Spalt hätte schwerwiegende Folgen! Zu allem Überfluss verläuft die Straße so exponiert am Hang, dass sie ständig über Brücken geführt werden muss – und an diesen Bauwerken fehlt dann auch noch der Seitenstreifen!

Fantastische Route beim Eisernen Tor

Es ist also alles andere als lustig und wir sind froh, dass wir nach 20 Kilometern über den Staudamm des „Kraftwerk Eisernes Tor 1" (serbisch *Đerdap I*) nach Serbien übersetzen können. Es ist das größte Laufkraftwerk in der Donau und ist vor dem „Kraftwerk Eisernes Tor 2" das vorletzte Kraftwerk vor dem Donaudelta in das Schwarze Meer. Ein paar Kraftwerksmitarbeiter stellen uns auf eine harte Geduldsprobe, denn wir müssen eine gefühlte Ewigkeit mitten auf dem Damm in sengender Sonne warten, bis wir passieren dürfen. Heute werden nämlich Holz- und andere Abfälle, die im Laufe der Zeit hier angeschwemmt wurden, aus dem Wasser gefischt und auf LKW geladen. Kein Protest von uns hilft, wir müssen wie die anderen Autofahrer ausharren, bis wir endlich, nahe einem Kollaps, weiter dürfen.

Im nahe gelegenen Kladovo mieten wir ein einfaches Privatquartier und lassen uns am Abend in der Fußgängerzone ein schmackhaftes Abendessen servieren. Und natürlich freuen wir uns, dass jetzt die "8" vor den Gesamtkilometern steht.

Welcome to Bulgaria!

27.08.2014 bis 28.08.2014
Kladovo - Negotin - Vidin - Lom
Auf dem Iron Curtain Trail 8.276 km
Auf dem Donauradweg ab Bulgarien 102 km

„Welcome to Bulgaria! Enjoy your trip." Mit diesen Worten begrüßt uns die junge Grenzbeamtin, nachdem sie sich vergewissert hat, dass die Fotos auf unseren Ausweisen zu uns passen. Das ist mal ein freundlicher Empfang! Da können sich manche Beamte bei uns zu Hause eine Scheibe abschneiden!

Die letzten Kilometer in Serbien waren noch einmal recht anstrengend, denn bei 33 Grad sind längere Anstiege mit Gepäck ziemlich schweißtreibend – und es gab gleich mehrere davon! Der erste wartet bereits kurz hinter Kladovo auf uns. Wir verpassen die Abzweigung, um gemütlich an der Donau entlang zu radeln und finden uns stattdessen auf der Diretissima nach Milutinovac wieder. Diese Straße ist zum Glück nicht sehr stark befahren, aber sie führt über eine Hochfläche, so dass wir hier gleich das erste Mal bergauf radeln müssen. Vorbei an Sonnenblumenfeldern führt die Route nach der Passage auf der Ebene mit einer langen Abfahrt wieder hinab ins Donautal. Bereits am Abend zuvor haben wir beschlossen, von nun an dem Donauradweg bis zum Schwarzen Meer zu folgen. Der Iron Curtain Trail würde eigentlich an der Westgrenze Bulgariens entlang führen, aber wir fürchten, dass wir diese Strecke in unserer restlichen Zeit nicht schaffen würden. Deshalb entschließen wir uns für die kürzere Variante an der Ostküste Bulgariens, also entlang der Donau. Wir hoffen, dass dies auch die einfachere Route ist, denn hier müssen wir nicht über das Balkangebirge, das auf dieser letzten Etappe doch recht anspruchsvoll ist (17.000 Höhenmeter bei 600 km) – der Weg an der Donau entlang sollte als Flussradweg doch recht flach bleiben (hoffen wir).

Donauradweg

Doch zunächst folgen wir noch dem Iron Curtain Trail, der nun auf der Straße nahe der Donau oder ab und zu auch ein Stück im Hinterland verläuft. Erst in Mihajlovac werden wir auf einen Radweg geleitet, der nun unmittelbar am Donauufer entlang führt, es ist zugleich der Donauradweg Eurovelo 6. Landschaftlich ist es sehr schön, aber die naturbelassenen Wege fordern oft die volle Konzentration. Tiefe Fahrrinnen zeugen davon, dass es bei Nässe schwierig sein kann, hier ein Durchkommen zu finden. Links und rechts des Wegs wuchert dichtes Gestrüpp und wir sind froh, dass es schon seit längerem nicht mehr geregnet hat. Denn der Weg ist sehr uneben, die tiefen Fahrrinnen sind bretthart getrocknet, so dass wir nicht in tiefem Schlamm versinken, wie es sicherlich nach Regen der Fall wäre. Außerdem bietet das Gehölz angenehmen Schatten und trotzdem immer wieder wunderbare Ausblicke auf den Fluss.

Der Weg wird immer enger und es ist gut, dass außer den Anwohnern hier niemand mit dem Auto unterwegs ist. Um so erstaunter sind wir, als wir plötzlich ein ausgemustertes altes Feuerwehrauto auf uns zukommen sehen. Der VW LT 40 trägt ein deutsches Kennzeichen und ist auf den Namen „Gertrude" getauft, wie wir an der Frontseite lesen können. Ein junges Paar sitzt im Wagen, sie wurden von ihrem Navi hierher gelotst und rätseln nun, ob es ein Durchkommen für sie gibt. Obwohl dieser Radweg an der Donau recht idyllisch und ruhig ist sind wir dann doch froh, als wir nach einigen Kilometern wieder auf Asphalt treffen und gegen Mittag Negotin, eine der größten Städte im Osten Serbiens, erreichen. Hier können wir uns in einem der Restaurants in der Fußgängerzone noch einmal stärken, bevor wir die letzten bergigen Etappen bis zu bulgarischen Grenze angehen.

Es ist eine kleine Straße, die uns durch abgelegene kleine Dörfer in die Grenzregion führt. Im letzten Ort vor der Grenze treffen wir Franziska und Markus, zwei Radreisende aus Köln. Sie sind mit gemieteten Fahrrädern in Belgrad gestartet und radeln wie wir entlang der Donau in Richtung Schwarzes Meer. Wie wir haben auch sie den kleinen Laden angesteuert, um mit den letzten Dinar die Lebensmittelvorräte aufzufrischen. Vor dem Haus steht eine rustikale Sitzgruppe, so dass wir noch eine Weile gemütlich miteinander plaudern können.

Und nun verlassen wir also Serbien, um in ein weiteres Land einzureisen, das uns bislang völlig unbekannt war. Franziska und Markus treffen wir am späten Nachmittag am Grenzübergang wieder. Die beiden haben kein Zelt dabei, deshalb müssen sie sich sputen, denn die netten Grenzbeamten erklären, dass es erst in Vidin Übernachtungsmöglichkeiten für sie gibt. Und bis dahin sind es noch 30 Kilometer. Wir können es gemüt-

Hilfsbereite Jungs

licher angehen. Auf dem großen zentralen Platz der kleinen Grenzstadt Bregovo hoffen wir, einen Bankomaten zu finden. Die Stadt wirkt recht trist auf uns, wir schauen uns suchend um. Drei neugierige Jungen radeln herbei und fragen, ob sie uns helfen können. Sie sprechen zwar kein Englisch, aber sie verstehen rasch, was wir suchen und führen uns zu einem großen Betongebäude – und tatsächlich gibt es dort einen Geldautomaten. In einem nüchternen Zweckbau nebenan ist ein Lebensmittelgeschäft, so dass wir uns zum Abendessen sogar einheimisches Bier genehmigen können.

Langsam wird es dämmerig, wir brauchen einen Übernachtungsplatz. Auf einer Nebenstraße verlassen wir die Stadt, denn wir wollen morgen wieder an die Donau gelangen. Auf einer Wiese entdecken wir ein unbewohntes kleines Gebäude, das uns Sichtschutz bieten kann, deshalb beschließen wir, unser Zelt direkt dahinter aufzustellen. Es steht dort im Windschatten, denn momentan pfeift es ordentlich, möglicherweise zieht bald Regen auf. Unser Zelt steht schon fast, als ein Polizeiauto um das Häuschen gefahren kommt. Ein Polizist steigt aus, beobachtet uns und wir beeilen uns, ihm zu erklären, dass wir Regen befürchten und deshalb hier übernachten wollen. Da meint er aber nur lapidar: „No problem!", winkt noch einmal zum Gruß und verschwindet wieder. Wir campen sozusagen mit polizeilicher Genehmigung. Später zieht noch ein Schäfer mit seiner Herde vorbei, auch er winkt uns freundlich zu und seine Schafe geben ebenfalls ihr okay zu unserem Nachtplatz, nachdem sie unser Zelt inspiziert haben.

Die ersten Radkilometer in Bulgarien sind ruhig und entspannt. Auf kleinen Nebenstraßen erreichen wir bei dem kleinen Nest Vrav wieder die Donau. Der Asphalt sieht wie ein Flickenteppich aus, so viele Ausbesserungen hat er erfahren, aber immerhin kommen wir so recht bequem vorwärts. Zwischen Wiesen und Feldern können wir die Donau erahnen, manchmal erwischen wir auch einen Blick auf den Grenzfluss, aber meist bleibt

er verborgen. Das Städtchen Florentin empfängt uns mit
sprödem postkommunistischem Charme. Vom Zahn der
Zeit angenagte Zweckbauten aus Beton umgeben den
Platz in der Ortsmitte, sogar ein kleiner Park lädt zum
Verweilen ein. Hinter den Bäumen lugt ein Kirchturm
hervor, aber bei genauerer Betrachtung sehen wir, dass
die Kirche heute eine Bar beherbergt. Die meisten
Tische im Freien sind besetzt, es scheint ein beliebter
Treffpunkt der Einheimischen zu sein. Hausfrauen und
Rentner sitzen hier beisammen. Auch für uns gibt es
noch ein Plätzchen und so genießen wir bald den star-
ken Kaffee, der hier ausgeschenkt wird.

Heute wird in der Kirche Kaffee ausgeschenkt...

Nun verlassen wir die Donau, ein kurzer, aber
knackiger Anstieg bringt uns auf ein höher gelegenes
Flachland und bald darauf nach Vidin, mit ungefähr
52.000 Einwohnern eine recht große Stadt. Am
Stadtrand gibt es wie in anderen großen Städten Industrie und Einkaufszentren. Auch Lidl und Kaufland sind

wohl hier zu finden, zumindest entdecken wir entsprechende Werbung. Doch wir brauchen momentan keinen Supermarkt, wir möchten nur unseren Durst stillen und eine Kleinigkeit essen. Im Stadtzentrum werden wir fündig. Auf einer großen Fläche herrscht reges Markttreiben. An offenen Ständen oder Kiosken wird alles verkauft, was man so brauchen kann. Auch Straßencafés säumen den Platz. Wir ergattern einen freien Tisch und sind erstaunt, dass man hier nur Getränke bekommt. Auf unserer weiteren Reise werden wir noch öfters erfahren, dass es absolut üblich ist, in einer Bar nur Kaffee oder ein anderes Getränk zu trinken und dazu mitgebrachtes Essbares zu konsumieren. Wir machen es auch so und kaufen am Kiosk nebenan mit herzhaftem Quark gefüllte Teigtaschen, eine sättigende Zwischenmahlzeit.

Vidin

In Bulgarien erinnert noch vieles an kommunistische Zeiten, vielleicht kommt uns dies wegen den kyrillischen Buchstaben aber auch assoziativ nur so in den

Sinn. Monumentale Denkmäler, die an sozialistische Durchhalte-Parolen erinnern, tragen ebenfalls zu diesen Eindrücken bei. Die Menschen leben vor allem außerhalb größerer Städte in sehr einfachen Verhältnissen, sind uns Touristen gegenüber jedoch ausnehmend freundlich gesonnen. Oft winken sie uns zu, wenn wir vorbei radeln.

Inzwischen sind wir in Lom angelangt und wollen auf der Terrasse des Hotels, direkt an der Donau, zu Abend essen. Mit der kyrillischen Schrift tun wir uns noch schwer, die Bedienung kann weder englisch noch deutsch – das ist ein Problem. Denn wir haben keine Ahnung, was die Speisekarte uns anbieten will. Doch am Nebentisch hat eine in Deutschland lebende Bulgarin unsere Not mitbekommen und springt als Dolmetscherin ein. Mit ihrer Hilfe können wir die Bestellung aufgeben und bald darauf wird uns ein köstliches Abendessen serviert. Wir sind froh, hier zu sein, denn unterwegs hatten wir schon Zweifel, ob es eine gute Idee gewesen war, den Donauradweg zu fahren. Von Vidin aus mussten wir nämlich zunächst ein paar Kilometer auf der stark befahrenen E 79 radeln und hofften dann, auf der kleineren Straße 11 etwas mehr Ruhe zu finden. Doch weit gefehlt! Die Straße war zwar kleiner, aber viele LKW fuhren auch auf dieser Route – es war einfach nervig. Doch zum Glück für uns konnten wir nach ca. 30 Kilometern diese Straße verlassen und bis Lom auf zwar sehr löchriger Piste, aber dennoch ohne viel anderen Verkehr weiter radeln.

Und jetzt schauen wir von der Terrasse aus dem Sonnenuntergang über der Donau zu, der den Himmel in einen wahren Farbenrausch versetzt. Von orange über rosa bis zu lila reichen die Farbtöne, sie leuchten intensiv in allen Schattierungen, bevor sie von der Dunkelheit ausgelöscht werden.

Sonnenuntergang an der Donau in Lom

Drum bun! Have a nice trip!

29.08.2014 bis 01.09.2014
Beket - Turnu Măgurele - Zimnic - Tutrakan
Auf dem Iron Curtain Trail 8.276 km
Auf dem Donauradweg ab Bulgarien 463 km

In unserer Hotelübernachtung in Lom war kein Frühstück enthalten. Deshalb kaufen wir in der Stadt Brötchen, um danach im Park an der Donau Kaffee zu kochen. Ein hübscher Pavillon bietet sich hierzu perfekt an und schon bald besuchen uns zwei Hunde und beobachten, was wir da so treiben. Sie sind ganz friedlich und haben sich ein paar Meter neben unserem Frühstückscamp niedergelegt. Wir beißen in die eben gekauften Teigtaschen, hoffen, dass sie vegetarisch gefüllt sind – und erschrecken. Was ist denn das? Eine undefinierbare Füllung, darunter auch Pommes, und ein etwas merkwürdiger Geschmack lassen uns die Teile unseren vierbeinigen Besuchern spenden. Die freuen sich über das unerwartete Morgenfutter und verschwinden mit ihrer Beute... Wie gut, dass wir auch ganz normale Brötchen gekauft hatten!

Wir packen ebenfalls bald zusammen und brechen zum nächsten Abschnitt auf. Bereits noch in Lom steigt die Straße recht steil an – auf Kopfsteinpflaster! Und genauso hügelig geht es weiter. Dabei hatten wir auf dem Donauradweg auf Flachetappen gehofft! Stattdessen ist es ein ständiges Auf und Ab, ziemlich anstrengend bei Temperaturen von weit über 30 Grad! Ob es wohl auf der anderen Flussseite, in Rumänien, flacher ist? Von hier aus sind dort jedenfalls keine Hügel zu sehen. Unsere Karte zeigt aber, dass auf der bulgarischen Seite noch jede Menge Anstiege zu erwarten sind.

Fähre nach Rumänien

So gelangen wir schließlich nach Orjahovo, von wo aus eine Fähre zur rumänischen Seite verkehrt. Wir packen die Gelegenheit beim Schopf und kaufen Tickets für die Überfahrt, müssen allerdings noch zwei Stunden bis zum Ablegen warten. Franziska und Markus wollen ebenfalls auf die rumänische Seite. Bereits gestern haben wir sie in Lom im Hotel getroffen und jetzt wollen auch sie mit der Fähre zur anderen Seite – eine nette Gelegenheit, um uns mit ihnen zu unterhalten. Immerhin treffen wir sonst kaum andere Radreisende. Und auch heute übernachten wir wieder im gleichen Hotel, es liegt im rumänischen Beket an der Straße, die von der Fähre kommt. Wir sind überrascht von der kleinen Anlage, sogar ein Pool lädt zu ein paar Schwimmrunden ein. Mit so einem angenehmen Haus hatten wir hier gar nicht gerechnet!

In Rumänien kommen wir sowieso recht oft und leicht mit Einheimischen „ins Gespräch". Wir können zwar kein rumänisch, aber oft helfen ein paar Brocken italienisch oder spanisch weiter – oder auch der Übersetzer auf unserer Android-Maschine. Mit Begeisterung kommuniziert ein Gast in einer kleinen Bar auf diese Weise mit uns, er hat großen Spaß mit dieser Technik! Und so erfahren wir was er so macht, dass wir soeben den Bürgermeister und den Pfarrer gesehen haben und was seine Freunde am Tisch so treiben. Und wir können ihm ebenfalls ein bisschen was von zu Hause erzählen. Als dann auch noch Franziska und Markus auftauchen ist die fröhliche Runde komplett.

Überhaupt sind die Menschen hier überaus freundlich, was man vielleicht auch daran sieht, dass wir von einem jungen Mann zwei Paprika und von einer Frau drei Pfirsiche geschenkt bekommen haben. Einfach so. Vielleicht haben wir einen Sympathiebonus, weil wir uns mit Muskelkraft fortbewegen? Das ist hier nämlich noch weit verbreitet. Es wird innerorts nicht nur viel Rad gefahren, es sind auch noch sehr viele Pferde- und sogar Eselfuhrwerke auf den Straßen anzutreffen. Die meisten Gespannfahrer grüßen und winken uns zu, das ist wirklich sympathisch! Die Maisernte ist momentan in vollem Gang, überall sind die gelben Kolben zu sehen. Auf den Wagen der Fuhrwerke ebenso wie auf der Straße, wo sie wohl sortiert und getrocknet werden, das wissen wir nicht so genau.

Dann ist da aber noch die Sache mit dem Wind. Jeder Radler kennt das, Wind kommt grundsätzlich von der falschen Seite. Meist von vorne oder von seitlich vorne, ganz selten nur von hinten. Seit wir an der Donau entlang radeln haben wir meist kräftigen Wind – natürlich von vorne! Am Eisernen Tor ging es noch, da war es nur eine Brise. Aber seit Bulgarien fahren wir ständig gegen den Ostwind – das ist stellenweise so, als ob man in einen Windkanal geraten wäre! Dabei ist Rückenwind wirklich fein! In Kroatien hatten wir ja das Glück, ein paar Kilometer mit ca. 35 km/h über die Straße zu flitzen. So ganz ohne Anstrengung! Oder als wir eine 10%-Steigung hoch fahren konnten half uns der Rückenwind neulich ungemein – das bringt ein Lächeln ins Gesicht eines Radlers! Doch hier kommt der Wind immer mehr oder weniger direkt von vorne.

Flächenbrand

Allerdings kommt uns der kräftige Gegenwind einmal sogar gerade recht: in größerem Umkreis brennen hier die Felder! Wir sind von Feuer und atemraubendem

Rauch umgeben und fragen uns, ob wir überhaupt weiter radeln können. Oder würden wir irgendwann von einem Flammenmeer eingeschlossen werden? Offensichtlich stört das Feuer Niemanden, wir sehen weder Feuerwehr noch andere Menschen, die hier löschen wollen. Im Gegenteil, wenn Autos kommen fahren sie einfach weiter, als ob nichts wäre. Wir sind dann doch froh, dass wir letztlich nur ein ganz kurzes Stück am Feuer entlang müssen und dass uns der Gegenwind die Feuerwalze fern hält...

Aber nun wird es schwierig, einen geeigneten Übernachtungsplatz zu finden. Wir hätten vielleicht an dem Fluss bleiben sollen, den wir kurz vor Turnu Măgurele überquert hatten. Von der Brücke aus konnten wir das saubere Wasser und den herrlichen Sandstrand sehen. Badegäste nutzten das aus, es wurde geplanscht und gelacht, man lag in der Sonne oder bereitete den Grill für ein Barbecue vor. Uns schien es da noch etwas zu früh am Tag zu sein, doch so langsam sollten wir was finden. In Turnu Măgurele gibt es weder einen Campingplatz (obwohl auf unserer Karte einer eingezeichnet ist) noch ein Hotel, so dass wir irgendwo einen Platz für unser Zelt suchen müssen. Bevor es zu spät wird schlagen wir uns also zur Donau durch, was gar nicht so einfach ist. Es gibt nur wenig Wege und Straßen, die in die Nähe führen. Schließlich finden wir dann unter ein paar Bäumen ein Plätzchen, das nicht ganz so moskitoverseucht ist wie direkt vorne am Donauufer. Wir freuen uns auf eine ruhige Nacht...

Sonntagmorgen, kurz vor 5 Uhr. Plötzlich ist unser Zelt von Scheinwerfern taghell erleuchtet. Wir schrecken hoch und lugen hinaus. Was ist los? Im grellen

Licht erkennen wir zwei Gestalten, die auf das Zelt zukommen. Uns wird etwas mulmig – was das wohl wird? „Borderpolice. Your documents, please!" Wo um aller Welt kommen die denn um diese Uhrzeit her??? Wir kramen unsere Ausweise vor und schauen zu, wie die Beiden per Taschenlampe versuchen zu verstehen, was darauf geschrieben steht. Nach einigen Minuten und etwas Gemurmel verschwinden sie mit den Ausweisen in ihrem großen Geländewagen. Es dauert sicher weitere zehn Minuten, bis sie wieder zu uns kommen, die Papiere zurück geben und sich mit „Have a nice trip!" in perfektem Englisch verabschieden. Wie schon in Bulgarien durften wir also auch hier in Rumänien mit polizeilichem Segen wild campen.... ;-)

Gruß an die Reisenden

„Drum bun" hätten sie auch sagen können. Das hören wir oft, wenn wir uns von Einheimischen verabschieden. Auch viele Ortschaften verabschieden so ihre

Besucher: „Drum bun" oder „have a nice trip". Weil wir so früh geweckt wurden kommen wir heute auch früh los. Wir konnten sogar noch gemütlich am Zelt frühstücken, die Moskitos schlafen offensichtlich noch. Als wir in einer kleinen Bar bei einem zweiten Frühstück sitzen, kommen Franziska und Markus ebenfalls hierher. So langsam entwickelt sich das wohl zu einem Running Gag – ob wir die Beiden wohl noch öfters treffen werden?

Am nächsten Morgen, wir sind gerade mal ein paar Kilometer geradelt, folgt der Schock: Peter wird von einem rücksichtslosen Autofahrer abgedrängt und stürzt neben die Straße ins Gestrüpp. Das Auto fährt weiter,

Brücke der Freundschaft

ich zücke rasch meine Kamera und versuche, ein Foto von ihm zu machen. Vielleicht kann man ja das Kennzeichen erkennen. Doch dann leuchten Bremslichter auf, der Rückwärtsgang wird eingelegt, der Wagen kommt zurück. Inzwischen ist Peter wieder auf den Beinen, es ist zum Glück nichts gebrochen, er ist nicht ernsthaft verletzt. Aber ordentliche Prellungen sind das schon. Der junge Fahrer ist sichtlich erschüttert. Deshalb verzichten wir auf weitere Maßnahmen oder gar auf die Polizei, fahren jedoch relativ langsam weiter.

In Giurgiu wechseln wir über die Brücke der Freundschaft wieder auf die bulgarische Seite nach Ruse, das mit 156.000 Einwohnern die fünftgrößte Stadt Bulgariens ist. Eine so große Stadt wollen wir gar nicht erst besuchen, deshalb biegen wir gleich auf die Straße 21 ab, die dem Lauf der Donau folgt. Gleich nach der Brücke geht es zunächst wieder bergauf, um dann weitgehend auf der Hochfläche weiter zu führen. Es ist ziemlich eintönig, aber die relativ stark befahrene Straße ist so breit, dass wir ohne Gefahr hier radeln können. Trotzdem sind wir froh, dass wir kurz vor Tutrakan auf eine kleinere Straße abbiegen können. Tutrakan liegt auf dem hohen Ufer der Donau, ca. 433 km von ihrer Mündung ins Schwarze Meer entfernt und hat ungefähr 10.000 Einwohner. Das Städtchen gefällt uns sehr gut, es ist jedoch auch ziemlich bergig. Weil wir heute gerne eine Dusche hätten sind wir auf der Suche nach einem Hotel. Leider hat das „Palermo" keine freien Zimmer, so dass wir unsere Räder völlig umsonst den steilen Berg hochgeschoben haben. Zum Glück gibt es noch ein weiteres Hotel, wo wir ein preisgünstiges, sauberes Zimmer beziehen können. Dann lassen wir uns auch noch ein schmackhaftes Abendessen in einem gemütlichen kleinen Lokal im Zentrum servieren – wieder einmal sagen wir, dass das Radlerleben wirklich schön sein kann!

Schwarzes Meer - wir kommen!

02.09.2014 bis 07.09.2014
Tutrakan - Silistra - Constanța
Auf dem Iron Curtain Trail 8.276 km
Auf dem Donauradweg ab Bulgarien 732 km

Unsere Freundin Karin hatte uns ja bereits vorgewarnt und erzählt, dass es auf dem Donauradweg auch ganz ordentliche Steigungen gäbe. Karin, du hattest recht! Wer meint, Flussradwege seien easy zu fahrende Flachetappen, sollte sich mal diese Route anschauen. Vor allem im bulgarischen Teil geht es immer wieder rauf und runter. Auch als wir unser lila Hotel in Tutrakan verlassen müssen wir zunächst wieder den Berg hoch. Bevor wir uns von dem netten Städtchen verabschieden frühstücken wir noch in einer Bar am Marktplatz. Dies muss eine angesagte Kneipe sein, denn bereits jetzt am Morgen sind schon viele Tische besetzt. Nicht nur junge Leute mit Smartphones trinken hier Kaffee, auch ältere Semester sitzen zusammen, spielen Karten oder treffen sich einfach nur, um Neuigkeiten auszutauschen.

Der Donauradweg verlässt nun die Hauptverkehrsstraße und folgt einer kleinen Nebenstraße, weit und breit ist niemand zu sehen. Hier scheinen wir die einzigen Reisenden zu sein. „Relax" steht neben kyrillischen Buchstaben und einem skizzierten Bett auf einem Wegweiser, etwa einen Kilometer entfernt muss das sein. Einladend. Aber es ist noch viel zu früh für uns, wir sind ja noch nicht lange unterwegs, also radeln wir weiter.

Wieder einmal wird es sehr warm heute. Und die Straße wird zunehmend schlechter, der Asphalt endet und bald sind wir auf steinigen und sandigen Wegen unterwegs. Am Donauufer sehen wir zwei Angler, ein Kanu liegt neben ihnen im Sand. Ihr Hund schläft in der Sonne. Sonst ist hier niemand unterwegs, alles wirkt irgendwie verlassen. Der Weg wird zunehmend schma-

Malerischer Picknickplatz am See

ler, Büsche wuchern links und rechts und immer wieder müssen wir überhängenden Zweigen ausweichen. Wenigstens sind wir so nicht so sehr der Sonne ausgesetzt. Nach einigen Kilometern durch dieses schwierige Gelände erreichen wir einen kleinen See. Malerisch sieht er aus, viele Seerosen blühen auf der Wasseroberfläche. Es gibt ein kleines Picknickareal direkt am Ufer, zur Donau hin sehen wir kleine Häuschen. Offensichtlich sind wir hier in einem Feriendorf, doch auch hier ist niemand zu sehen. Ob die Saison schon vorüber ist? Egal, für uns ist es auf jeden Fall ein idealer Rastplatz.

Anstatt weiterhin entlang der Donau zu radeln werden wir nun wieder von ihr weg geführt. Nahezu im rechten Winkel führt die Straße weg vom Fluss. Aber wenigstens können wir nun wieder auf Asphalt weiter radeln. Die Gegend ist wenig besiedelt, in einem Waldstück entdecken wir verlassene Häuser, die sich die Natur langsam wieder zurück erobert. In ein paar Jahren wird man die Gebäude zwischen den Bäumen nur noch erahnen können. Auch in dem kleinen Ort, den wir bald erreichen, sehen wir kaum Menschen. Nur ein paar Gänse, die schnatternd über den Weg laufen. Inzwischen ist es brütend heiß, ein steiniges Sträßchen führt steil berg-

Es ist heiß, kein Laden in Sicht...

an, wir müssen schieben. Plötzlich ruft ein alter Mann etwas hinter uns her. Wir können zwar nicht verstehen was er uns sagen will, aber seine Gesten sind eindeutig: er schenkt uns Pfirsiche aus seinem Garten! Wir sind sprachlos, wissen gar nicht, was wir sagen sollen, aber er winkt nur ab und geht lächelnd wieder zurück in sein Haus.

Bald erreichen wir wieder die große Hauptstraße, auf der wir nun bis nach Silistra bleiben werden. Ein Blick auf unsere Landkarte zeigt uns, dass wir auf dieser Nebenstrecke einen „Umweg" von sicherlich zehn Kilometern gefahren sind. Doch jammern hilft nichts, wir müssen weiter und hoffen, dass bald eine Einkaufsmöglichkeit kommt, denn so langsam wird unser Wasser knapp. Doch nirgends ist eine Ortschaft in Sicht, von den Dörfern, die es laut unserer Karte geben müsste, ist nichts zu sehen. Wir wollen es in Nova Popina versuchen, das liegt zwei oder drei Kilometer von der Hauptstraße entfernt, ein Schild weist den Weg. Doch auch dieses Dorf ist wie ausgestorben, kein Lokal, kein Laden, keine Tankstelle. Wir können keine Getränke kaufen. Ob wir vielleicht bei einem der Häuser um Wasser nachfragen sollen? Aber wir sehen keine Menschenseele.

Irgendwo an der Hauptroute muss doch mal wenigstens eine Tankstelle kommen. Also radeln wir weiter. Doch nichts ist zu sehen. Wenn überhaupt ein Dorf entlang der Route kommt so ist es ein paar Kilometer von der Straße entfernt. Wir möchten keine unnötigen Kräfte vergeuden und starten keinen weiteren Versuch mehr, dort etwas zu finden sondern bleiben auf der Hauptstraße. Wieder einmal weist ein Schild auf einen Ort hin, auf das etwa einen Kilometer entfernte Dorf Srebarna. Hier soll es auch zum gleichnamigen Naturreservat gehen, was uns auf ein Lokal, ein Hotel oder auf etwas ähnliches hoffen lässt. Wir sind inzwischen ziemlich dehydriert, wagen aber dennoch den bei diesen Temperaturen recht mühseligen Anstieg zum höher gelegenen Ort. Es ist nicht viel los hier, aber wir entdecken einen Laden! Die letzten Meter bis zum Geschäft sind geschafft – doch wir stehen vor verschlossener Tür. Das darf doch nicht wahr sein! Die einzige Einkaufsmöglichkeit weit und breit hat zu! Erschöpft sinken wir auf die Stühle, die unter der Markise vor den Schaufenstern stehen. Wir müssen einen bedauernswerten Eindruck machen, denn bald kommt ein Mann zu uns und sagt, er versuche die Betreiberin des Ladens zu holen. Was für ein Glück! Bald darauf sitzen wir mit einem Eis und gekühlten Getränken im Schatten.

Es ist ein wenig verwunderlich, dass hier so wenig los ist, denn der Ort liegt in der Nähe des Srebarna-Sees, der auf nationaler Ebene zum Vogelschutzgebiet und 1948 zum Naturreservat erklärt wurde. 1977 wurde das Gebiet von der UNESCO als Biosphäre anerkannt und wurde 1983 in die Liste des Weltnaturerbes der UNESCO aufgenommen. Es erstreckt sich über 900 Hektar, auf denen 99 Vogelarten brüten und 80 Zugvogelarten überwintern. Der Besuch des Biosphärenreservats ist zwar strengstens untersagt, auch fischen und jagen sind nicht erlaubt. Doch ein Naturkundemuseum, das zum Reservat gehört, empfängt jährlich etwa 15.000 Besucher.

Für uns geht es auf der Route weiter und bald erreichen wir Silistra, mit 40.000 Einwohnern eine große Stadt und die letzte bulgarische Stadt an der Donau. Von nun an ist der Strom, dem wir doch schon eine ganze Zeit lang folgen, kein Grenzfluss mehr, ab jetzt fließt er nur noch auf rumänischem Staatsgebiet. In Silistra überqueren wir auch zum letzten Mal auf dieser Reise eine

Grenze. Ein letztes Mal heißt es die Ausweise zücken, einen Schlagbaum passieren. Wir bleiben auch in Rumänien auf der Südseite der Donau und radeln nun durch Weinbaugebiete. Es ist noch immer recht hügelig. Das wäre gar nicht mal so schlimm, wenn nicht auch noch ständig dieser Wind blasen würde! Natürlich meist von vorne. Je mehr wir uns dem Schwarzen Meer nähern umso stärker weht der Wind. Vor allem auf ungeschützten höher gelegenen Flächen weht es ganz ordentlich. Aber wenigstens spürt man dadurch die Hitze nicht so sehr, denn das Thermometer steigt täglich über die 30-Grad-Marke. Einmal sogar auf 39 Grad!

Pferdefuhrwerke gehören zum Straßenalltag in Rumänien

Bislang hatten wir auf unserer Reise noch kaum negative Erfahrungen mit den berüchtigten Straßenhunden. In Bulgarien oder in Serbien hatten wir sowieso keine derartigen Schwierigkeiten, aber auch in Rumänien, von wo wir bereits viele Klagen über unliebsame Erlebnisse hörten, war es bis jetzt noch nicht tragisch. Vorsichtshalber haben wir eine Reitgerte außen an unseren Gepäcktaschen befestigt, im Notfall wäre sie schnell greifbar. Auch an eine Trillerpfeife haben wir gedacht, aber beides zum Glück noch nicht gebraucht. Aber heute in Ostrov sieht es schon ein bisschen gefährlich aus, als plötzlich mehrere Hunde auftauchen und uns misstrauisch beäugen. Ich halte an und rufe dem Hund, der mir am nächsten ist ein forsches „Marsch!" zu, das hat uns Alex, der nette Rumäne vom Eisernen Tor, empfohlen. Er meinte, man brauche vor rumänischen Hunden keine Angst zu haben. Und es scheint zu wirken. Vielleicht wird er auch von einem Einheimischen zurück gepfiffen? Auf jeden Fall löst sich das Hundetreffen einfach so wieder auf, wieder einmal ist alles gut gegangen.

Am Straßenrand steht ein Obstverkäufer. Trauben, Äpfel und Pflaumen hat er im Angebot. Wir halten an, kaufen eine Tüte der leckeren Trauben und kommen mit dem Mann ins Gespräch. Er erzählt uns von seinem Land, zeigt stolz auf seinen Laden im Hintergrund und drückt uns nicht nur die Trauben sondern auch gleich noch eine Tüte Pflaumen in die Hand. Selbstverständlich ohne Bezahlung! Wieder einmal erleben wir diese Freundlichkeit uns Fremden gegenüber. Es ist einfach großartig! Wir wollen weiter, nicht jedoch, ohne vorher noch im Laden bei der Frau des Obstverkäufers noch ein paar Lebensmittel und Wasser einzukaufen.

Die Hügel lassen indes nicht nach. Es ist zwar nicht mehr heftig bergig, aber durch die hohen Temperaturen und den meist starken Wind strengt das radeln doch ziemlich an. Manchmal ist der Wind so stark, dass wir fast vom Rad gefegt werden. So kann es passieren, dass man selbst auf der Ebene einen Berggang fahren muss. Dennoch können wir die Gegend genießen.

Es ist eine abwechslungsreiche Landschaft, durch die wir nun kommen, der Autoverkehr hält sich noch in

Wir nähern uns dem Ziel

Grenzen. Anfangs konnten wir von einem Bergrücken aus auf die silbrig glänzende Donau blicken, jetzt fahren wir an Sonnenblumenfeldern vorbei oder wir passieren eine sanfte Hügellandschaft mit Kuppen, die wie mit einem grünen Teppich bedeckt sind. Immer wieder sind kleine Klöster zu sehen, Pferde dösen in der Mittagszeit, in den Ortschaften dominiert die Landwirtschaft. Auf rotweißen Marksteinen können wir ablesen, wie weit es noch bis nach Constanţa ist. 110 Kilometer sind es jetzt, bald nur noch 100. Ich suche jeden Stein, der eine volle Kilometerzahl anzeigt und fotografiere ihn. Es ist fast so, als ob wir einen Countdown abradeln. 90, 80, 70 Kilometer. Schwarzes Meer, wir kommen!

Je mehr wir uns dem Ziel nähern, um so unangenehmer wird das radeln auf der Straße. Nicht nur weil der Wind inzwischen Sturmstärke erreicht hat sondern auch, weil der Verkehr drastisch zunimmt. Die Donau haben wir schon bald nach dem Grenzübertritt verlassen, sie fließt mehr in nördlicher Richtung ihrem Delta zu. In Murfatlar, einer kleinen Stadt nahe Constanța, überqueren wir den Donau-Schwarzmeer-Kanal und bald finden wir uns auf einer verkehrsreichen Straße wieder, die uns ans Schwarze Meer bringen wird. Wochenlang sind wir durch wenig besiedelte Landstriche geradelt. Jetzt fällt

Ovid vor dem Archäologischen Museum in Constanța

es uns schwer, dem Speckgürtel der Großstadt etwas schönes abzugewinnen. Höchstens, dass der Wind zwischen der Bebauung nicht mehr ganz so stark bläst. Und so sind wir letztlich froh, über eine Art Autobahn endlich das Zentrum Constanțas zu erreichen. Wir radeln einfach so lange weiter durch die Stadt, bis wir das

Meer sehen – und dann liegt es vor uns, das Schwarze Meer! Ja, am 4. September haben wir unser Ziel tatsächlich erreicht!

Nachdenklich steht Ovid auf seinem Sockel vor dem archäologischen Museum, wir können es kaum glauben, dass auch wir nun hier im Zentrum von Constanţa angekommen sind. Wir befinden uns im sanierten Fußgängerbereich, der sich um den Ovidiu-Platz ausbreitet. In einem der Straßenlokale lassen wir uns ein Belohnungsessen schmecken.

Es ist schon ein tolles Gefühl, hier an der Schwarzmeerküste angekommen zu sein und das mit eigener Muskelkraft. Irgendwie können wir es auch noch kaum glauben, dass wir tatsächlich von der Barentssee bis ans Schwarze Meer geradelt sind – 9000 Kilometer! Wahnsinn.

In Constanţa ist es nicht mehr so heiß, wir gönnen uns noch zwei Tage Erholungsurlaub, bevor wir uns (mit dem Zug) auf die Heimfahrt machen werden. Im Internet haben wir ein günstiges Hotel gefunden, das möchten wir nun aufsuchen. Gerade wollen wir losradeln, da sehe ich, dass mein Rad einen Platten hat. Von der Ostsee bis hierher gab es keine Probleme und während wir hier zu Mittag essen, schleicht die Luft aus dem Reifen! Ein kleiner, fieser Draht hatte sich in das Gummi gebohrt, ausgerechnet hier, am Ziel. Doch die gute Laune kann er nicht verderben, es ist nur ein schleichender Platten. Aufpumpen reicht, um ans Hotel zu kommen, dort können wir dann in Ruhe reparieren. Und uns auf zwei „Urlaubstage" freuen.

Mit den Fahrrädern erkunden wir an diesen beiden Tagen Constanța und die nähere Umgebung. Der Wind hat überhaupt nicht nachgelassen, am Strand werden wir

Historisches Casino in Constanța

fast weggeblasen. Das Meer ist aufgewühlt, die Wellen brechen sich tosend und lassen weiße Schaumkronen zurück. Die Sonnenschirme sind zugeklappt, der Wind zerrt an ihnen und an den aufgestapelten Sonnenliegen. Niemand möchte heute schwimmen gehen, aber ich muss ins Wasser. Muss wenigstens mit den Füßen im Schwarzen Meer stehen, das hatte ich mir doch so sehr gewünscht! Eigentlich hätte ich das in der Barentssee auch machen müssen, aber das habe ich total vergessen, als wir in Kirkenes am Start unserer Tour waren.

Inmitten hunderter von Büchern sitzt ein Mann, raucht und liest. Die Bücher, die auf den Stapeln ganz oben liegen, flattern im Wind, fast werden die Seiten herausgerissen, so heftig weht es hier. Den Mann stört es nicht, er freut sich, dass wir mit ihm plaudern. In gutem englisch erklärt er uns, dass er jeden Tag hier sitzt, seine Bücher trocknet und ab und zu auch welche verkauft. Ebenfalls direkt am Meer liegt das einst sehenswerte Casino (*Cazinoul*) Constanţas. Es wurde 1910 errichtet und steht heute unter Denkmalschutz. Die hier 2008 angefangenen Sanierungsarbeiten sollen Ende 2015 abgeschlossen werden, aber wir zweifeln daran, es sieht eher so aus, als ob das Gebäude immer weiter verfällt. Die Zeit vergeht wie im Flug und ein letztes Mal packen wir unsere Taschen und machen uns auf den Weg, dieses Mal wird er uns nach Hause bringen. Die Schlussetappe wartet auf uns. Dankbar blicken wir zurück auf eine wunderschöne, manchmal auch anstrengende Reise, die uns sehr viele Eindrücke und täglich neue Erlebnisse beschert hat.

Das Schwarze Meer ist erreicht!

Die Rückreise – oder wie kommt man mit dem Zug wieder nach Hause?

Da sind wir jetzt also am Ziel unserer Reise entlang des ehemaligen Eisernen Vorhangs am Schwarzen Meer angekommen und sehen uns nun mit der Frage konfrontiert, wie wir denn mit unseren Rädern wieder nach Hause kommen würden. Fliegen kommt nicht in Frage, aber es gibt ja Züge... Dachten wir...

Doch die Auskunft am Bahnhof in Constanța ist ernüchternd. Man könne uns nur ein Ticket bis nach Bukarest ausstellen – und nur für die Fahrt um 6 Uhr am Morgen. Da bekämen wir auch ein Billett für unsere Räder, für spätere Züge jedoch nicht. Wie es dann von dort aus weiter gehen kann, könne man uns nicht sagen. Es gäbe wohl keine Züge, in denen man Fahrräder mitnehmen dürfe. Aha. Wir beratschlagen, wie wir weiter vorgehen sollen, finden aber keine Lösung. Mangels Alternativen kaufen wir uns also Tickets bis nach Bukarest. Dort werden wir dann weiter sehen.

Zwei Tage später sind wir rechtzeitig am Bahnhof und erreichen unseren gebuchten Zug nach Bukarest ohne Probleme. Zum Glück hat uns später ein Passagier darauf hingewiesen, dass wir Bukarest Nord erreicht haben. Von unserem Abteil aus war nämlich nirgends auf dem Bahnsteig ein Schild zu sehen, das uns gezeigt hätte, wo wir gerade sind. Nun heißt es also, rasch auszusteigen und versuchen, Tickets für die Weiterfahrt zu bekommen. Am Fahrkartenschalter wird uns bestätigt, was wir schon in Constanța hörten: es gibt keine Tickets für Fahrräder nach Wien (und auch nicht für eine andere Stadt in unsere Fahrtrichung!). Die nette Fahrkartenverkäuferin rät uns, die Frage der Fahrradmitnahme direkt mit dem Schaffner zu klären. Hm, merkwürdig. Wir kaufen also unsere Tickets von Bukarest nach Stuttgart – ohne Fahrräder. Und sind gespannt, was uns erwartet.

Als der Zug bereit steht (es ist der EuroNight EN 346, der Bukarest um 13 Uhr verlässt und um 8:14 Uhr in Wien Westbahnhof ankommt) hieven wir unsere Räder in den Wagen, in dem unsere reservierten Sitzplätze sind. Die Zugbegleiter stehen ganz in der Nähe auf dem Bahnsteig und lassen uns gewähren. In den Waggons mit 6er-Abteilen gibt es keine idealen Fahrradstellplätze, die Gänge sind sehr schmal. Wir mühen uns ab, die Räder so zu parken, dass sie möglichst wenig stören würden. Da kommt ein Bediensteter der Bahn (er hat ein Namensschild am Hemd) und meint, wir sollen die Räder in das leere Abteil nebenan stellen. Das Ticket bekämen wir von ihm für 122 RON (ca. 28 EUR). Dies scheint uns etwas teuer und außerdem haben wir nur noch wenig Bargeld, auch nicht in Euro. Und das wollen wir auch nicht komplett ausgeben, deshalb muss er sich zunächst mit ca. 15 Euro begnügen. Weil der Zug bald abfahren würde, sollten wir beim nächsten längeren Halt aus einem Automaten Geld ziehen, er käme dann noch einmal vorbei, sagt er, bevor er weiter geht.

Weil wir alleine im Abteil sind, können wir uns gemütlich einrichten. Inzwischen ist es 13 Uhr, der Zug fährt los. Irgendwann kommt der Schaffner und kontrolliert unsere Tickets. Alles okay. Und für die Fahrräder? Haben wir beim Kollegen bezahlt. Kollege? Kann nicht sein! Weil wir uns mangels rumänischer Sprachkenntnisse nicht richtig mit ihm unterhalten können, kommt er nach kurzer Zeit mit einer jungen Rumänin wieder, die perfekt deutsch spricht. Adina übersetzt uns, dass wir wohl einem Betrüger aufgesessen seien. Wir müssen also noch einmal, dieses Mal an die „echten" Schaffner, für die Fahrräder bezahlen: pro Rad sind 45 RON (ca. 10 EUR) fällig. Wenigstens hatten wir dem Betrüger nicht die volle Summe bezahlt, die der von uns ergaunern wollte. Adina kommt später noch einmal in unser Abteil, es ist ihr sehr unangenehm, dass wir in ihrem Land so schlechte Erfahrungen machen müssen, sagt sie. Wir plaudern noch länger mit ihr und versichern ihr, dass wir sie besuchen werden, falls wir wieder einmal nach Rumänien reisen würden.

Wir wissen nicht, ob es eine Verbindung des Zugpersonals mit dem angeblichen Ticketverkäufer gibt, aber es könnte durchaus sein. Denn dass dies das erste Mal gewesen sein soll, dass bei Radtouristen auf diese Weise abkassiert wird, können wir uns nicht vorstellen. Aber was soll's, wir sitzen im Zug und unsere Räder sind auch dabei. Leider müssen wir dann auch noch in Ungarn und in Österreich ebenfalls jeweils ca. 10 EUR (bei den Schaffnern) für die Räder bezahlen, so dass es letztlich eine recht teure Fracht wird! Aber wenigstens haben wir die meiste Zeit das Abteil alleine für uns, so dass wir uns sogar hinlegen können. Erst gegen Morgen in Ungarn füllt sich der Zug, wir müssen nun auch unsere Räder in den Gang „umsiedeln". Doch wir erreichen Wien pünktlich kurz nach 8 Uhr am nächsten Morgen.

Jetzt brauchen wir nur noch eine Fahrradkarte für die restliche Heimfahrt über Salzburg nach Stuttgart. Dies ist letztlich eine recht unspektakuläre Angelegenheit. Wir erreichen alle Anschlüsse und kommen am Spätnachmittag nach 36 Stunden Zugfahrt in Stuttgart an.

Wo unser Zelt wohl auf der nächsten Reise stehen wird?

9000 Kilometer durch Europa - ein Fazit

Wir haben es also tatsächlich durchgezogen – in drei Etappen sind wir 2012, 2013 und 2014 durch ganz Europa geradelt: 9000 Kilometer von der Barentssee bis zum Schwarzen Meer. Siebzehn Länder haben ihre Eindrücke hinterlassen, wir haben sie auf der Reise entlang des ehemaligen Eisernen Vorhangs kennen gelernt und im Wortsinn auch „erfahren". Hier unsere persönlichen Eindrücke und Einschätzungen, die keineswegs repräsentativ sein müssen:

Norwegen

Viel Landschaft, wenig Menschen, kaum Verkehr. Mitternachtssonne. So empfängt uns Norwegen, als wir unsere Reise in Kirkenes beginnen. Das Leben hier in der Finnmark, des nördlichsten Verwaltungsbezirks Norwegens, scheint frei von jeglicher Hektik zu sein, wohltuende Ruhe überall. Im hohen Norden ist die Landschaft karg und rau, niedriges widerstandsfähiges Gehölz, Sträucher, Moose und Flechten sowie felsige Küstenabschnitte prägen das Bild. Von hier aus ist es nicht weit nach Russland, nach Finnland übrigens auch nicht. Gute Straßen und rücksichtsvolle Autofahrer lassen uns zügig voran kommen.

Finnland

Endlose Wälder, Seen und Einsamkeit. Das sind unsere ersten Eindrücke dieses nordischen Landes. Da kann es schon einmal vorkommen, dass man am Campingplatz gesagt bekommt, dass die nächste Einkaufsmöglichkeit 38 km entfernt ist... Wobei für einen Übernachtungsplatz nicht unbedingt ein Campingplatz gesucht werden muss, denn wie in ganz Skandinavien gilt auch hier das Jedermannsrecht, man darf fast überall zelten. In Lappland dominieren noch die nordischen Nadelwälder, die von Fichten, Kiefern, Tannen und Lärchen sowie von Birken geprägt sind. Es fällt auf, dass die Bäume nach Norden hin immer niedriger und schlanker werden, niedrige Sträucher (viele Heidelbeeren) bedecken den Waldboden. Bis zum Polarkreis scheint im Sommer die Mitternachtssonne, selbst im Süden wird es um die Sommersonnenwende auch nachts nicht vollkommen dunkel, das sind dann die sogenannten „weißen Nächte".

Das Wasser in den vielen Flüssen und Seen des Landes ist meist vorzüglich, wir haben uns teilweise unser Trinkwasser daraus geholt. Vorsorglich haben wir das Wasser gefiltert, möglicherweise ist das aber nicht nötig. Rentiere sind uns im Norden des Landes oft begegnet, sie nutzen wohl gerne die verkehrsarmen Straßen, um zügig voran zu kommen. Von den zahlreichen Elchen, die es in Finnland gibt, haben wir leider kein einziges Exemplar gesehen. Ebenso we-

Inarisee

nig sind uns Bären oder Wölfe begegnet, deren Population hier langsam wieder zunehmen soll.

Finnland ist im übrigen gar nicht so flach, wie man sich das oft vorstellt. Vor allem im Südosten des Landes können viele Hügel mit teils giftigen Anstiegen oder unbefestigter Oberfläche das Radeln erschweren. Aber außerhalb von Ortschaften ist man als Radfahrer oft der einzige Verkehrsteilnehmer, die Autofahrer scheinen sich auf die größeren Verkehrswege zu konzentrieren und meiden offensichtlich die kleinen Straßen in der Nähe der russischen Grenze. Manche grenznahen Städte Finnlands sind allerdings bei den russischen Nachbarn beliebt, was man an den entsprechenden Autokennzeichen sehen kann.

Mancherorts warten auch unzählige Mücken auf den arglosen Touristen. Da helfen nur noch radikale Maßnahmen wie Mückenschutzmittel oder Moskitonetze. Zum Glück gibt es aber auch immer wieder tolle Plätze in der Natur, die völlig mückenfrei sind. Die Einkaufsmöglichkeiten sind im allgemeinen recht gut, aber in den dünn besiedelten Gebieten im Norden oder auch weit im Osten nahe der russischen Grenze muss man sich darauf einstellen, dass es längere Abschnitte ohne Läden gibt. Mit einer gewissen Umsicht ist das jedoch kein Problem, man kann sich gut darauf einstellen. Alles in allem hat Finnland einen sehr positiven Eindruck bei uns hinterlassen.

Russland

Das große unbekannte Land – Russland. Kann man dort einfach so Radfahren? Wie wird man dort ohne

Sprachkenntnisse zurecht kommen? Und überhaupt – darf man da so einfach mit dem Rad einreisen? Fragen über Fragen. Dazu noch die Warnungen von Leuten, die selber zwar noch nie in Russland waren, aber schlimmes gehört hatten. Die Kriminalität dort, das sei viel zu gefährlich! Der Verkehr sei für Radfahrer lebensgefährlich! Und überhaupt – in Städten wie Sankt Petersburg sei Radfahren ein Ding der Unmöglichkeit!

Viele Fragen stellten wir uns im Vorfeld. Dabei war dann alles ganz einfach, nur der Grenzübertritt selber war etwas zäh! Zunächst unterscheiden sich die karelischen Landschaften nicht. Sowohl auf finnischer als auch auf russischer Seite fahren wir kilometerlang durch endlos scheinende Wälder. Lediglich der Verkehr ist auf der E 70 relativ stark, aber das ist ja logisch. Wir bewegen uns auf der Hauptroute von Finnland nach Sankt Petersburg. Doch sobald wir auf Nebenstraßen unterwegs sind lässt auch der Autoverkehr nach, dafür sind manche Streckenabschnitte mit Schlaglöchern übersät.

Freundliche, hilfsbereite Menschen trugen dazu bei, dass wir uns zurecht fanden oder unbeschadet aus den Großstädten Sankt Petersburg und Kaliningrad wieder hinaus kamen. Wir konnten uns mit manchen Leuten sogar englisch verständigen und wenn das nicht ging half uns ein Übersetzungsprogramm weiter, das wir auf unserem Tablet installiert hatten. Klar, Russischkenntnisse wären hilfreich gewesen, aber es ging auch so ganz gut.

Die großen Städte sind stark auf Autos ausgerichtet, Radfahrer sind Ausnahmen auf den Straßen und im Stadtgebiet ist radeln nicht immer ganz einfach, vor allem in Kaliningrad ist uns das negativ aufgefallen. Aber jenseits der Stadtgrenzen ist man als Radler auch auf stärker frequentierten Straßen normalerweise recht sicher, so lange man tagsüber unterwegs ist. Russland wird als Reiseland sicher oft unterschätzt, wir haben uns hier sehr wohl gefühlt.

Wer nicht wie wir über Sankt Petersburg radeln möchte kann von Helsinki aus in knapp zwei Stunden mit der Fähre nach Tallinn reisen. Das war auch die offizielle Route des Iron Curtain Trail im Jahr 2013, als wir dort waren. Es sei wohl angedacht, eine Etappe durch Russland auszuarbeiten, aber ob und wann diese realisiert werden wird ist uns nicht bekannt.

Estland

Keine Steigungen, ebene Straßen und Wege ohne nervigen Verkehr. Dazu viel Küste, viel Natur und eine sehenswerte Hauptstadt (Tallinn). So präsentiert sich uns der baltische Staat, der für uns bis dato ein unbekannter Fleck auf der Landkarte darstellte. Die Menschen hier scheinen wirtschaftlich besser gestellt zu sein als in Russland. Offensichtlich macht sich die EU-Mitgliedschaft bemerkbar. Das Sortiment in den Läden unterscheidet sich nicht wesentlich von dem in unseren Geschäften, auch die Gastronomie kann, vor allem in den Städten, durchaus mithalten. Am 1. Januar 2011 wurde der Euro als Landeswährung eingeführt.

In Estland lässt es sich entspannt radeln. Das kleine Land (es ist nur wenig größer als die Schweiz) ist mit 28 Einwohnern pro km² recht dünn besiedelt. Und wer es noch etwas ruhiger haben möchte sollte auf die estnischen Inseln fahren. Ein Geheimtipp ist der Lahemaa

Naturpark östlich von Tallinn. Wörtlich bedeutet der Name „Buchtenland", denn der 500 ha große Park besteht aus sechs Buchten, die wie übergroße Finger in die Ostsee ragen.

Lettland

Lange, endlose Strände. Menschenleer. Es ist leicht, einen wunderschönen Übernachtungsplatz direkt am Meer zu finden. Wie in Estland radeln wir auf verkehrsarmen Straßen ohne nennenswerte Steigungen. Eine Ausnahme bildet die direkte Straße von Estland nach Riga. Die liegt zwar direkt an der Küste, ist jedoch stark befahren und deshalb für Radfahrer nicht empfehlenswert. Ein Umweg ins Landesinnere ist die bessere Alternative.

Solche Plätze lieben wir!

Lettland ist Mitglied der Europäischen Union und seit dem 1. Januar 2014 Teil der Eurozone. Dennoch fällt der Unterschied zu Estland sofort auf. Die Ortschaften und Häuser wirken einfacher und weniger wohlhabend als im Nachbarland. Freilich ist davon in touristischen Zentren wie z.B. in Riga wenig zu spüren. Dort findet der Reisende eine intakte Infrastruktur.

Uns hat es besonders im Osten von Kurland mit dem nördlichsten Punkt der Halbinsel, Kap Kolka und dem Nationalpark Slītere gefallen. Wir fanden dort wunderschöne Abschnitte direkt am Strand, wo wir ungestört unser Zelt in der ersten Reihe aufstellen konnten. Auch wenn die Westseite bis Ventspils für den Durchreisenden eher langweilig ist (weil die Straße einige Kilometer von der Küste entfernt verläuft und keine Ortschaften an ihr liegen) können wir Kurland wirklich empfehlen.

Litauen

Hervorragende Radwege kennzeichnen das relativ kurze Stück, das wir durch dieses baltische Land radeln. Sowohl vor Klaipeda als auch auf der Kurischen Nehrung gibt es kilometerlange asphaltierte Radwege fernab von Verkehrsstraßen inmitten der Natur. Und das hat uns wirklich beeindruckt, denn in keinem anderen Land, durch das wir bisher kamen, sahen wir ähnliches. Die kurze Ostseeküste Litauens ist touristisch gut erschlossen. Hotels, Restaurants oder Vergnügungsstätten – alles ist hier zu finden. Vor allem auf der Kurischen Nehrung ist man ganz auf Touristen eingestellt.

Seit dem 1. Januar 2015 ist Litauen das 19. Mitglied der Eurozone. Somit kann jetzt in allen drei baltischen Staaten mit dem Euro bezahlt werden.

Polen

Was für ein Gegensatz zu den baltischen Stränden: ganz Polen scheint hier an der Ostsee Urlaub zu machen. In den Küstenorten steppt der Bär. Da gibt es Verkaufsstände und Imbissbuden en masse, die Urlauber drängen sich in den Straßen und am Strand – zumindest in den Badeorten und davon gibt es entlang der Ostseeküste viele! Dies ist der auffälligste Eindruck, den wir über dieses Land gewinnen. Doch natürlich gibt es auch andere Seiten. Nachdenklich werden wir in Stutthof, wo das ehemalige KZ heute als Gedenkstätte an die Gräueltaten unserer Vorfahren erinnern.

Ein besonderer Besuchermagnet ist natürlich Danzig mit seiner wunderschön und aufwändig restaurierten Altstadt. Hier lohnt auch ein längerer Besuch. Außerhalb von Touristenstädten ist es jedoch sehr ruhig. Sowohl am Meer als auch im Hinterland. Dort findet man herrliche Alleen und kleine, ruhige Dörfer. Das Verkehrsaufkommen ist gering, so dass wir hier sehr gerne radeln. Im allgemeinen sind die Radwege, vor allem an der Küste, sehr gut ausgeschildert.

Die Versorgungssituation für Reisende ist prima. Auf unserer Route gibt es quasi überall Läden, Restaurants, Hotels und Campingplätze.

Deutschland

Was für eine Vielfalt unser Land doch bietet! Wenn man, so wie wir, einmal der Länge nach durch Deutschland radelt lernt man unsere Heimat ganz neu kennen. Da sind zuerst die noblen, alten Seebäder an der Ostsee. Mancherorts scheint die Zeit stillgestanden zu haben. Ruhige Gediegenheit stellt einen sichtbaren Gegensatz zum Nachbarland Polen dar. Man kann sich richtig vorstellen, wie der Bäderbetrieb anfangs des letzten Jahrhunderts begann. Oder die alten Hansestädte. Liebevoll restauriert präsentieren sie sich den Besuchern und bieten jede Menge Fotomotive. Gut ausgeschilderte Radwege führen Radtouristen sicher durchs Land. Natürlich gibt es auch Hotels, Restaurants oder Campingplätze in Hülle und Fülle.

Dann folgt das überwiegend flache Niedersachsen und Sachsen-Anhalt. Die Route führt uns oft durch nur dünn besiedeltes Gebiet. Wir treffen dort noch auf viele Erinnerungen an die Teilung Deutschlands. Grenzmuseen, Mahnmale und Infotafeln halten das Gedenken an die jüngste Geschichte aufrecht. Leider sind die Versorgungsmöglichkeiten für Radreisende nicht immer optimal. Da wir meist nahe der ehemaligen Grenze unterwegs sind kommen wir durch viele sehr kleine Dörfer – und dort gibt es kaum Läden oder Tankstellen. Stattdessen ballen sich in den größeren Orten gleich alle großen Discounter in unmittelbarer Nachbarschaft.

Hornburg am Harz

Langsam ändert sich die Landschaft, es wird zunehmend hügeliger. Fachwerkhäuser bestimmen die Ortsbilder – wir haben mit dem Harz die Mittelgebirgszone erreicht. Da ist es gut, dass die Grenze auch entlang der Werra verlief, denn so kann man sich wenigstens ein paar Tage auf dem flachen Flussradweg erholen und neue Kräfte für die Berge von Rhön und Thüringer Wald sammeln. Herrliche Landschaft empfängt uns auch im Bayerischen Wald. Es sind zwar auch hier wieder viele Anstiege zu bewältigen, aber als Lohn gibt es großartige Ausblicke und rasante Abfahrten.

Vom flachen Norden Deutschlands bis zu den Bergen im Süden – unser Heimatland bietet überall viel Sehenswertes. Das Radwegenetz ist eines der besten Europas, auch wenn es noch Potential zu Verbesserungen hat. So wäre es beispielsweise nicht schlecht, wenn wenigstens im Ursprungsland des Iron Curtain Trail eine durchgehende einheitliche Beschilderung vorhanden wäre.

Tschechische Republik

Der malerische Böhmerwald lässt uns auch weiterhin bergauf und -ab radeln. Fahrradfahren ist in Tschechien weit verbreitet, in den letzten Jahren wurde daher intensiv an einem nationalen Radnetz gearbeitet. Eine landesweit einheitliche Ausschilderung mit gelben Radweg-Schildern und nummerierten Radwegen ist Fahrradtouristen sehr hilfreich. Doch auch bei einer späteren Radreise in Tschechien mussten wir feststellen, dass es für die Planer der Radwege wohl wichtiger ist, Radfahrer von den Autostraßen zu entfernen, als ihnen auch fahrradfreundliche Pisten zu bieten. Man sollte auf tschechischen Radwegen auf Überraschungen gefasst sein, von grobem Schotter bis zu steilen felsigen Anstiegen wird alles geboten.

Biosphärenreservat Šumava

Im Biosphärenreservat Šumava finden Erholungssuchende Ruhe und Entspannung. Als besonderen Service für Radfahrer führen die Linienbusse dort Anhänger für

Fahrräder mit. Wir sind von der offiziellen Route ein wenig abgewichen und folgten dem Lauf der Moldau bis zum Lipno Stausee, um dort wieder auf den Iron Curtain Trail zu treffen. Auch im weiteren Verlauf bleibt es in Tschechien auf teilweise schwierigen Wegen hügelig, was besonders bei hohen Temperaturen recht anstrengend ist.

Die tschechische Küche ist schmackhaft und preiswert, ebenso das Bier. Kein Wunder, wir sind ja auch im Land der Erfinder des „Pilseners".

Slowakei

Flach und eher eintönig erfahren wir die Strecke bis nach Bratislava. Nur wenige kleine Ortschaften durchbrechen die Monotonie der Hochwasserdämme, an denen die Route vorbeiführt. Aber es dauert auch nur einen Tag, bis wir im nächsten Land sind. Die Zeit ist für einen echten Einblick viel zu kurz und wir sind überzeugt, dass die Slowakei mehr zu bieten hat als wir auf diesem kleinen Teil sehen können. Denn aus Wikipedia wissen wir, dass der Staat einen Flächenanteil von fast einem Drittel des gesamten Karpatenbogens, vor allem der Westkarpaten hat. Die höchste Erhebung ist der Gerlachovský štít (*Gerlsdorfer Spitze*) in der Hohen Tatra mit 2655 m (zugleich der höchste Berg der gesamten Karpaten); die Zahl der Zweitausender beträgt etwa 100. Es gibt im Land also viel zu sehen!

Im Jahr 2009 trat die Slowakei der Eurozone bei.

Österreich

Von den Alpen ist hier im Burgenland nichts zu sehen. Allenfalls sanfte Hügel erheben sich hier in der Nähe des Neusiedler Sees. Es ist ein idealer Standort für Energieunternehmen, denn hunderte von Windrädern produzieren hier grünen Strom im fast ständig wehenden Wind. Der Iron Curtain Trail (Eurovelo 13) ist hier bestens beschildert, ein Vorbild für die anderen Länder! Die Route führt meist auf wenig befahrenen Autostraßen durch diesen Teil Österreichs, auch asphaltierte Wirtschaftswege sind darunter.

Weinbau und Tourismus spielen hier im Burgenland und rings um den Neusiedler See eine große Rolle, so dass der Radreisende auch dank der kaum vorhandenen Steigungen ein ideales Terrain vorfindet. Auf keinen Fall sollte man sich, wenn man den Iron Curtain Trail fährt, den Platz des Paneuropäischen Picknicks zwischen Mörbisch am See und Klingenbach entgehen lassen. Selbst wenn dies wie ein Umweg aussieht, so ist dieser historische Ort die Geburtsstunde der Einheit Europas.

Bestens beschilderter Eurovelo 13

Ungarn

Flaches Land, Sonnenblumen- und Maisfelder und teilweise schön restaurierte Städte – das sind die ersten

Eindrücke, die wir in Ungarn bekommen. Weil der Staat überwiegend im Pannonischen Becken liegt, gibt es nur im Grenzbereich zu Österreich und Slowenien ein paar Anstiege, ansonsten radeln wir auf ebenen, meist nur schwach befahrenen Straßen. Einkaufsmöglichkeiten gibt es auch in kleineren Orten, so dass es nicht schwierig ist, sich mit allem notwendigen zu versorgen. Dazu kommen freundliche Menschen, die uns gerne weiter helfen.

Es ist das Land, in das wir am häufigsten bei unserer Tour ein- und ausreisen. Immer wieder überqueren wir die Grenze zu den Nachbarstaaten - und merken manchmal gar nicht, dass wir die Staatsgrenze wieder einmal passiert haben. Das wäre vor dem Fall des Eisernen Vorhangs nicht denkbar gewesen. Ungarn hatte ja entscheidenden Anteil an den Revolutionen im Jahr 1989 in den ehemaligen Ostblockstaaten und damit auch an der friedlichen Revolution in der DDR, die den Weg zur Wiedervereinigung Deutschlands ebnete.

Slowenien

In diesem hügeligen Land fühlen wir uns vom ersten Moment an wohl. Sanfte Hügel, Wald und Weiden prägen das Bild auf unserer Route. Wir radeln auf guten Straßen mit wenig Verkehr, sehen gepflegte Häuser und hübsche Dörfer, alles wirkt sehr ordentlich. Schade, dass wir dieses angenehme Land nur einen Tag lang bereisen! Das ist viel zu kurz, um ein richtiges Statement abgeben zu können.

Trotz seiner geringen Ausdehnung verfügt Slowenien über sehr verschiedenartige Landschaftsformen. Mehr als die Hälfte der Staatsfläche ist mit Wald bedeckt. Wir reisen über das Mittelgebirge im Nordosten ein und verlassen das Land in der flachen Pannonischen Tiefebene. Im Nordwesten verlaufen die Hochgebirgszüge der Julischen Alpen, Karawanken und Steiner Alpen, im äußersten Südwesten des Landes liegt die 46,6 Kilometer lange Adria-Küste (Slowenische Riviera).

Es gibt also noch viel zu sehen und wir sind sicher, dass dies nicht unsere letzte Reise in dieses sympathische Land war! Am 1. Januar 2007 trat es übrigens in die Eurozone ein.

Kroatien

Wenn wir nicht diesen bezaubernden Übernachtungsplatz an einem Seitenarm der Drau gefunden hätten, würde uns nicht viel positives über Kroatien einfallen.

Sonnenuntergang in Kroatien

Denn die Route führte uns überwiegend auf flachen, wie mit dem Lineal gezogenen Straßen, auf denen teilweise auch noch viel lästiger Verkehr war! Nach Reliefformen und Klimazonen lässt sich Kroatien in drei Landschaftszonen einteilen. Wir sind demnach in der Pannonischen Tiefebene unterwegs, daneben gibt es noch die dinarische Gebirgsregion sowie die adriatische Küstenregion, sicher sehr sehenswerte Landstriche.

Die Freundlichkeit der Menschen unterwegs und an unserem Nachtplatz an der Drau lassen uns die Eintönigkeit der Straßen jedoch schnell vergessen. Solche

Begegnungen sind immer wieder schön. Und auch hier gilt, dass wir nur einen sehr kleinen Teil dieses Landes gesehen haben und dass es bestimmt attraktivere Routen für Radfahrer gibt.

Serbien

Dieses große Land hat für uns mindestens zwei Gesichter. Das unschöne Gesicht zeigt sich uns in Form von Müll, der achtlos herum liegt oder auf „Deponien" neben der Straße gesammelt wird. Auch fade, eintönige und lange Strecken über teilweise schlechten Untergrund gehören dazu. Doch es gibt ja auch das andere Gesicht: herzliche Menschen, schöne Städte und prima Essen (auch wenn man manchmal Mühe hat, vegetarische Gerichte zu finden...).

Und wenn man die langweilige Ebene hinter sich gelassen hat, überrascht Serbien mit abwechslungsreicher Landschaft. Serbien setzt sich aus zwei Landschaftstypen zusammen, die durch die Save-Donau-Linie geteilt werden. Nördlich der Save- und Donau-Ebene liegt die Vojvodina, wo nur das sanfte Rumpfgebirge der Fruška Gora und die Karpatenausläufer der Vrsačke gore im Relief etwas hervortreten. Durch dieses Gebiet führt der Iron Curtain Trail. Südlich von Save und Donau ist das Land in Zentralserbien überwiegend gebirgig – im Nachhinein sind wir nicht unglücklich darüber, dass wir eine etwas einfachere Route zum Schwarzen Meer gewählt haben.

In ganz Serbien haben wir keine Probleme, uns zu versorgen. Es gibt viele kleine Läden, in denen notwendige Lebensmittel verkauft werden. Auch Bars und in

Städten Restaurants laden zu Pausen ein. Serbien hat am 22. Dezember 2009 seine Kandidatur für eine Mitgliedschaft in der Europäischen Union eingereicht und erhielt, nachdem auch Rumänien seinen Widerstand aufgegeben hat, am 1. März 2012 offiziell den Status eines Beitrittskandidaten.

Bulgarien

Hat die freundlichsten Beamten! An der Grenze werden wir mit „Welcome to Bulgaria! Have a nice trip!" empfangen und die Polizei ruft uns „No Problem!" zu, als sie nächtens unser Zelt auf einer Wiese entdeckt. Auch die Schafe hatten nichts gegen die fremden Besucher auf ihrer Wiese. Riesige Felder zeugen von ehemaligen staatseigenen landwirtschaftlichen Betrieben.

Übernachtungsplatz mit Schafen

Obwohl unsere Route entlang der Donau führt ist es sehr hügelig und teilweise müssen wir auf Straßen mit relativ viel Verkehr fahren. Wir sind froh, dass wir anstatt der West- nun an der Ostgrenze des Landes radeln, denn das Balkangebirge wäre weit anspruchsvoller als die Hügel längs der Donau.

In Bulgarien ist die sozialistische Vergangenheit noch am deutlichsten zu sehen. In keinem der anderen Länder sehen wir so viele der typischen Betonbauten und Denkmäler wie hier. 2007 wurde Bulgarien in die

Europäische Union aufgenommen. Demzufolge wird seither auch die Aufnahme in das Schengener Abkommen anvisiert, doch noch wird an den Grenzen kontrolliert – aber wie schon gesagt, äußerst freundlich!

Die Verständigung mit den Einheimischen ist manchmal schwierig, nur wenige sprechen englisch. Die kyrillischen Schriftzeichen machen das auch nicht einfacher. Im Gegensatz zu Serben und Rumänen erscheinen uns die Bulgaren eher zurückhaltend, aber dennoch freundlich. Es gibt auf unserer Strecke keine Campingplätze, so dass wir hin und wieder wild campen. Aber nie erscheint uns dies gefährlich zu sein, wir fühlen uns immer sehr sicher.

Rumänien

Der Abschnitt, an dem die Donau die Karpaten durchbricht, ist ein Highlight unserer Tour. Bis zum Eisernen Tor bleibt man, ganz ohne Tunnels, meist auf gleicher Höhe wie der Fluss, nur am Ende müssen drei Anstiege bewältigt werden. Auf der serbischen Seite muss man auf der gleichen Strecke durch 22 Tunnels radeln und viele Höhenmeter überwinden. Allerdings kann der weitere Verlauf von Orsova bis zum Grenzübergang nach Serbien wegen heftigen Schwerlastverkehrs nicht empfohlen werden. Wir wissen nicht, ob es eine Alternative hierzu gibt, möglicherweise kann man ein Stück mit der Bahn reisen.

Nirgends sonst auf unserer Route haben wir so viele Pferdegespanne gesehen wie im weiteren Verlauf der Donau. Offensichtlich sind die Menschen hier Selbstversorger. Auffallend sind die vielen kleinparzelligen Felder. Rumänien wird etwa zu je einem Drittel von Gebirge, Hochland und Ebene eingenommen. Das geografische Zentrum des Landes ist das Siebenbürgische Hochland das von den Karpaten, die wir beim Eisernen Tor gestreift haben, umschlossen wird. Wir sind jedoch hauptsächlich in den weiten Ebenen der Walachei unterwegs, die über die Dobrudscha bis ans Schwarze Meer reicht.

Seit 2007 ist Rumänien Mitglied der Europäischen Union. Wir treffen ausnahmslos auf sehr freundliche Menschen, die gerne mit uns in Kontakt kommen oder auch nur winken, wenn sie uns mit ihrem Pferdefuhrwerk begegnen. Die Kinder machen sich einen Spaß daraus, uns „abzuklatschen", also während wir radeln

Pause bei der Maisernte

mit der flachen Hand gegen unsere Hände zu klatschen. Das ist durchweg gut gemeint, aber manche der Kids sind recht kräftig und können einen Radler schnell mal aus dem Gleichgewicht bringen. Wir nehmen es sportlich und freuen uns mit den Kindern.

In fast jedem noch so kleinen Dorf finden wir Einkaufsmöglichkeiten, so dass Radreisen hier völlig unkompliziert sind. Lediglich an Hotels oder an Campingplätzen mangelt es, so dass ein Zelt eine gute Wahl ist. Auch in Rumänien haben wir mit polizeilichem Segen wild gecampt.

Am 04.09.2014 erreichen wir unser Ziel, das Schwarze Meer. Den Iron Curtain Trail haben wir für uns hier in Constanţa beendet, auch wenn die eigentliche letzte Etappe über das Balkangebirge führt und wir stattdessen auf dem Donauradweg geradelt sind. Wir sind inzwischen in einem Alter, in dem nicht mehr alle Abenteuer selbst erlebt werden müssen, aber wer weiß, vielleicht holen wir die fehlende Strecke ja noch irgendwann einmal nach.

Wir haben das Schwarze Meer erreicht

Zweiter Teil

Die Route

Die offizielle Karte des Iron Curtain Trails zeigt den Verlauf des ehemaligen Eisernen Vorhangs.

Quelle: Michael Cramer

Streckeninfos und Statistiken

Auf unseren Seiten www.iron-curtain.blogspot.de haben wir umfangreiche Statistiken zur Strecke, über Entfernungen oder Übernachtungen hinterlegt. Diese Tabellen in dieses Buch zu integrieren würde den Rahmen sprengen.

Gerne fügen wir dort auch neue Informationen von anderen Radreisenden ein. So zum Beispiel über den Streckenzustand oder eine tolle Übernachtungsmöglichkeit. Auch für Gastbeiträge stellen wir eine Plattform zur Verfügung! Meldet euch einfach!

Detaillierte Streckenbeschreibungen gibt Michael Cramer in den drei Bänden des Bikelineführers „Europa-Radweg Eiserner Vorhang" vom Esterbauer Verlag. Unsere GPX-Routen basieren auf diesen Werken.

Wir sahen auf unserer Reise vielerorts Erinnerungen an die überwundene Teilung

Interview mit Michael Cramer

Berlin: 14. September 2013: 100. Mauerstreifzug

Es ist ein freundlicher, sonniger Samstagnachmittag in Berlin. Annähernd 100 Radlerinnen und Radler treffen am S-Bahnhof Wollankstraße ein, um sich zusammen mit Michael Cramer auf einen seiner „Mauerstreifzüge" zu begeben und die Spuren der jüngeren Geschichte zu „erfahren". Auch wir sind diesmal mit von der Partie. Wie beliebt diese Erkundigungen in der Bundeshauptstadt sind, zeigt sich daran, dass es sich bereits um die 100. Tour dieser Art handelt. Und was uns ganz besonders freut: der „Erfinder" des Iron Curtain Trails steht uns vor Beginn der Ausfahrt für ein kleines Exklusivinterview zur Verfügung.

Peter: Herr Cramer, ganz herzlichen Dank, dass Sie sich heute für uns Zeit genommen haben. Wie wir vorhin schon erwähnt haben, sind wir vor ein paar Jahren darauf gestoßen, dass Sie Mitinitiator dieser, für unsere Begriffe, tollen Radroute sind. Dieses Jahr haben wir unsere zweite Etappe absolviert und sind dabei von Finnland bis nach Polen gekommen. Würden Sie uns bitte erzählen, wie Sie denn die Idee hatten, eine so große Radstrecke zu kreieren, mit dem Charakter West-Ost-Beziehung aufzuarbeiten und – wie Sie in Ihrem Buch ja beschrieben haben – auch tatsächlich zu „erfahren".

Michael Cramer: Ich komme ja aus Berlin und als die Mauer fiel hatten die Grünen und der ADFC zu dieser Zeit schon die Idee, dort wo die Mauer stand, müsste man einen Radweg machen. Das gibt's ja in manchen Städten entlang früherer Stadtmauern. Aber damals lautete die Parole von der Politik und von den Medien: „Die Mauer muss weg!" – da war nichts zu machen. Und als dann im Jahr 2001 der 40. Jahrestag des Mauerbaus kam, haben wir die Idee des Mauerradwegs noch mal aufgegriffen und eine Broschüre gemacht. Als ich den Antrag im Abgeordnetenhaus vorgestellt habe, sagte der Senatsvertreter: „Herr Cramer, haben Sie eigentlich nichts besseres zu tun, als am Wochenende immer die Mauer rauf und runter zu radeln?"

Ein halbes Jahr später hat der Senat das Konzept beschlossen. Heute ist die Strecke fahrradfreundlich ausgebaut, mit 900 Schildern ausgewiesen und ist jetzt ein touristisches Highlight. Wir wollten das „Grüne Band" dann auch auf die Bundesebene übertragen, weil ja nicht nur Berlin sondern auch Deutschland gespalten war und haben dem Bundestag die Idee, das Grüne Band zu schützen und es fahrradfreundlich erfahrbar zu machen, vorgestellt. Und dafür habe ich dann 2004 die einstimmige Mehrheit erhalten!

Als ich 2004 ins Europaparlament gewählt wurde, war einer meiner ersten Berichte, den ich mitbehandelt habe „Sustainable Tourism" – nachhaltiger Tourismus. Und der Berichterstatter war ein konservativer Portugiese, der die europäische Identität suchte. Ihm habe ich gesagt: „Schauen Sie mich an: ich bin Westfale und mache als Berliner für Deutschland europäische Politik. Aber von der Spaltung Europas und der Wiedervereinigung, da waren alle betroffen. Alle in Europa, Sie ganz weit weg und wir ganz nah dran." Er hat diesen Antrag übernommen und eine große Mehrheit, aus allen Fraktionen und aus allen Ländern, hat sich dafür ausgesprochen. Dann wurden Workshops gemacht in Sofia, in Sopron und in Warschau. Da haben alle 20 Länder, die daran beteiligt sind, ihre Delegationen geschickt.

Im nächsten Jahr haben wir 2014. Da denken wir natürlich an 100 Jahre Beginn des Ersten Weltkriegs, 75 Jahre Beginn des Zweiten und 25 Jahre Fall der Mauer in Berlin, des Eisernen Vorhangs in Europa. All diese drei Daten gehören zusammen. Ohne den Ersten hätte es den Zweiten Weltkrieg nicht gegeben, und ohne den Zweiten nicht die Spaltung und die Wiedervereinigung Europas. Insofern passt dieses Konzept.

Peter: Sind Sie selber auch schon ein Stück dieser Europaradroute gefahren, also jetzt außerhalb dieser Berliner Mauerradwege?

Michael Cramer: Anders als den Berliner Mauerradweg, da bin ich natürlich alles gefahren, und anfangs war ich der einzige, der noch wusste, wo man entlangfahren kann, konnte ich das natürlich nicht. Ich bin ja für andere Zwecke gewählt worden. Aber knapp die Hälfte des Iron Curtain Trails habe ich auch schon geradelt. Also den deutsch-deutschen Teil habe ich perfekt, dann auch von der deutsch-tschechischen Grenze bis Szeged, dann habe ich im Grunde den serbischen Teil bis Vidin etwa gemacht, habe Teile in Mazedonien, auch Teile jetzt in Estland, Litauen und Lettland geradelt. Mein Ziel ist aber, auch alles radeln zu können. Also ich freue mich, dass Sie das gemacht haben und beneide Sie ein bisschen.

Peter: Wir sind ja noch mittendrin..... Kennen Sie jemanden, der schon 'mal die ganze Strecke gefahren ist?

Michael Cramer: Ja, ich habe mehrere Leute, die das alles gefahren sind und im nächsten Jahr gibt's auch fünf Leute, die alles schon perfekt organisiert haben. Die starten dann am 29. Juni. Damals – 1989 – haben Alois Mock und Gyula Horn den Eisernen Vorhang geöffnet. Die Gruppe startet oben in Grense Jakobselv, bei Kirkenes, und radelt dann bis Istanbul.

Peter: Wow!

Michael Cramer: Das sind dann teilweise Ex-Profis, Mountainbiker. Da ist auch Frau Marunde dabei, die war mal Querfeldeinmeisterin. Die propagieren das auch und das gefällt mir.

Peter: Ja, wunderbar! Wie muss man sich das vorstellen, wie stimmen sich die Länder untereinander ab? Gibt es da gewisse Standards, die erzielt werden sollen, was die Beschilderung anbelangt? So haben wir z.B. noch kein einziges Schild gesehen, wo tatsächlich „Iron Curtain Trail" drauf steht. In den baltischen Staaten, die wir ja abgefahren haben, ist es in großen Teilen die Route des Ostseeküstenradwegs, der Eurovelo 10. In Estland gab's eine gute Beschilderung, in den Nachbarländern danach teilweise gar keine. Gibt's da irgendwie einen Austausch, auch wie der Zustand der Straßen bzw. der Radwege sein sollte? Denn da hatten wir eine ganze Palette von fast ungeeignet bis Sandwege und dann auch wunderbar ausgewiesene und auch tatsächlich gut gepflegte Radwege beispielsweise jetzt in Litauen.

Michael Cramer: Ja, also die Route ist „a work in progress". Nach fünf Kriterien ist sie ausgewählt: so nah wie es geht an der Grenze, aber so komfortabel wie möglich. Denn 10 Kilometer Lochplattenwege, das hab ich mal gemacht – nie wieder und das würde ich Ihnen auch nicht empfehlen! Stark befahrene Straßen meidend, mal im Osten, mal im Westen zu sein, um ein Feeling zu haben, Mensch, vor 25 Jahren war das gar nicht möglich – heute brauche ich noch nicht einmal den Pass zu zeigen. Und die Reste der Wachtürme, Grenzzäune, Open-Air-Museen in die Route zu integrieren.

Nach diesen fünf Kriterien arbeiten jetzt die Organisationen dran, es gibt ja den ADFC in allen Ländern und auf europäischer Ebene ist es der ECF, European Cyclists' Federation. Und die arbeiten mit ihren Partnern und suchen z.B., wo ist eine bessere Route. Es soll auch ausgeschildert werden, und zwar nach Eurovelo 13. So ist beispielsweise der Donauradweg komplett ausgeschildert. Dort braucht man nur noch das entsprechende Symbol. Und ausgeschildert ist die Etappe in der Slowakei zu 80%. Die haben fast alles ausgeschildert, weil das mit dem March-Radweg identisch ist, die haben einfach die Symbole drauf gemacht. Dann gibt es zwischen Sonneberg und Neustadt bei Coburg auch schon eine Ausschilderung. Und jetzt gerade verhandeln die beiden Bundesländer Mecklenburg-Vorpommern und Schleswig-Holstein um eine gemeinsame Route und eine gemeinsame Beschilderung.

Peter: Also das klingt ja sehr vielversprechend und spannend. Also noch einmal ganz herzlichen Dank für Ihr Engagement und ganz toll auch, dass Sie hier diese geführten Mauerstreifzüge anbieten, was für uns ja mit ein Anlass war heute hierher nach Berlin zu kommen. Wir werden Sie mit unserer bescheidenen Tour über die nächste Zeit auch auf dem laufenden halten. Vielen

Dank für Ihr Interesse, für Ihr Engagement und weiter so! Vielen Dank.

Michael Cramer: Ich danke auch und wünsche Ihnen weiterhin viel Spaß bei der Erfahrung von Geschichte, Politik, Natur und Kultur in Europa.

Interview mit Michael Cramer am Rande des 100. Mauerstreifzugs

Ausrüstung und praktische Tipps

Zum wichtigsten Utensil auf einer Radreise gehört zweifelsohne das Fahrrad. Aus unserer Sicht sollte man nicht am falschen Ende sparen, wenn man ohne Frust und ohne Beschwerden längere Touren unternehmen möchte. Immerhin sitzen wir täglich fünf bis sechs Stunden auf unseren Rädern, deshalb müssen die einfach passen. Sowohl die Größe und die Rahmengeometrie als auch die Komponenten und die Belastbarkeit spielen hier eine große Rolle. Der Spaß am Radeln kann schnell vergehen, wenn es wegen einer ungünstigen Haltung zwickt und zwackt oder wenn alle paar Kilometer eine Panne die Reise unterbricht.

Viele Hersteller bieten gute Reiseräder an, es lohnt sich, sich genau zu informieren. Wir haben uns für Velotraum entschieden, weil wir durch das Baukastensystem die individuelle Konfiguration unserer Wunschräder sehr gut umsetzen konnten. Auch die Anpassung der richtigen Radgröße und -geometrie mit Hilfe einer Messmaschine spricht für diesen Hersteller (und das Ganze sogar ganz in unserer Nähe).

Neben des richtigen und gut passenden Fahrrads ist auch die Radkleidung in unseren Augen ein wichtiger Punkt, um beschwerdefrei radeln zu können. Das beginnt bei funktionellen Radhosen und Trikots und endet bei den richtigen Schuhen noch lange nicht. Trotz anfänglicher Bedenken bin nun auch ich (Mary) völlig von Systempedalen mit Schuhen zum einklicken überzeugt. Die Füße sind automatisch immer auf der richtigen Stelle, man rutscht nicht ab und kann auch mal nach oben ziehen, was eine bessere Kräfteverteilung ermöglicht. Dass man bei Problemen nicht rechtzeitig aus den Pedalen kommen könnte hat sich nicht bewahrheitet, nur die Umstellungsphase war anfangs etwas gewöhnungsbedürftig. Inzwischen radeln wir nur noch „eingeklickt"!

Nicht nur die passende Kleidung, auch eine sinnvolle übrige Ausrüstung ist auf Radreisen wichtig. So möchte man alles Notwendige bei sich haben, aber auf überflüssiges Gewicht gerne verzichten. Hier muss jeder selber wissen, welcher Komfort für ihn unnötig ist. So ist man beispielsweise mit einer Campingausrüstung unabhängig von Hotels oder anderen Übernachtungsmöglichkeiten, nimmt dafür aber Mehrgewicht in Kauf. Auf unserer Tour hat uns das Zelt nicht nur dann einen guten Dienst erwiesen, wenn kein Hotel in der Nähe war, es half uns auch, Kosten zu sparen. Sowohl beim Zelt als auch bei allen anderen Ausrüstungsgegenständen haben wir aber auf Qualität und auch auf ein möglichst geringes Gewicht und Packmaß geachtet.

Und das ist unsere komplette Ausrüstung im Einzelnen (mehr Details auf der Homepage):

Fahrräder und Werkzeug
Velotraum mit 14-Gang Rohloff-Getriebenabe
  - Rahmen cross 7005 EX mit Exzenter
  - Stahlgabel Cantilever (Mary)
  - Magura HS11 Bremsen
  - Laufräder Rigida Booster (Mary) und DT Swiss (Pit)
  - Reifen Schwalbe Marathon Racer
  - Sattel SQ-Lab 603 (Mary)
  - Sattelstütze Cane Creek Thudbuster

- Nabendynamo SON28
- Scheinwerfer SON Edelux
- Rücklicht B+M Toplight Flat S Permanent
- Gepäckträger Tubus Logo und Tara Lowrider

Packtaschen
- Ortlieb Back-Roller Classic
- Ortlieb Rack-Pack
- Ortlieb Frontroller (Mary)
- Ortlieb Ultimate Lenkertasche
  (nicht gerade wunderschön, aber wasserdicht!)
- Eagle Creek Cubes (für Ordnung in den Taschen)

Trinkflaschen
Luftpumpe
Ersatzschläuche für jedes Rad
Klebeband
Kabelbinder
Flickzeug und diverses Werkzeug
Gurte oder Spanner
Fahrrad(zahlen)schlösser
Lappen

Camping-Zubehör
Zelt mit Footprint (Vaude, Mark II light)
Schlafsack (Yeti Passion Three)
Inlett für Schlafsack
Isomatte Therm-A-Rest Neo Air mit Pumpe
EVA-Matte ultralight oder Antirutschmatte
Kopfkissen (Cocoon)
Helinox Chair One (Luxus, den wir nicht mehr missen möchten)
Kocher (Trangia Spiritus)

Feuerzeug, Streichhölzer
Topfset Trangia
10-Liter-Falteimer ultralight (Sea to Summit)
Wasserfilter (Katadyn)
Teller, Tasse, Schneidbrett
Besteck, Messer (Opinel) und diverses Kleinmaterial
Spülschwamm, Geschirrhandtuch

Kleidung
Fahrradhelm
Warnweste
Regenjacke und Regenhose
Weste winddicht
Fahrradschuhe
Radlerhose kurz, lang
Trikot kurz, lang
Radhandschuhe
Armlinge, Beinlinge, Mütze
Feste Outdoorsandalen (bzw. leichte Laufschuhe)
Lange Ausgehhose (leichte Trekkinghose)
Polohemd (auch als Trikot nutzbar)
Warme Fleece-Jacke bzw. Softshelljacke
Unterwäsche, Socken
Funktionsunterwäsche
Schlafanzug bzw. T-Shirt, Badehose, -anzug
Sonnenhut mit Schild, bzw. Mütze
Buff als Halstuch oder wärmende Schicht unterm Helm
Reflexstreifen
Nähzeug, Sicherheitsnadeln

Körperpflege, Medikamente etc.
Erste-Hilfe-Set
Rettungsdecke

Insektenschutzmittel
Schmerztabletten
Salbe f. Schürfwunden
Pflaster
Augentropfen
Ohropax
Hirschtalg oder Sitzcreme
Neutralseife
Notration Toilettenpapier
Handtuch, Badetuch (Microfaser)
persönliche Kosmetikartikel
Papiertaschentücher

Sonstiges
Landkarten, Reiseführer (Bücher nur digital)
GPS-Computer Oregon (Garmin)
Akkuladegerät fürs Fahrrad (Zzing)
Smartphone bzw. Minitablet mit Ladegerät
Kamera mit Ladegerät
Stromadapter, Ladegerät f. Akkus
MP3-Player, Hörspiele
Stirnlampe Zipka Plus (Petzl)
Uhr
Brille, Sonnenbrille, Radbrille
Trillerpfeife

Reisedokumente (Ausweise, Führerschein,
Krankenversicherung, Impfpass, Tickets, Visa) alles
auch als elektronische Kopie hinterlegt
Kreditkarten, Bargeld
Fahrtenbuch bzw. Schreibzeug
Adressen, Visitenkarten

Interessante Webseiten

Im Internet gibt es viele Seiten, die allgemein für Reisen oder auch speziell für Radreisen hilfreiche Tipps vorhalten. Auch wir haben uns auf diversen Homepages interessante und nützliche Anregungen und Hinweise geholt. Einige dieser Webseiten möchten wir hier vorstellen:

Reiseblog zum Iron Curtain Trail

Unter www.iron-curtain.blogspot.de haben wir unsere persönlichen Erfahrungen dokumentiert. Nicht nur Berichte unserer Reise, auch eine Bewertung zu den einzelnen Ausrüstungsgegenständen sind dort zu finden. Außerdem haben wir anhand diverser Karten und Bikelineführer sämtliche Routen für unser Navi bei GPSies ausgearbeitet. Ein Link auf unserer Homepage führt direkt zum entsprechenden Streckenordner, die Dateien können heruntergeladen werden.

Offizielle Seiten zum Iron Curtain Trail

www.ironcurtaintrail.eu ist die Homepage von Michael Cramer, dem „Erfinder" dieser Radroute. Hier findet man viele Informationen über das Projekt, die Umsetzung und die Etappen. Auch auf Facebook ist Michael Cramer mit Informationen zum Iron Curtain Trail zu finden: https://de-de.facebook.com/ironcurtaintrail

Aktuelle Reiseinformationen

Das Auswärtige Amt informiert über Reise- und Sicherheitshinweise, über Zoll- und Einreisebestimmun-

gen sowie über aktuelle Reisewarnungen auf
http://www.auswaertiges-amt.de

Visum

Für Russland brauchten wir ein Touristenvisum für eine zweimalige Einreise, das wir uns vorab besorgten. Im Internet findet man viele Adressen, die alle Formalitäten hierzu erledigen. Wir besorgten unsere Visa bei https://www.russland-visum.eu/

Radreisen allgemein

Das Radreise-Wiki www.radreise-wiki.de hat sich zum Ziel gesetzt, ein umfassendes Nachschlagewerk für alle Themen rund um das Radreisen aufzubauen. Mitglieder des Radreiseforums berichten weitgehend aus erster Hand, geben Tipps aufgrund eigener Erfahrung und versuchen, die Daten immer möglichst aktuell zu halten.

Im Forum www.radreise-forum.de diskutieren die Mitglieder über alle Themen rund um Radreisen.

Fahrräder von Velotraum

Wie bereits geschrieben, es gibt viele gute Reisefahrräder. Unsere sind von www.velotraum.de

Radfahren

Mehr als 150.000 Mitglieder sind im ADFC, dem Fahrradinteressenverband, organisiert. Ob Verkehrspolitik, Radreisen oder Verbraucherschutz, hier www.adfc.de gibt es weitere Informationen, auch über Landes- und Ortsgruppen.

Übernachtungsnetzwerk
Ähnlich wie im Tourismusbereich bei den „Couchsurfern", gibt es mit den „Warmshowers" ein Netzwerk speziell für Radreisende. Als Mitglied (kostenlos) erhält man Daten von anderen Mitgliedern, die kostenfreie Übernachtungsmöglichkeiten anbieten. Wir sind selbst auch Mitglied bei https://de.warmshowers.org/ , haben unterwegs bislang jedoch noch keinen Gebrauch davon gemacht. Aber mit dem jungen Franzosen David hatten wir selbst schon einen Gast – eine sehr angenehme Erfahrung.

Wir wünschen viel Spaß auf dem Iron Curtain Trail!